大学体育与健康教程

主　审　方小斌

主　编　李艳萍　潘金星　黄海波

中南大学出版社
www.csupress.com.cn

·长沙·

图书在版编目(CIP)数据

　　大学体育与健康教程／李艳萍，潘金星，黄海波主编.
—长沙：中南大学出版社，2021.9
　　ISBN 978-7-5487-2689-0

　　Ⅰ．①大… Ⅱ．①李… ②潘… ③黄… Ⅲ．①体育－
高等职业教育－教材②健康教育－高等职业教育－教材
Ⅳ．①G807.4②G717.9

　　中国版本图书馆 CIP 数据核字(2021)第 097720 号

大学体育与健康教程
DAXUE TIYU YU JIANKANG JIAOCHENG

主编　李艳萍　潘金星　黄海波

□**责任编辑**	唐天赋
□**责任印制**	唐　曦
□**出版发行**	中南大学出版社

社址：长沙市麓山南路　　　　邮编：410083
发行科电话：0731-88876770　　传真：0731-88710482

□**印　　装**　湖南蓝盾彩色印务有限公司

□**开　　本**　787 mm×1092 mm　1/16　□**印张 21**　□**字数 531 千字**
□**互联网+图书**　二维码内容　字数 20 千字　视频 360 分钟
□**版　　次**　2021 年 9 月第 1 版　□**印次** 2021 年 9 月第 1 次印刷
□**书　　号**　ISBN 978-7-5487-2689-0
□**定　　价**　46.00 元

编委会

序

教育是国之大计，党之大计。职业教育作为一种教育类型，与普通教育具有同等重要地位。在以国内大循环为主体、国内国际双循环相互促进的新发展格局下的实体经济高质量发展，以及共同富裕背景下的"人人出彩"，职业教育正在发挥越来越重要的作用。

不管是哪一种教育类型，素质教育永远是重中之重。作为一名教育工作者，我始终认为，对于个人的成长来说，首先，基础十分重要。基础，包括通识基础、专业基础、技术技能基础等，这些都是发展的基础，没有基础，一切都是空中楼阁，"基础不牢，地动山摇"。然后，能力更加重要。在知识更新迅猛、技术日新月异的当今，大学生学习能力的培养远比知识技能教育更为重要。但最终，人的素质最为重要。素质，小则关乎个人的成长成才、成仁成功，大则关乎祖国的希望和民族的未来。

湖南铁道职业技术学院一直高度重视学生的素质教育，建校70周年来，为国家铁路事业和地方经济社会建设培养了一大批高素质技术技能人才，据不完全统计，毕业生成长为"高铁工匠""铁路工匠"，获"火车头奖章"及全国、全路技术能手称号者125人。2019年我院立项为"中国特色高水平高职学校建设单位"以来，学校把学生的素质教育放在更加突出的位置。我们着力构建"厚基础、重复合、强素养"的育人体系，重新修订专业人才培养方案，开展"主修专业+辅修专业"培养试点，组织实施《学生素质教育创新发展行动方案》。我们重构了公共基础课程体系，加强了模块化课程改革，增设了"铁道概论""人工智能""幸福人生""跨文化交互"等特色素质教育课程，实施"湖南铁道大体美劳工程"，培养具有"家国情怀、宽广视野、阳光心态、火车头精神"的湖南铁道特质学生，致力为轨道交通行业和地方培养基础扎实、德技并修的发展型、复合型、创新型、国际化高素质技术技能人才。

教材是课程教学的重要支撑，是实施教学改革的重要载体。国家的新要求、产业的变革及教育教学的改革引领教材的创新。这些年，学校组织公共课教师、专业教师和企业兼职教师将时代主题融入教材，结合近年来公共课程改革与实践，借鉴和汲取职业教育新理念与学

1

科领域最新研究成果，编写了《大学语文》《应用数学》《信息技术》《大学生入学教育》《新时代大学生劳动教育》《大学体育与健康教程》《大学生心理健康教程》《大学美育》《大学生安全教育》等模块化公共课程系列教材，以期进一步推动课程革新，推进课堂革命，提升学生素养。

谨以此序，拉开湖南铁道公共课程改革的序幕，让更多的精品课程和教材精彩呈现，让广大学子从中获益，成为国家和社会需要的、行业和企业欢迎的职场精英和人生赢家！

2021 年 9 月

方小斌，工学博士，研究员，湖南铁道职业技术学院党委副书记、校长。中国职业技术教育学会高职分会副会长，湖南省人民政府教育督导委员会第八届省督学。2011 年 9 月入选湖南省"新世纪 121 人才工程"，2021 年 9 月荣获湖南省第六届黄炎培职业教育奖杰出校长奖。

前 言

    大学体育是高等教育实现立德树人根本任务，加快推进教育现代化、建设教育强国和体育强国的基础性工程，是培养大学生奋斗精神、增强综合素质的重要手段。2018 年 9 月，习近平总书记在全国教育大会中强调："要树立健康第一的教育理念，开齐开足体育课，帮助学生在体育锻炼中享受乐趣、增强体质、健全人格、锤炼意志。"2020 年，中共中央办公厅、国务院办公厅印发了《关于全面加强和改进新时代学校体育工作的意见》(简称《意见》)，要求不断深化教学改革，加强体育课程和教材体系建设。

    为贯彻落实习近平总书记关于体育的重要论述和全国教育大会精神，我们依据《意见》和《全国普通高等学校体育课程教学指导纲要》的基本要求，结合大学体育工作的实际和地方特色，广泛地借鉴汲取了国内外优秀高校体育课程建设和教学改革的成功经验，组织编写了这本《大学体育与健康教程》。本书注重理论与实践的结合，内容充实、信息量大、图文并茂、通俗易懂，融科学性、知识性和实用性于一体。在教材内容的编排上，为了增强大学生体育意识，促进"终身体育"观念的形成，我们对运动项目进行了精选和重组，将体质健康理论与田径运动、球类运动、塑形减脂运动、时尚健身运动、格斗搏击运动、户外拓展运动等运动项目整合在一起，以利于同学们对多项运动的学习。同时，还利用媒体融合技术将各个运动项目配套的教学视频与纸质教材做了有效融合，大大丰富了本教材的内容和功能，能够满足学生自主学习的需求。

    本书的编写工作得到了湖南省教育厅体育卫生与艺术教育处以及湖南铁道职业技术学院领导的大力支持与关心。在编写过程中，参阅引用了有关教材和资料，在此一并表示衷心的感谢。

    由于编写人员的理论水平与教学经验有限，时间仓促，书中不妥之处在所难免，恳请专家同仁批评指正，欢迎广大师生提出宝贵意见，以便再版修改时完善。

编 者

2021 年 7 月

前言

目 录

第一章

体育与健康

第一节 体育与健康概述

学 习 目 标

1. 了解体育的概念及大学体育的范畴。
2. 理解健康的内涵。
3. 理解体育锻炼对健康的促进作用。

人文体育

野蛮其体魄

2020 年，习近平总书记在安康市平利县老县镇中心小学考察调研时语重心长地说："现在孩子普遍眼镜化，这是我的隐忧。还有身体的健康程度，由于体育锻炼少，有所下降。文明其精神，野蛮其体魄，我说的'野蛮其体魄'就是强身健体。'野蛮其体魄'，不仅关系到青少年健康成长与国民的全面发展，也关系到国家和民族的未来。""野蛮其体魄"不仅仅是学生们的事情，也是一个国家与国民健康观念的反映，还是个人素质全面发展的基础。过去，中国饱受内忧外患，严复号召国人"保群进化""竞争图存"。今天，中国已经从当年的"东亚病夫"变成了"体育强国"，全民的健康水平也大大提高，一个显著的标志就是人均预期寿命从新中国成立前的不足 35 岁达到 77 岁。可以说，保障和促进人民健康，"野蛮其体魄"是先手棋。一国国民"野蛮其体魄"的程度，不仅是一个人生命力蓬勃的体现，也是一个国家现代化程度的体现。

一、体育与健康的内涵

（一）体育的内涵

1.体育概念辨析

人类在与自然的斗争中，有很长一段时间对体育的认识处在不知不觉中。1760年，"体育"一词才在法国的报纸上首次出现。运用这一词最多的是作家卢梭，他在文章中大量运用"physical education"。他认为体育是"身体教育过程"。真正感受到体育对人类社会发展产生直接影响，还是在19世纪中叶欧洲工业革命之后。随着科学的进步，许多学者从各个角度对体育开展了广泛的研究，"体育"一词也大量被人们引用。在亚洲，"体育"这一名词最先被日本的近滕镇三引用（1876年），并于19世纪末由日本传入中国。在中国，最早使用"体育"的是梁启超（1897年）；1901年，"体育"首次在报刊上出现；在官方文件上首次使用的是1903年清政府的张之洞。1903年出现了体育民间组织无锡体育会。

体育是一个发展的概念，在不同历史时期，人们对体育的认识是不同的，体育的内涵也大不一样。关于体育的概念在体育界一直陷于"文化现象"与"教育过程"的争论。体育作为一种社会文化现象，在不同社会中有着不同的表现形式，但不论以何种表现形式出现，体育都是社会文化的组成部分。我们现在常说的"体育"属于狭义的体育，即体育教育，由健身体育、竞技体育、休闲体育三个方面组成。

杨文轩在其主编的《体育概论》一书中将体育定义为"以身体运动为基本手段，促进身心发展的文化活动"。这个界定比较科学地揭示了体育的本质内涵，从自然与社会的角度重新审视了体育。因此，体育是人类社会发展中，根据生产和生活的需要，遵循人体身心的发展规律，以身体练习为基本手段，达到增强体质，提高运动技术水平，进行思想品德教育，丰富社会文化生活而进行的一种有目的、有意识、有组织的社会活动，是伴随人类社会的发展而逐步建立和发展起来的一个专门的科学领域。

2.大学体育的范畴

大学体育是学校体育的最高层次和最后阶段。大学体育的功能和作用正不断延伸和扩大，超出了学生时代高等教育的范畴，具有广泛的社会价值和终身化的意义。大学体育包括体育与健康课程教育、课外体育活动、课余体育训练和体育竞赛等组织形式，构成了大学体育工作的整体。

大学体育以最直接的方式向学生传播体育文化及综合知识，以促进学生身体正常发育、增强体质、增进健康为最根本的目标；以体育文化知识、卫生保健知识并结合身体练习为主要内容；培养学生体育能力和锻炼习惯，重视学生的全面发展。大学体育课是大学生以身体练习为主要手段，通过合理的体育教育和科学的体育锻炼，达到增强体质、增进健康和提高体育素养为目标的公共必修课。

（二）健康的内涵

健康是人类生命存在的正常状态。随着社会经济的发展、科技的进步和生活水平的提高，人类对健康的内涵也有了新的认识。健康不再是单纯的生理上的无病痛与伤残，而是身心健康、生活幸福的完美状态。这个概念不仅阐明了生物学因素与健康的关系，而且强调了心理、社会因素对人体健康的影响。这一定义将传统的医学生物学范畴的健康观扩大到心理和社会学领域。美国国家健康中心提出了一个与健康三维相似的健康定义，即只有身体、情绪、智力、精神和社交等五个方面都健康(也称健康五要素)，才称得上真正的健康，或称之为完美状态。因此，一个人只有在身体上和心理上保持健康的状态，并且具有良好的社会适应能力，才能成为真正健康的人。这是一个整体的、积极向上的健康观，涵盖了生理、心理、社会及道德健康。新的健康观念说明了人们对健康的理解越来越完善，对自身健康的要求越来越科学，对幸福的追求越来越趋向完美。随着时代的飞速发展，人们对世界的认识不断深化，对健康的认识也在不断地发展和提高，并逐渐形成新世纪健康的新理念。21世纪是大健康的时代，人类追求的健康将是躯体、心理、社会、环境、道德的全面和谐发展，以及人人享有更高的卫生健康水平，将预防疾病放在首位的大众健康。

视野拓展

什么是亚健康？

WHO认为，亚健康状态是健康与疾病之间的临界状态。现代医学将健康称为第一状态，将疾病称为第二状态，而处于两者之间则称为第三状态，即亚健康状态。亚健康不像感染性疾病那样会突然发病，而是处于进展隐匿缓慢并时隐时现的一种状态。亚健康的前期会感到躯体或精神上的不适，如疲乏、情绪不宁、头痛头晕、失眠、食欲不振等。其后可能发展为某种疾病，但也可能仅有种种不适而不发病，处于"似健康而非健康，似疾病非疾病"的状态。

【人文体育】

亚健康，不健康！

二、体育运动与健康促进

（一）体育锻炼对身体健康的促进

体育锻炼能通过科学的身体活动形式给予人体各器官、系统一种良性刺激，促使身体的形态结构、生理机能等方面发生一系列适应性变化，从而增强体质，增进健康。

1. 促进人体发展

科学的体育锻炼不仅有利于人体骨骼、肌肉的生长，而且还能改善血液循环系统、呼吸系统、消化系统、排泄系统的机能状况，有利于人体的生长发育，提高抗病能力，增强有机体的适应能力。

2.增强人体体质

体质的强弱受多种因素的影响，体育锻炼是增强体质最积极、有效的手段之一。原国际医学联合会主席普罗科教授研究发现，不锻炼的人30岁起身体机能就开始下降，到35岁身体机能相当于最健康时的2/3，而经常锻炼的人到四五十岁时身体机能还相当稳定，当他60岁时，心血管系统的功能相当于二三十岁不锻炼的人。这也就是说经常锻炼的人比不锻炼的人要年轻20~30岁。科学的体育锻炼能改善神经系统的调节功能，提高神经系统对人体活动时错综复杂变化的判断能力，并及时做出协调、准确、迅速的反应，使人体适应内外环境的变化，保持机体生命活动的正常进行。

3.提升大脑机能

随着科技的不断发展，从事脑力劳动的人不断增多。用脑过度会使脑细胞转入抑制状态。如不做调整，则会导致记忆力减退甚至神经症而严重影响健康。

脑力劳动的机能特点是呼吸表浅、血液循环慢、新陈代谢低、肌肉活动量少，但大脑神经却处于高度兴奋状态。根据高级神经活动的负诱导规律，运动中枢兴奋可以使思维、记忆中枢得到休息。科学研究证明，体育锻炼对大脑中枢神经系统有良好的刺激作用。改善大脑的供氧状况可消除大脑疲劳，提高大脑的工作能力。体育锻炼还能使大脑皮质及时准确地调动植物性神经系统尽早地进入工作状态，使大脑反应快，自动化程度高，功能加强。这是因为：体育锻炼能使脑细胞的数量和体积得到充分的发展；完善大脑的传导系统；改善大脑皮质的兴奋和抑制过程，促进条件反射的建立；提高大脑皮质反应的灵活性和工作能力，有激活脑细胞的功能。

（二）体育锻炼对心理健康的促进

人们对于体育锻炼对心理健康的作用，可能认识并不太多。1992年，国际运动心理学会发表了《身体健康与心理效应》的声明，充分肯定了体育锻炼对心理健康的积极作用，这种积极作用是多方面且明显的。

1.调节情绪

体育锻炼是调节不良情绪的一种非常适当的方法。在体育锻炼过程中，大脑处于较强的活动状态，体温升高以及内啡肽释放，可以转移个体不愉快的情绪，振作精神。

2.促进智力发展

体育锻炼可促进大脑的发育和提高神经系统的工作能力，使锻炼者的注意力、反应、思维、记忆和想象等能力得到提高。另外，体育锻炼所引起的一些非智力成分的良好变化，如情绪稳定、性格开朗、疲劳感下降等均对智力的提高有重要的促进作用。

3.有助于人格的完善

体育锻炼是一种身体活动，在这一过程中，人体会碰到各种困难，如生理惰性、气候变化、动作难度、畏惧心理、疲劳以及损伤等。人体在克服这些困难的同时，也培养了坚忍顽强的意志品质，增强了承受挫折的能力，有助于个体形成积极进取、乐观向上的生活态度。

4. 增强社会交往能力

现代社会的社会化要求越来越高，一方面在工作中对团队精神即协同合作要求越来越高；另一方面社会的发展、生活节奏的加快，特别是网络时代的来临，又使许多生活在大城市的人越来越缺乏直接社会交往的机会。体育活动就是增加人与人接触的一种最好形式，特别有助于忘却烦恼痛苦，消除孤独感；同时，它能有效地促进与他人协作能力的培养，提高心理素质，提高对现代社会的适应性。

5. 预防和治疗心理疾患

对于一个健康的人来说，长期进行体育锻炼可以促进心理健康；对于一个患心理疾病的人来说，这种效果会更明显。美国精神分析专家哈内认为：许多心理变态是由于对环境的不良适应而引起的。现代社会中，人们面临的挑战很多，心理上存在着许多方面的压力。这种压力若过于沉重，就会出现种种心理障碍。心理障碍进一步恶化，就会导致心理疾患，主要表现为身心疾病，如神经症和精神病等。研究表明，长期进行体育锻炼是预防和治疗心理疾患的有效措施。有氧锻炼或不强烈的身体锻炼有助于降低轻度和中度精神抑郁者的抑郁水平。体育锻炼甚至比放松练习和其他愉快的活动更能有效地降低抑郁。如果能与心理治疗相结合，比单纯进行体育锻炼能更有效地降低抑郁。体育锻炼既可降低特质性(长期、稳定的)抑郁，也可降低状态性(短期、活动的)抑郁；体育锻炼既可降低正常人的抑郁，又可降低精神病患者的抑郁。

(三)体育对社会适应能力的促进

与其他任何一类社会文化娱乐和休闲方式相比，体育运动具有最广泛的社会适应性。而且，适宜的身体运动不仅有利于我们的身体健康，也有利于心理健康，有利于拓展人际交往的空间，提高社会适应能力。主要体现在如下 3 个方面。

1. 规范行为

体育运动中有各种明确而详细的行为规范，如奥林匹克精神和原则、体育道德规范、比赛规则、竞赛规程等，这些规范是体育运动得以开展的必要条件，而规范的培养是学生进入社会前必不可少的社会化过程。这一过程可以视为对社会法规和伦理道德的模拟学习过程，有助于他们理解遵守社会规范的意义和重要性。

2. 培养自立

确定体育目标并为实现这一目标而努力的过程，有助于培养运动者积极的人生态度，使他们具有更强的独立性和自立能力。

3. 可以丰富社会体验

一个人要符合社会的要求取得社会成员的资格，就必须学会接受适当的社会角色。而各种体育运动的场合则有机会让学生体验不同的角色和"做什么、怎么做"的社会意义，为他们走向社会打下基础，体验出人的主观努力使社会地位改变的重要意义。另外，体育锻炼还是情商训练的有效途径。体育活动本身就是一种充满竞争的社会文化现象。

总之，体育锻炼对人体健康的促进作用是多方面的，如生理、心理、社会适应和创造力。体育锻炼不仅可以健身、健脑，还可以调剂生活，促进心理健康，锤炼个性、品德和气质。

第二节 科学健身与体育保健

学习目标

1. 掌握科学健身的基本原则和方法。
2. 掌握体育锻炼的自我监督和安全措施。
3. 了解运动性疾病的预防与处理措施。

人文体育

爱好跨栏的公爵

在 1924 年巴黎奥运会的赛场上，迎来了一位举足轻重的人物——他就是来自英国的大卫·伯夫利，一位公爵爵位的继承人。然而，伯夫利并没有在比赛中取得名次。不过这一次的失败，没有让伯夫利退缩，反而使他越挫越勇。回到英国后，他每天都勤加苦练。为了锻炼自己的速度，他以剑桥大学三一学院的钟声为准，要求自己在大钟敲响 12 下的时间里，绕着学院的大操场跑完一整圈。终于，在毕业前的最后一年，他完成了这个目标，在整个剑桥大学都没有人能超过他创造的纪录。但是，伯夫利知道，在跨栏比赛中光有速度还远远不够。为了让自己的腿在跨栏的时候能够抬得更高，伯夫利在栏架上放了一个小盒子，然后在跨栏的时候，用脚将小盒子踢下来，但是腿却不能碰到栏架。就是这种"独门"训练方式，让伯夫利跨栏的技术突飞猛进。1928 年，当他站在阿姆斯特丹奥运会的跑道上时，他以第一名的成绩获得了 400 米栏的冠军。斩获多项奥斯卡大奖的电影《火的战车》就是根据伯夫利的事迹改编的。

【人文体育】

伯夫利爵士
夺冠瞬间

一、科学健身

(一) 科学健身应遵循的原则

在体育锻炼的过程中，只有正确地理解和科学地运用体育锻炼的原则，才能使体育锻炼获得最佳效果。

1. 自觉性原则

自觉性原则是指大学生参加体育锻炼要从思想上认识到体育锻炼对身体和学习的重要性，完全自愿地、主动地、积极地参加各项体育运动。早在 1917 年，毛泽东就在《体育之研究》中指出，"欲图体育之有效，非动其主观，促其对体育之自觉不可"。只有使大学生认识到体育的作用，明确锻炼的目的，树立自觉积极的态度，才能收到预想的锻炼效果。

2. 经常性原则

经常性原则是指参加体育锻炼要持之以恒，做到"夏练三伏，冬练三九"。体育锻炼必须经常地、系统地进行，多次重复才能巩固、掌握运动技术，达到强身健体的目的。人体机能水平的提高，各项身体素质和运动技能的形成与巩固，不是一朝一夕就能奏效的。体育锻炼贵在坚持，如果"三天打鱼，两天晒网"，不仅不能获得锻炼效果的积累，反而会使已获得的成果逐步消退。

3. 针对性原则

针对性原则是指参加体育锻炼应从个人的实际情况和外界的客观条件出发，确定锻炼的目的，选择适宜的运动项目，合理地安排运动时间和运动负荷。只有做到因时、因地、因人制宜，才能获得锻炼身体的效果。因时制宜，就是要根据地区季节气候的变化，选择合适的内容和方法；因地制宜，就是要从实际出发，充分利用现有的体育场地、设备、器材；因人制宜，就是要根据不同性别、不同的心理素质及不同的体育基础，选择锻炼的内容，安排合适的运动负荷。大学生在进行体育锻炼时，必须根据自身的健康状况、技术水平、年龄和性别等个人特点及运动设施、运动场地等情况制订运动计划。健康状况良好的，可进行较大运动量和较复杂的运动；体弱者要注意逐步增加运动量；患有某种疾病者，应根据具体情况进行医疗体育或在医师指导下进行体育健身。另外，要根据所处的运动场地和设施来选择体育健身项目，使体育健身更具有针对性。

4. 循序渐进原则

循序渐进原则是指体育锻炼的动作由简单到复杂、由易到难，运动量由小到大，速度由慢到快，时间由短到长，使身体各器官的活动机能逐步提高。运动增加的难度和量，应该是健身者经过努力可以达到的程度，如果超过了身体的负担能力，就会使身体各器官适应不了，反而有害于健康。因此，体育锻炼应循序渐进，安排适宜的运动负荷。运动负荷过小，则作用甚微；负荷过大，则有损健康。锻炼时的心率一般控制在 110~150 次/分，这是体育运动取得良好效果的有效心率范围。

5. 全面性原则

人的身体是一个统一的机体，各器官系统是相互联系、相互促进和互相协调的，进行体育锻炼应注意全面发展身体的运动素质，包括速度、力量、耐力和灵敏度，以使身体全面、均衡、协调地发展。一是体育锻炼的项目要呈现出丰富性和多样性，不同的锻炼项目对身体机能的影响和作用是不一样的，因此要选择多样化的运动项目。当然，选择的项目过多也不必要。二是当由于条件的限制，不可能选择较多的运动项目时，要选择一种能使较多器官或部位得到锻炼的运动形式，以保证对身体功能的锻炼。局部运动应与其他部位的运动相交替，各类运动相穿插，这样才能使身体得到全面协调发展，从而促进身体健康。

6. 安全性原则

体育锻炼的宗旨是强身健体，若在体育健身中受伤，便违背了这一宗旨。体育锻炼如不注意遵循体育运动自身的规律，有可能发生伤害事故。因此，体育运动要注意安全和保护，要有科学锻炼的理念，掌握科学锻炼的知识，按季节和气候条件选择锻炼项目，做好锻炼的思想和物质准备。遵循安全性原则必须确保安全第一，预防为主。锻炼前做好准备活动，锻炼中要有保护措施，锻炼后要有整理和放松内容。

（二）科学健身的基本方法

体育锻炼方法是根据人体发展规律，运用各种身体练习和自然因素来发展身体的途径和方式。要想获得好的锻炼效果，必须按照科学的锻炼方法进行练习。锻炼身体的方法很多，应以"因人制宜，方便实用"为原则来进行选择。这里介绍四种基本的体育锻炼方法，供同学们参考。

1. 重复锻炼法

重复锻炼法是按一定的运动强度，重复进行一个练习内容的办法。练习重复的次数、强度和组数是由运动项目决定的。如练习短跑，可以按训练阶段的不同要求跑 10 个 100 m，分别用 80%、90% 和 95% 的速度完成，每次跑完后充分休息，再跑下一个 100 m；练习俯卧撑，可以每组做 15 个，重复练习三组，组与组之间充分休息。这种方法适用于：运动负荷较小或用时较短的练习；动作技术比较复杂，难以掌握的练习；运动负荷较大，难以一次完成的练习。

● **重复锻炼法要点**

(1) 合理安排重复练习的总次数、每次练习的强度(距离、速度或时间)、各次重复练习之间的间歇时间等。

(2) 保证每次重复练习的质量。不能因重复练习的次数多而降低动作要求或减少计划练习的数量。

(3) 注意克服重复练习的枯燥感。一方面要锻炼意志，树立信心；另一方面可在练习前后或间歇穿插一些轻松、有趣的辅助性练习。

2. 间歇锻炼法

间歇锻炼法是在重复锻炼法的基础上，要求在组与组之间得不到充分休息时就进行下一组练习。运动项目不同和训练强度不同，间歇时间也不同。间歇锻炼法严格控制了间歇时间，训练的强度更高。如练习力量的循环锻炼法，就可通过练习项目之间不休息、组与组之间少休息来提高练习效果；长跑 1500 m 项目，如想提高 5 秒成绩，可以用 400 m×N 组/天的间歇锻炼法来训练，训练要求每组 400 m 都用 1500 m 提高 5 秒的速度跑，只是要设定好组与组之间的间歇时间。在训练中逐渐缩短间歇时间，直至完全没有间歇时间，提高 5 秒速度的目的就达到了。

3. 变换锻炼法

变换锻炼法是指改变锻炼内容、强度和环境进行练习的方法。为了克服厌倦情绪，提高锻炼的效果，可以通过调整锻炼的内容、时间、动作速率，来调节生理负荷，提高兴奋性，强化锻炼意向。如长跑可以到森林、公园、野外去锻炼；田径训练可以与球类运动结合；在锻炼中插入游戏，使体育锻炼更轻松，更充满乐趣，效果更佳。采用变换锻炼法，可以提高中枢神经系统的灵活性，发展身体的调节能力和适应能力。

● 重复锻炼法要点

（1）要以锻炼的实际需要为前提，有针对性地变换锻炼条件。

（2）合理安排采用变换锻炼法的锻炼计划，在锻炼中注意收集反馈信息，加强医务监督，及时根据人的身体健康状况调整计划。

（3）采用变换锻炼法的目的是调整锻炼者的状态，一般都是短期的计划安排，变换锻炼时间过长、过于频繁都不利于锻炼计划的执行。

4. 循环锻炼法

循环锻炼法就是根据锻炼的具体任务，建立若干练习站或练习点，锻炼者按规定顺序、路线，依次完成每站所规定的练习内容和要求的锻炼方法。循环锻炼法对技术的要求不高，且各项目都采用比较轻的负荷练习，因此练起来既简单有趣，又可达到综合锻炼、全面发展的良好效果。这种练习方法，可以弥补单一练习对身体发展作用比较单一的不足，使各练习内容的作用互相补充，有利于身体的全面发展。此外，由于锻炼内容多样，能够调动锻炼者的积极性。循环周期可以分为次循环、周循环和月循环。

（1）次循环

次循环主要用在每次的力量练习。为了提高全身各部位的力量和弹跳水平，可以把要练习的内容编成有秩序可循环练习的套路，每一组循环练习后休息一段时间，再练习相同的一组练习内容。具体实施可参考表 1-1。

表 1-1　力量循环练习表

序号	项目	重量	次数	组	间歇时间
1	卧推	20 kg	8		
2	杠铃半蹲跳	120 kg	10		
3	仰卧起坐	5 kg	20	5	项目之间不休息，组间休息 1 分钟
4	哑铃蹲跳	15 kg	8		
5	双臂屈伸	自重	10		
6	俯卧前屈起	5 kg	20		

（2）周循环

周循环就是把需要练习的内容安排在一周内完成。为了提高身体锻炼的整体水平，把锻炼项目科学地安排到一周的某一天，达到全面锻炼的效果。如在一周的前几天，以安排速度、弹跳、技战术等锻炼为主；后几天则以速度耐力、一般耐力和力量等锻炼为主。

（3）月循环

月循环是根据一个月四周的时间，要求每周完成一个以某个项目为主的训练安排。如短跑项目，可以设计成速度弹跳周、速度耐力周、一般耐力周、力量周等。

（三）制订科学的锻炼计划

制订锻炼计划的目的在于使体育锻炼更符合系统性和科学性，同时也便于检查锻炼的效果和总结锻炼的经验。

1.制订锻炼计划的原则

为了使锻炼收到良好的效果，应合理安排锻炼的时间、内容及方法。制订锻炼计划是参加体育锻炼不可缺少的重要环节。

（1）选择锻炼内容和安排运动负荷要符合自己身体的特点和锻炼目的。若为了减肥，可参加有氧健身运动，采用大、中等强度运动量进行运动；若为了健身，采用中等强度运动量进行锻炼。

（2）每周运动负荷的安排要大中小相结合，把大运动负荷安排在超量恢复阶段。一般情况下，每周安排 1~2 次大运动负荷的锻炼即可，其间辅以中、小运动负荷进行调整比较合适。

（3）阶段计划应简单易行，每次计划要具体。每一次锻炼要有具体目标，并选择有效的锻炼途径和锻炼方法。

（4）锻炼计划的执行要与医务监督相结合。最好能写锻炼日记，以便及时发现问题，及时加以调整，使锻炼计划不断完善。

2.制订锻炼计划的方法

制订体育锻炼计划，目的在于使自己的学习、工作和体育锻炼有一个科学合理的安排，同时也便于检查锻炼的效果和总结。

锻炼计划一般分为阶段锻炼计划和每次锻炼计划。阶段锻炼计划主要是对一段时间的锻炼地点、时间、内容、方法和运动负荷等进行合理、全面、系统的安排。每次锻炼计划主要是对每次锻炼内容、时间分配、重复次数、练习强度和密度、准备活动、整理活动等进行科学、具体的安排。同时须注意，不同的项目有不同的特点，应根据项目的特点进行合理安排。计划的制订应包括：选择有益的锻炼内容，合理安排锻炼的次数、时间和运动负荷，列出注意事项等。

(1)选择有益的锻炼内容：锻炼的内容要根据锻炼者要达到的目的去选择。如为了提高心肺功能和发展耐力素质，可选择走、跑、跳绳、骑自行车、游泳等练习。为了增强肌肉力量、促进肌肉发达、体形健美，可选择用哑铃、实心球、联合健身器械进行力量性练习。

(2)锻炼的次数：锻炼的次数是指每周锻炼的次数。安排每周至少锻炼3~4次，即隔日一次，运动负荷较大时，两次间隔时间可长一些。锻炼者在锻炼时必须进行自我医务监督，身体出现异常应及时调整运动负荷或者停止锻炼。

(3)锻炼的时间：每次锻炼持续的时间，一般为20~60分钟。锻炼时间与运动负荷有关，运动负荷大则锻炼时间短，运动负荷小则锻炼的时间应相对长一些。

(4)运动负荷：运动负荷对运动效果、安全有直接的影响，运动负荷合适与否，是制订和执行计划的关键。

二、体育保健

(一)体育锻炼的自我监督

自我监督又称自我检查，就是运动者在体育锻炼过程中，对自己的健康状态和生理功能变化做连续观察，并定期记录于锻炼日记中，供本人、指导者和医师参考。其目的在于评价锻炼效果，调整锻炼计划，防止过度疲劳和运动性损伤发生，有利于健康水平的提高。因此，这是运动医务监督的一个补充方法，是指导者和医师作为掌握和评价运动者情况的一项依据。经常地自我监督对于增进信心、坚持科学锻炼，防止过量或不足，对提高锻炼效果和养成运动卫生习惯等都有重要意义。在体育健身过程中，学会自我监督是很重要的。下面介绍自我监督的内容：

1. 主观感觉的自我监督

(1)精神状态。身体健康者，精神状态好，精力充沛、心情愉悦、积极性高。患病或疲劳时，常会精神萎靡不振、疲倦、乏力、头晕及容易激动。

(2)运动心情。运动心情是指对体育运动的兴趣程度，与精神状态密切相关。

(3)不良感觉。运动后的不良感觉，如肌肉酸痛、关节疼痛、四肢无力等。剧烈运动后，由于机体疲劳，大部分人会产生一些不良感觉，但这些感觉经适当休息可消失，训练水平越高，消失越快。除了上述现象外，还伴有心悸、头晕、头痛、气喘、恶心、呕吐、胸痛或其他部位疼痛时，则表示运动负荷过大或健康状况不良，应引起重视。

(4)睡眠。睡眠好的表现为入睡快、睡得熟、醒后精神良好。如长期出现睡眠不佳，经常失眠、易醒、睡眠不深、多梦、嗜睡或醒后精神不佳等，一般表示健康状况不佳或对运动负荷不适应。

（5）食欲。健康学生食欲应当良好，参加了体育运动，能量消耗较多，运动后食欲应该更好，如在正常进食时间内食欲减退，表明健康状况不良或过度训练。

（6）排汗量。排汗量通常与气温、湿度、饮水量、衣着有关，也与身体机能状况有关。如果在适宜的外界条件和适宜的运动负荷下大量出汗，甚至夜间盗汗，表明身体状况不良。训练良好的人，在同样条件下大量出汗，可能是过度训练的症状。

2.客观指标的自我监督

（1）脉搏。经常运动的人，由于迷走神经紧张性增强，安静时脉搏常较缓，这是机能状况良好的表现。安静时脉搏每分钟超过 100 次称为心动过速，常由心脏病、甲亢、发热等病理原因引起。少数心脏病患者也会出现心率缓慢，但常伴有心悸、胸闷等不良感觉。检查体育课或训练后的心率恢复情况，可了解运动量的大小。课后 5~10 分钟，心率恢复到课前水平属小负荷运动；心率较课前快 2~5 次/分钟，属中等负荷；心率较课前快 6~9 次/分钟，属大负荷。在自我监督中还常用晨脉来评定身体机能状况。晨脉是比平时早晨清醒后起床前的每分钟脉搏次数，反映了基础代谢下的脉搏。如果晨脉过快，尤其是超过 12 次/分钟，表明身体机能状况不良。

（2）体重。正常成年人体重较为稳定，大负荷训练后由于体内水分的丢失，体重会下降，但 1~2 天后就会恢复，如体重持续下降，并伴有其他异常现象，原因可能是健康状况不良或过度训练。

（3）运动成绩。合理的训练运动成绩应该逐步提高，如果运动成绩没有提高反而下降，甚至出现动作不协调，可能是身体机能状况不良或过度训练的表现。

（三）学生体育锻炼的安全措施

1.运动前的安全措施

（1）身体状况。在当日运动前，应准确地把握自己的身体状况，若有过度疲劳感或其他身体不适，应该中止或改换为轻度运动。尤其是在服用神经镇静类、降压类、治疗心脏病类的药物后，不应进行运动。

（2）环境条件。在过热或过冷的环境条件下进行运动，对锻炼年轻人的意志与耐力方面会有积极的作用。但是对中老年人来说，就存在着一定的危险，因此，运动时应注意时间段的选择。夏季应选择凉快的时间段进行运动，冬季则应在暖和的时间段参加运动。

（3）锻炼时间。进食后一段时间内应注意避开运动，以避免饱食后进行运动给胃肠带来机械性刺激，导致消化吸收功能紊乱，从而影响运动效果。据研究，大强度运动可在进食后两小时后进行，中等强度运动应在一小时后进行，小强度运动在半小时以后进行最合理。

（4）准备活动。准备活动的内容一般有快走、慢跑及原地连续性徒手体操等全身性活动形式。这些活动能使四肢关节活动度加强，有助于一般性运动能力得到提高。在此活动之后，最好再做一些与主项运动内容有关的模仿练习动作，这样可促使大脑皮质中的运动中枢兴奋性达到适宜水平，身体状态能做好充分的准备，从而增强运动效果。准备活动持续时间的长短、强度的大小，应根据运动者年龄、身体情况、训练强度等决定，训练强度小或在夏季时，准备活动就不要做得太久，以免引起疲劳。准备活动与正式运动之间保持1~3分钟的间隔较为适宜，既不能直接进行锻炼，也不能休息时间过长而失去预热作用。

2.运动中的安全措施

运动中的安全措施，最重要的是自我保护。由于运动的目的是维持和增进健康，因此尽量避免运动量过大的现象出现，或计较运动的胜负和创造成绩。下面是在运动中常见的几个症状。

（1）呼吸困难。对于还未适应运动的人，在运动刚刚开始1~2分钟即感到呼吸困难，常使运动无法再继续下去。其大部分情况都是在呼吸循环的氧气运输能力还没有充分提高之前，无氧供能的能量枯竭或血乳酸显著升高。努力克服此症状，对体育锻炼是有一定意义的。此时可中止运动，休息数分钟使身体恢复平静状态之后，再接着从较小强度运动开始练习。只要运动强度不大，一般人是可以顺利从无氧过程过渡到有氧过程的，10~20分钟的运动也能简单地完成。若在5分钟以内有呼吸困难症状者，可能是因为该运动的强度过大，不适宜此人。

（2）胸闷。运动中还常有胸前区发闷、发胀、发痛等症状发生。这是人的心脏暂时缺血所引起的心区疼痛，或冷空气吸入刺激支气管而引起的气管痛症状。心前区疼痛者大部分人有冠状动脉硬化倾向，此外心脏肥大或贫血者也容易并发此症。一旦发生心前区疼痛，应接受细致的医学检查，然后根据结果进行必要的运动项目、运动强度的调整或对症治疗。过去认为，运动时所产生的心前区疼痛对机体是有害的。现行的研究表明，除特别严重者以外，一般是不必担心的。只要不引起其他临床症状，是可以进行适当运动的。而且，运动还具有一定的治疗效果。对于支气管疼痛症状，可通过间隔运动使其自然消失。若在运动中发生干咳症状，要调整呼吸方法使其缓解，寒冷季节还应加戴口罩进行运动，以防止寒冷空气对呼吸道的刺激。

（3）下肢疼痛。运动所引起的下肢疼痛有各种各样的症状，根据症状的不同，处置方法也各不相同。

初次参加运动时，次日晨起可感到小腿和大腿部位的大部分肌肉痛。这是由于激烈运动导致乳酸积累所引起的疼痛，不须做任何特别的处理，1~2日即可自然消失。这时可减小运动量，或中断运动1~2日，可根据实际情况进行处理，疼痛不严重时可坚持小运动量锻炼。

从开始跑步到坚持2周以上时，逐渐会出现踝、膝的关节疼痛。这是由于反复施加的过大运动量给骨骼或关节韧带增加了负荷而引起的。此种疼痛比较顽固，这时应中止锻炼数日，待疼痛消失后再开始运动。再度开始运动时，运动强度应该比前次减小。疼痛的产生有时与环境因素有关。例如跑道的硬度、鞋的不适等原因都可诱发疼痛。反复出现疼痛时，应该到医院检查，以明确疼痛原因，进行对症治疗。

运动中突发的下肢疼痛，可能是由扭挫、肌肉撕伤、肌腱断裂甚至是骨折等所引起的。此时原则上要保持镇静，应及时接受医生的诊断治疗，尽可能避免发生可能的后遗症。

（4）补充水分的方法。水分对人体是非常重要的，但一次性地大量饮水可引起胃内振动，导致恶心、呕吐、腹部不适等症状。因此，必须注意饮水的方法。

饮水量应按照运动量和排汗量的多少来相应调整，不可滥饮。大量饮水会给心脏增加负担。

轻度运动中发生口渴现象时，尽量不要饮水，这是口腔咽喉黏膜干燥引起的，可以用温水漱漱口，以缓解口干舌燥症状。

运动中或运动后，每次饮水量要合理，绝不可开怀畅饮，一次水分的摄取量以 100~200 mL 为宜。超长距离跑的途中，可根据发汗量的多少，以每次间隔 20~60 分钟一次的频率进行补水调节。

出汗失水也丢失盐分，大量的补水还有使血液渗透压降低的危险，因此可在饮用水中加入一定量的盐。

3. 运动后的安全措施

(1)整理活动。运动后的整理活动是加速代谢产物的清除、加快体力恢复及防止运动后昏厥，甚至是预防死亡事故发生的重要措施。整理活动可先慢跑或步行一些时间，然后做和训练内容有关的专门性整理活动(如伸展四肢抖动肌肉、局部按摩等放松动作)。其具体内容应包含以下三个部分：①1~2 分钟的缓步慢跑或步行；②下肢的柔软体操和全身的伸展体操；③上肢肌肉群的按摩(特别要针对运动后容易痉挛的肌肉群)或自我抖动肌肉的放松动作。

(2)沐浴。运动后进行沐浴，可使心情爽快，促进疲劳消除。特别是在大量出汗后，沐浴更是不可缺少的。洗澡不仅可以清洁皮肤，还可促进血液循环，加速体内的废物的排泄和促进疲劳的消除。但是，剧烈运动后立即进行冷水或温水浴的做法是应该慎用的。这是因为，在运动后的较长一段时间内，皮肤血管一直处于显著的扩张状态，皮肤血流量比较多，此时机体血压比较低。在这种状况下，若用冷水冲浴，可引起皮肤血管急剧收缩，进而导致血压升高，给心血管系统增加负担，这是有一定危险性的。若立即用热水沐浴，也会产生不好的结果。因为热水对人体起刺激作用，会导致皮肤血管进一步扩张，使血压更趋低下，严重时可以引起脑缺血，因而也是不利于健康的。所以，运动后不能马上洗热水澡，而应该在运动后心率恢复稳定、发汗停止后洗澡。洗澡水的水温以微热为好，老年人及血压高的人更应注意水温。池浴比淋浴的效果更好，因为池浴使心身松弛的效果更为显著，无条件时可在家里简单擦一擦，但要注意保暖，防止感冒。

(3)睡眠。睡眠是消除疲劳最有效的手段。睡眠充足，就有足够的精力参加活动，也有愉快的情绪。睡眠不足，就会加重疲劳的积累，身体的恢复就会推迟，身体状态就会紊乱，甚至次日运动时发生事故。因此，每个参加运动的人都应注意提高睡眠的质量，体育锻炼较多时，还需要适当增加睡眠时间，促进疲劳的消除和体力恢复。更重要的是按时睡眠，养成良好习惯，并保证有 7~8 小时的睡眠时间。

(4)饮食营养。参加锻炼，体内能量消耗增多，代谢旺盛，必须补充更多的营养。否则，体育锻炼和营养不良会成为一对伤害性因素，有害身体健康，出现体重减轻、精神不振等情况，容易生病。我们通常吃的食物有淀粉(糖)、脂肪和蛋白质三大类，每个追求健康者都应学会科学饮食方法。营养不良和营养过剩，均不利于健康。在运动之后，饮食和营养更应注意搭配与调整。

(三)运动性疾病的预防与处理措施

运动性疾病是指因运动负荷安排不当、体育卫生知识缺乏、自我保健意识不强等多因素造成体内功能紊乱所出现的疾病或症状。常见的有过度训练、过度紧张、低血糖症、运动性腹痛、肌肉痉挛、中暑等。

1.过度训练

过度训练的全称是"过度训练综合征",是指运动负荷与身体功能状况不相适应,疲劳长期积累而引起功能紊乱或病理状态。

【病因】

过度训练产生的原因是神经系统过度紧张,造成兴奋和抑制过程均衡性遭到破坏,破坏了原有的动力定型,从而使皮层和皮层下功能紊乱,引起各系统器官功能失调。

(1)教学或训练中没有遵守循序渐进和系统性训练原则,持续进行大运动负荷训练,缺乏明显的节奏,没有考虑随着季节、气候变化而适当调整训练计划;

(2)连续比赛缺乏足够的休息,赛后体力尚未完全恢复即进行大运动负荷训练,伤病后过早参加比赛;

(3)生活无规律、营养不良、环境不良、精神创伤、心理压力过大等,均可使身体功能下降,从而导致过度训练的发生。

【症状】

过度训练的症状是多种多样的,诊断时应详细、早期判断、及早处理。

(1)早期症状以神经系统表现为主,与神经衰弱相似。大运动负荷后出现睡眠欠佳、食欲不振、头痛头晕、记忆力下降、易疲倦、运动乏力、运动成绩下降等,生理指标检查无明显变化。因此过度训练的早期极容易被忽视。

(2)中后期表现除早期症状加重外,还出现全身乏力,无训练欲望,小运动负荷也现疲劳,且在24小时内不能恢复,运动能力和运动成绩明显下降;安静血压和脉率明显增加,联合功能试验异常反应多呈梯形反应;血液检查表现为血红蛋白下降、血睾酮水平下降等。

(3)过度训练的运动员一般会身体抵抗力下降,免疫球蛋白降低,容易患病。

(4)过度训练还可能引起肌肉的持续性酸痛、僵硬和痉挛,甚至出现肌肉损伤和疲劳性骨折。

【处理措施】

(1)早期只需要调整训练计划,控制运动负荷及运动强度,减少或避免难度大的动作,减少速度及力量性练习;注意休息,保证充足的睡眠;增加营养。

(2)中后期则要暂时停止专项训练和比赛,多辅以全面训练和放松性训练,积极进行温水浴、按摩和药物疗法(以中草药、多种维生素为主)。

【预防】

(1)定期进行身体功能检查;

(2)制订个体化的运动训练计划;

(3)遵守科学训练原则,加强全面训练;

(4)大运动负荷训练或比赛后,要积极恢复,保证充足的睡眠和营养;

（5）伤病后的恢复训练要加强医务监督；

（6）对早期的过度训练及时进行处理。

2.运动性腹痛

运动性腹痛是指由于体育运动而引起或诱发的腹部疼痛。发病率较高的是中长跑、马拉松、竞走、自行车、划船等项目，多发生在运动过程中或运动结束时。腹痛的部位多在心窝部、右上腹。

【病因】

（1）缺乏锻炼，特别是刚参加体育锻炼的人，由于心脏功能差，心脏搏动无力，影响静脉血回流，从而引起静脉血在肝脾内一时性淤滞，增加肝脾被膜的张力而发生腹痛；

（2）饭后过早参加运动、运动前吃得过饱、喝水过多或空腹运动都可引起胃部胀痛；

（3）运动前不做准备活动或准备活动不充分即进行剧烈的运动，由于运动负荷增加过快，心肺功能跟不上肌肉工作的需要，致使呼吸肌缺氧，加剧腹痛的产生；

（4）内脏器质性病变（如胆囊炎、溃疡病、慢性阑尾炎和肝脾疾病等），运动时可使病变部位受到刺激而产生腹痛。

【症状】

（1）静脉血在肝脾内一时性淤滞引起的腹痛，肝痛在右肋部，脾痛在左肋部，疼痛性质为胀痛或牵扯性痛。

（2）饮食时间安排不当，可能引起胃痉挛，其疼痛部位在上腹部，腹痛大多在运动中或之后不久出现。

【处理措施】

（1）运动中出现腹痛时，应适当减慢速度，加强呼吸，调整呼吸与运动节奏（如3步1吸气或4步1吸气），按压疼痛部位或弯腰慢跑一段距离，一般疼痛可减轻或消失。

（2）如疼痛仍未减轻，就应停止运动，口服解痉药物（如普鲁苯辛等），指掐或针刺足三里、内关、大肠俞等穴，并热敷腹部。

（3）如仍无效果，应请医生进行诊断和处理。

【预防】

（1）要遵守科学锻炼原则，循序渐进地增加运动负荷，全面提高心肺功能。

（2）要合理安排膳食和运动时间，饭后休息1.5~2小时才可进行剧烈运动。

（3）运动前要充分做好准备活动。

（4）患有内脏器官疾病者，应及早就医，在疾病未愈前不要参加剧烈的长时间的运动或应在医生指导下进行体育活动。

3.肌肉痉挛

肌肉痉挛（俗称抽筋），指肌肉不自主地强直性收缩。运动中以小腿腓肠肌最易发生肌肉痉挛，其次是足底的屈拇肌和屈趾肌。肌肉痉挛在游泳、足球、篮球、长跑运动中较为多见。

【病因】

（1）在寒冷的环境中运动时，若不做准备活动或准备活动不充分，身体因突然受寒冷的刺激，通过神经系统传至肌肉，使肌肉兴奋性增高，造成肌肉强直性收缩而引起肌肉痉挛。

(2)运动时大量排汗,体内失去水分和钠、氯等矿物质,造成体内电解质平衡紊乱,引起肌肉兴奋性增高而发生肌肉痉挛。

(3)在紧张激烈的训练和比赛中,由于肌肉过快地连续收缩,致使肌肉收缩与放松不能协调交替发生痉挛。

(4)运动性肌肉损伤(指反复运动所致的肌纤维损失)后,钙离子进入细胞膜内,肌细胞内钙离子浓度增高,使肌纤维收缩丧失控制(钙离子是肌肉收缩的起动因子),产生无效性收缩,从而引起局部肌肉痉挛。

【症状】

痉挛的肌肉僵硬,疼痛难忍,相应的关节会暂时出现屈伸功能受限的现象,一时不易缓解。痉挛缓解后,局部仍会有酸痛不适感。

【处理措施】

(1)解除肌肉痉挛的有效方法是被动伸展痉挛的肌肉。例如:小腿腓肠肌痉挛时,伤员采取坐位用双手紧握住抽筋腿的前脚掌、蹬脚跟、伸直膝关节,用力将足背伸直,并慢慢用力牵引使小腿后方的肌肉拉长(重复牵引2~3次),后用双手在小腿肌肉部进行按摩、揉、捏等。牵引时切忌用力过猛,以免造成肌肉拉伤。

(2)拉伸痉挛肌肉时,配合指掐或针刺承山、委中、阿氏等穴位,可以更有效地缓解肌肉痉挛。

(3)游泳时发生肌肉痉挛,不要惊慌,如果自己无法处理或缓解,要立即呼救。

【预防】

(1)要加强体育锻炼,提高身体对寒冷的适应能力。

(2)运动前必须充分做好准备活动,尤其是对易发生痉挛的肌肉,运动前要做适当的按摩;夏季运动出汗过多时,要及时补充水、盐分和维生素 B_1。

(3)游泳下水前,应用冷水淋湿全身,使人体对冷水的刺激有所适应,水温较低时,游泳时间不宜太长。冬季运动要注意保暖,疲劳时不要进行剧烈运动。

4.中暑

中暑是因高温环境或受到烈日的暴晒而引起的急性疾病。中暑多发生在炎热夏季时从事长跑、负重行军、越野跑、马拉松、自行车及足球等运动项目中。

【病因】

正常人体在下丘脑体温调节中枢的控制下,产热和散热处于动态平衡,维持体温在37℃左右。当人在运动时,机体代谢加速,产热增加,人体借助于皮肤血管扩张、血流加速、汗腺分泌增加以及呼吸加快等,将体内产生的热量送达体表,通过辐射、传导、对流及蒸发等方式散热,把保持体温在正常范围内。当气温超过皮肤温度(一般为32~35℃),或环境中有热辐射源(如电炉、明火),或空气中湿度过高通风又不良时,机体内的热难以通过辐射、传导、蒸发、对流等方式散发,甚至还会从外界环境中吸收热量,造成体内热量贮积,从而引起中暑。在炎热的夏天进行长时间室外活动和耐力训练或比赛,伤病初愈、身体虚弱和连续训练或比赛后身体疲劳、失眠、失水、缺盐,对热适应能力差及训练水平较低者都较容易发生中暑。

【症状】

根据发病机理,中暑可分为如下几种类型:

（1）热痉挛型：在高温环境中，因出汗过多，体内丢失大量的氯化钠，引起肌肉疼痛和痉挛，尤以对称性小腿后部的腓肠肌痉挛最为多见。患者体温正常，严重者血压可下降。

（2）热衰竭型：起病急，头晕，头痛，呕吐，大量出汗，皮肤湿凉，面色苍白，脉细速，血压下降，体温正常或稍低。如患者身体虚弱，脱水明显，有时可出现意识丧失。

（3）日射病型：由于日光直接照射头部，红、紫外线穿透颅骨引起脑膜充血和脑组织损伤。患者表现为呼吸和循环系统衰竭，体温正常或稍高，血压降低，无汗，面色潮红，脑部温度可高达 40~42℃，头晕，头痛，呕吐，或突然昏倒。

（4）热射病型：由于长时间在高温、高热或不通风的环境中工作或从事体育锻炼，机体体温调节出现障碍，散热困难，引起体内热量积蓄过多所致。该类型患者表现为起病急，头晕，头痛，呕吐，体温升高，皮肤灼热干燥。严重者可出现精神失常、虚脱、抽搐、心律失常、血压下降，甚至昏迷而危及生命。

【处理措施】

（1）应迅速使患者脱离热环境，到阴凉通风处休息，并采取降温、消暑措施，如解开衣扣，喝清凉饮料，服用人丹、十滴水或藿香正气水等防暑药物。

（2）对热痉挛及热衰竭的病患者，重点应是补充生理盐水或葡萄糖生理盐水，调节血液浓度，可大量口服含盐的饮料（含盐量为 0.2%~0.3%）。

（3）对日射病患者，重点应是进行头部有效的降温。如让患者仰卧，垫高头部，额部做冷敷（如冰袋）或以 50% 酒精（白酒也可以）擦身。

【小贴士】

中暑的预防与急救

（4）对高热中暑的病患者，重点应是迅速有效的降温（物理降温或合并药物降温）。如冷敷、冷水淋浴、冰袋冷敷、50% 酒精擦浴等紧急降温措施，必要时可采用药物降温。

（5）若症状较重伴有昏迷，可针刺人中、涌泉等穴位，同时必须迅速转送医院做进一步处理。

【预防】

（1）高温炎热的季节，应适当调整作息制度，适当延长午休时间。

（2）耐力性项目的练习或训练应放在上午或傍晚，练习时间不宜过长。

（3）烈日下锻炼应戴白色凉帽，穿浅色、宽敞、透气性能良好的薄衣，室内运动场地应有良好的通风、降温设备。

（4）要适当地在高温、高热环境下进行适应性锻炼。夏天锻炼，应准备充足的清凉消暑、低糖含盐的饮料。

（5）中暑早期有先兆症状，如发现锻炼者大量出汗、疲乏、恶心、头昏等，应立即停止训练和比赛，迅速到阴凉和通风的地方休息，喝些解热消暑的冷饮等。

第三节　运动损伤与运动处方

学习目标

1. 了解运动损伤的原因及预防措施。
2. 掌握常见运动损伤的应急处理。
3. 掌握常用运动处方的制订和使用方法。

人文体育

飞人的遗憾

2008 年北京奥运会，"亚洲飞人"刘翔在预赛第一枪就被迫退赛的那一刻，不仅给支持他的人留下无数遗憾，也使"运动损伤"再度浮出水面。虽然没能在祖国卫冕令人惋惜，但我们应该支持他的选择。因为带伤比赛，无法获得理想的成绩都还在其次，倘若由此造成更大的损伤乃至危及身体健康，才是真正的遗憾。实际上，刘翔多年来始终饱受跟腱问题的困扰，一直都是带伤出征。此次更是因为赛前突增的运动量和肩负的巨大压力，导致了他赛前病情的反复和加重。

相对专业运动员，普通运动爱好者的运动量要小得多，这也使得他们从未意识到运动损伤的可怕。尤其是许多年轻人容易自恃"年轻身体好"，而忽略运动防护。但实际上，普通人参与运动如果不注意运动保护反而更容易发生运动损伤。只有做足预防工作、掌握应急措施，才能远离创伤，从而更充分地享受运动带来的快乐。

【人文体育】

历史创造者
"飞人"刘翔

一、运动损伤

（一）运动损伤的原因及预防

1.运动损伤的主要原因

（1）不重视科学锻炼的原则和方法

①对运动损伤的预防不重视，训练不注意安全，对损伤的发生不分析原因，不总结经验，不吸取教训。

②盲目冒失地进行锻炼，急于求成，忽视循序渐进和量力而行的原则。

③缺乏安全保护技术和自我保护能力的培养。

④意志品质不坚强。

（2）准备活动不合理

①准备活动不充分或缺少必要的准备活动环节。由于机能惰性，各部分机能没有相应提高，神经系统和其他器官系统的机能还没有充分做好准备，突然投入紧张的正式运动，容易发生肌肉拉伤和关节扭伤。

②准备活动内容与运动的基本内容结合不好，或者缺乏专项准备活动。

③准备活动过量，机能下降，已经疲劳。

④准备活动与正式运动间隔时间过长，失去准备活动的意义。

（3）动作技术不正确

在体育运动过程中，由于大学生对动作方法和要领掌握不好，动作不熟练，甚至使用错误动作，违反了人体结构机能的特点和力学原理，是十分容易导致运动损伤的。例如，掷标枪时，肘低于肩，可造成肱骨骨折；竞走不送髋，易造成胫骨前肌负担过重。

（4）运动量安排不合理

①局部负担量过大，超出生理负担量。例如，过多的跳跃和蹲杠铃，导致膝部负担过大，易患髌骨劳损；过多的跳、跑能引起胫腓骨疲劳性骨膜炎；过多的支撑动作，易引起桡骨远端骨骺炎和肱骨小头骨骺炎。

②人体机能状态不良时（身体疲劳、伤病刚愈）会机能降低、肌力减弱、反应迟钝，此时若再进行正常或者超负荷的训练，就难免出现伤害。

（5）忽视性别与年龄差异性

①忽视大学生的生理特点，缺乏必要的医务监督。

②不遵守个别对待原则，对于大学生运动技能的高低没有仔细区分。

③不从实际出发，技术要求过高，生理负荷过大而导致运动损伤的发生。

（6）场地、器材、设备不良

场地、器材、设备是保证体育教学与体育运动的重要条件，如沙坑板结坚硬、运动场地高低不平、训练场地没有区域划分、运动器材不符合规格及卫生要求，在体育活动人数多的情况下，往往稍不留神便会导致运动损伤。

2.运动损伤的预防措施

了解了运动损伤的产生原因后，应有意识地尽量避免运动损伤的产生诱因，这样就可以有效地预防运动损伤的发生。

（1）加强对体育运动的认识

①遵循体育教学、训练原则。

②遵守自觉、系统、循序渐进和区别对待原则。

③加强学生安全意识教育，克服麻痹思想和侥幸心理。

（2）加强运动中的保护与帮助

①教师应增强体育课安全意识。教师应具有预见性，根据教学内容每节课上课前认真检查场地、器材，研究教法。

②学生也应该学会摔倒时的各种自我保护方法。如身体失去平衡应立即向前或向后或向左向右跨出一大步，用适当的滚翻动作来缓冲外力；在身体很疲劳或生病的时候暂时不进行剧烈运动，甚至不参加运动；等等。

③各种器材与场地也应符合安全要求，定期检查和维修体育器材，对于不合格、存在危险隐患的器材要及时给予维修或者更换，做到防患于未然。

（3）合理安排教学量及运动负荷

实践证明，运动量安排过大，不但无法起到锻炼身体的作用，反而会引发运动损伤。反之，如果运动负荷安排不足，就达不到促进人体运动能力提高的目的。因此，应该严格按照运动训练的原则，根据各项运动的特点，个别对待，循序渐进，合理安排运动负荷。

（4）重视运动前的准备活动

无论在何种体育运动中，充分的准备活动是保证学生不受损伤的主要手段之一。因此，无论是在平常的体育教学中，还是在教学比赛中，都应充分做好准备活动。准备活动应注意以下三方面：一是准备活动的内容与负荷；二是个人的身体机能状况；三是当时的天气情况。要根据不同的条件做好充分的准备活动，对易伤部位要特别注意掌握好时间的间隔。同时加入一些力量练习和伸展性练习，进一步提高肌肉的弹性，预防肌肉的拉伤。

（5）加强医务监督工作

经常进行体格检查，建立卫生室，健全保健员制度。除了配备常用药品外，还需配备急救用品（如氧气袋、担架、夹板、止血带等），提高现场急救能力，加强教学、训练和比赛时的医务监督工作。在体育教学中一定要教育学生加强自我监督意识，发挥学生的能动性，这才是积极地避免运动损伤发生的根本所在。

（二）常见运动损伤的应急处理

（一）擦伤

【小贴士】

【损伤原因】

擦伤是皮肤表面被粗糙物擦破，出血或有组织液渗出，主要是在运动中摔倒、相互碰撞或器械伤害导致的。最常见的是手掌、肘部、膝盖、小腿的皮肤擦伤。

运动损伤应急处理的RICE原则

【症状】

局部皮肤或黏膜破裂，伤口与外界相通，有血液自创口流出。由于真皮含有丰富的神经末梢，损伤后往往十分疼痛。

【处理方法】

（1）清创。由于擦伤表面常常沾有一些泥灰及其他脏物，所以清洗创面是防止伤口感染的关键步骤。可用淡盐水（1000 mL凉开水中加食盐9 g，浓度约0.9%）边冲边用干净棉球擦洗，将泥灰等脏物洗去。

（2）消毒。有条件者可用碘酒、酒精棉球消毒伤口周围，沿伤口边缘向外擦拭，注意不要把碘酒涂入伤口内，否则会引起强烈的刺激痛。

（3）上药。可在创面上涂一点红药水（红汞），此药有防腐作用且刺激性较小（汞过敏者忌用）。但要注意不宜与碘酊同用，因两者可生成碘化汞，对皮肤有腐蚀作用。新鲜伤口不宜涂紫药水（甲紫），此药虽杀菌力较强，但有较强的收敛作用，涂后创面易形成硬痂，而痂下组织渗出液存积，反而易引起感染。

（4）包扎。用消毒纱布包扎伤口，小伤口也可不包扎，但都要注意保持创面清洁干燥，创面结痂前尽可能不要着水。

（5）若创口较深、污染较重，应注射破伤风抗毒素，并使用抗生素治疗。

2.挫伤

【损伤原因】

外力直接作用于身体的某些部位引起的闭合性软组织损伤。运动中相互冲撞、被踢打或身体某部位碰撞在器械上，都可以引起局部或深层组织的挫伤。

【症状】

局部疼痛、肿胀、青紫，引起肢体功能或肢体活动的障碍，严重的会伴有内部器官的损伤，从而导致休克。

【处理方法】

（1）早期（伤后24小时内）：此时的处理应以制动、止血、防止肿胀、镇痛、减轻炎症为主。局部可采取冷敷，加压包扎，抬高伤肢等措施，视情况配合外敷伤药治疗，以止血消肿止痛；还可以通过指掐穴位镇痛，向心脏位置轻轻推摩，来辅助治疗。

（2）中期（伤后24~48小时）：此时的处理应以活血化瘀、防止粘连、促进淋巴、血液循环为主。局部可采取热敷、理疗、药敷等方法治疗；视伤情可安排进行功能锻炼，以加快康复速度。

（3）后期（伤后5~6天）：此时的处理应以软化疤痕，分离粘连，促进功能恢复为主。治疗的方法主要是按摩、药敷和功能锻炼等。

3.膝关节侧副韧带损伤

【损伤原因】

膝关节侧副韧带损伤以内侧损伤为常见，多发生在膝关节处于屈位130~150度时，此时小腿突然外旋，或足部固定大腿突然内收内旋都可使内侧副韧带损伤，关节外侧受暴力撞击也可造成损伤。

【症状】

伤部疼痛、肿胀、皮下淤血、走路跛行。

【处理方法】

(1)自我按摩。用手掌相对揉搓膝关节内侧 30 次,用拇指搓按伤处的疼点 20~30 次,缓慢活动膝关节 20~30 次。用以上手法每天早、晚各一次,每种手法重复一次。

(2)热敷。每晚用热水袋或热毛巾敷于患处。

4.急性腰扭伤

【损伤原因】

活动超过了脊柱的功能范围。当动作不正确时,易发生腰扭伤。

【症状】

伤后身体一侧或两侧当即发生疼痛。轻微扭伤当时无明显疼痛感,第二天会感觉腰部疼痛,不能前屈,腰部用不上劲,损伤部位有明显的压痛点。

【处理方法】

(1)按摩。可用推摩、揉、揉捏、叩击、抖动等方法进行自我按摩。推摩:患者坐位、站立均可,四指并拢,与拇指分开,两手叉腰,拇指在前,四指在后,从上到下推摩,用力在四指上,由轻到重推摩 20~30 次。揉:四指并拢,与拇指分开,拇指在前,四指在后,从上到下揉动,手指不能离开皮肤,使该处的皮下组织随手指的揉动而滑动,由轻到重揉 20~30 次。揉捏:方法基本同揉,但捏时,除小指外都要用力。叩击:两手半握拳,交替叩击疼点。抖动:四指并拢,与拇指分开,四指在后,拇指在前,两手叉腰,轻轻抖动 20~30 次。

(2)功能锻炼。一是前后屈身体:两脚左右开立比肩稍宽,两手叉腰按疼点,向前屈体 4 次,向后伸体 4 次(4×8 拍)。二是体绕环:两脚开立比肩宽,两手叉腰按疼点,向左绕环连续 4 次,再向右绕环连续 4 次(4×8 拍)。

5.踝关节扭伤

【损伤原因】

踝关节扭伤多见于球类或短跑项目中,这些项目中,脚,尤其是踝关节承受压力过大,有时完全需要靠踝关节的韧带来控制身体的平衡,因此极易造成踝关节韧带的损伤。体育运动时错误动作、运动场地不平、碰撞或因跳起落地时失去平衡,使踝关节过度内翻或外翻,是造成踝关节韧带扭伤的主要原因。准备活动不充分,疲劳或动作的协调性不好,也常引起扭伤。

【小贴士】

急救:扭伤

【症状】

伤部疼痛、肿胀、皮下瘀血、走路跛行。

【处理方法】

(1)外踝部扭伤处理方法。一是拔顺筋:双手握足部,轻轻拔顺足踝部,以顺理经脉,松缓痉挛。二是捋顺筋:双手轻轻按抚痛处,向下顺捋,以疏通气血,反复数次,能缓解疼痛。三是归舍法:一手托足跟,一手握足,轻轻归合,使筋回槽,气血归经,经气疏通。四是摩揉法:教师将学生足部放在自己的膝部,以保持功能位,双手反向摩揉足踝部,反复数次。

(2)内踝部扭伤处理方法。外踝部扭伤为多见，但在一定条件下也可造成踝外翻引起踝内侧韧带的损伤。处理方法一是拔牵踝：双手握住踝部，轻轻拔牵，以舒缓痉挛。二是推归踝：双手按压内侧韧带部，然后一手托足跟，向上轻推，使之归合对位。三是分理筋：双手握足踝部两侧，拇指沿内踝下缘部轻轻分理捋顺。四是搓揉踝：用手掌抚按内踝部，并用手掌根部搓揉踝部，反复数次。五是拨腿筋：用手按抚踝上小腿处，沿内踝上缘，用拇指轻轻拨筋，以疏通经络，使之上、下气血流通。

6.掌指和指关节运动拉伤

【损伤原因】

准备活动不合理；技术动作不正确、局部过度疲劳；寒冷导致手指僵硬，失去协调性；场地不平，摔倒时手指触及地面等，都可造成掌指和指关节的损伤。

【症状】

轻者，受伤关节疼痛肿胀，关节活动受限伸展不灵活。重者，韧带断裂、关节脱位或骨折，不能做伸直运动，造成终生关节畸形。

【处理方法】

(1)冷敷。掌指和指关节受伤后，应立即进行冷敷。切忌当即不停地揉搓，以防造成毛细血管破裂，从而引起充血肿胀，加重伤势而不利治疗。严重者，冷敷后应用布带将伤指固定于邻近手指上。

(2)理疗。12 小时之后，方可做轻度按摩牵引，每日外擦红花油，以及药物熏洗。

(3)2~3 周后视恢复情况进行相应的功能锻炼。

二、运动处方

（一）运动处方的种类

"处方"在医学上指的是医师给病人开的药方。不同的病或同一种病而程度不同，处方也不相同。同样，要科学地锻炼身体，提高健康水平，预防或治疗疾病，也必须"对症下药"。所谓运动处方即体育健身指导者用处方的形式规定健身运动参加者锻炼的内容、运动量和运动强度等。它是指导人们有目的、有计划、科学锻炼的一种形式。在有效的运动处方的指导下进行锻炼可以达到增进身体健康、提高身体机能、治疗疾病的目的。运动处方大致可分为以下两种：

1.治疗性运动处方

治疗性运动处方是用于某些疾病或外伤的治疗和康复，它使医疗体育更加定量化、个别对待化。例如，某人中等肥胖，体重超标 10 kg，他需每天爬山 1 小时，约 16 周的时间体重可以降到标准范围，这就是治疗性运动处方。

2.预防性运动处方

预防性运动处方主要用于健身防病。如人过中年，身体就开始衰退，像动脉硬化就慢慢开始了。为了预防动脉硬化，运动处方规定了中等强度的耐力跑，使脂肪和胆固醇等物质不易沉积，从而达到预防动脉硬化的作用，这就是预防性运动处方。

(二)运动处方的制订方法和内容

1.运动处方的制订方法

制订运动处方需按一定的程序，可参考以下步骤制订。

(1)汇总每个参加者的个人资料；

(2)对每个人进行医学检查以便全面地了解参加者的身体状况；

(3)进行负荷的试验和体力测定，为制订运动处方中的运动强度提供依据；

(4)根据上述情况，按运动处方的格式制订出运动处方。

2.运动处方的内容

运动处方可根据不同的需要采用不同的格式，但在处方中，必须指出禁止参加的运动项目、锻炼的自我监督指标及出现异常情况时停止运动的准则等。在制订和执行处方时，都必须严格遵守循序渐进、个别对待的原则，加强医务监督，充分考虑安全。

科学地选择运动项目，是达到良好治疗效果的重要环节。每次进行运动应包括三部分，分别为准备部分、基本部分及结束部分。每个部分一般又包括以下内容：运动目的、运动项目、运动强度、运动时间、运动次数、运动进度。

(1)运动目的：通过有目的的锻炼达到预期的锻炼效果。由于各人的情况千差万别，相应地，运动处方也有健身、娱乐、减肥、治疗等多种类型。

(2)运动项目。根据体育运动参加者的目的选择有针对性的锻炼项目。例如，为了健身或改善心脏功能和代谢，或者为了预防文明病、老年病，宜选择以有氧代谢为主的走、慢跑、游泳、自行车等耐力性项目；为了增强肌肉，宜选择力量性项目；为了松弛精神，预防高血压和神经衰弱，可选择太极拳、保健按摩、散步和放松体操等。

(3)运动强度。运动强度是指身体在单位时间内完成的运动量。由于运动强度对锻炼者的机体影响最大，因此，它的安排恰当与否是影响锻炼效果的关键。运动强度一般以心率作为参考。在进行有氧运动时，心率与氧气消耗量的增加有密切关系，因此，心率可用来评估运动强度。一个简单的做法是用220(或200)减年龄，计算出最大心率，以最大心率的60%～90%作为运动中适宜心率，相当于57%～78%的最大耗氧量的心率值。健康人在锻炼时的心率应达到最大心率的60%～90%；老年人、弱体质人的心率应达到最大心率的60%或以下。

(4)运动时间。运动时间指每次运动所持续的时间，即达到运动处方要求强度的持续时间。运动时间的长短，要根据个人资料、医学检查、运动频度的大小而定。从运动所得的健康益处有多少，取决于一个运动计划的长短及强度。保持最大心率的70%～85%来进行20～30分钟运动(当中不包括准备及结束部分运动的时间)，能让大部分人达到健康、健身与控制体重的目标。

(5)运动次数。运动次数即每周运动的次数。运动间隔时间过长或过短都会影响运动处方的效果。若以最大心率的70%～85%进行运动，最佳的运动次数是每周三天。若以较低运动强度进行运动者，则需要每周进行多于三天的运动，以达到运动目的。

(6)运动进度。运动进度取决于个人能力、耐力、健康状况、年龄、喜好及目标。运动进度分三个阶段，分别为起始期、改进期及维持期(表1-2)。

表1-2 健康人群参与运动的运动进度

阶段	起始期	改进期	维持期
目标	产生最少肌肉酸痛、不适及创伤	逐渐增加整体运动刺激，以显著地改善心肺功能	长远地维持改进期发展出的心肺功能
强度	40%～60%的 HRR	50%～85%的 HRR	70%～85%的 HRR
时间	4 周	4～5 个月	持续
进度	缓慢	较快	缓慢

注：HRR(储备心率)＝最大心率−休息时的心率

(三)常用运动处方

1. 减肥运动处方

肥胖是一种由多种因素引起的慢性代谢性疾病。肥胖产生的原因往往与遗传、环境、生活及饮食习惯、药物等因素有关。肥胖者患有一定程度的脂代谢紊乱，它可引起心血管、糖尿病、高血压等慢性疾病。肥胖问题不仅仅困扰着中年人群，根据历年大学生体质健康测试的数据来看，在我国，大学生高肥胖患病率也是一个不争的事实。并且，大学生的肥胖患病率还呈现出逐年增长的趋势，这也引起了社会的广泛关注。

有研究证实，长期有规律的体育锻炼能改变体成分的构成，提高瘦体重的比重，提高身体的健康水平。通过运动和其他增加能量消耗的生活方式，可以减少初始体重的9%～10%。参加运动可降低肥胖青年的体脂含量及内脏脂肪含量，增强心肺功能，提高青年的学习能力、记忆能力，并能有效控制体重，改善身体形态。在实践中，应把适当减少能量摄入与足够的运动量结合起来，这有助于超重和肥胖人群最大程度地减重(表1-3)。

表1-3 减肥运动处方

运动目的	降低体脂肪，减轻体重
运动项目	有氧运动(跑步等)、肌力锻炼、柔韧性练习
运动强度	中等强度至较大强度
运动时间	30～60 分钟(每天 1～2 次，每次 30～40 分钟)
运动次数	每周至少 5 天

续表

注意事项	(1)应保证足够的体力活动，每周至少运动5天 (2)起始运动的强度应为中等强度，逐渐延长运动时间、增加运动频率，最后增加至较大的运动强度 (3)为了长期控制体重，应该保证至少每天进行30分钟的中等至较大强度的运动，逐渐增加至每周累计运动时间大于250分钟 (4)超重或肥胖者可以通过累计若干段、每段至少10分钟的体力活动达到目标运动量，或以其他形式的中等强度运动和生活中的体力活动来达到目标运动量。这些运动策略可以增强自身的适应性和持续性 (5)辅助的肌力锻炼能加强超重和肥胖人群的肌肉力量和身体机能，并能增进身体健康，如：减少患心血管疾病、糖尿病和其他慢性疾病的风险

● 运动减肥须知

(1)单靠运动难以令体重短时间内有显著减少。进行体能活动却不减少热量摄取，在初期通常只能令体重缓慢地减少，须利用均衡饮食与定期进行体能活动结合的策略减去体重。

(2)建议最初的6个月内，将减重的目标定为体重的10%，这个减重幅度能显著地减少与肥胖相关的健康风险，增加伴随的健康益处。在这个目标达到并维持了6个月后，可考虑再进一步的减重计划。由于体重减少后，身体的能量需要也随之减少，因此需要修订饮食及体能活动的目标。

(3)安全又健康的减重量应为每周0.2~1 kg。

2.失眠运动处方

失眠是指在具备睡眠的条件和环境下，存在入睡困难或睡眠维持障碍，表现为易醒、早醒和再次入睡困难。失眠导致睡眠时间减少或睡眠质量下降，使睡眠不能满足人体的生理需要。据报道，有15%~35%的成人患失眠症，有10%~23%的青少年存在不同程度的入睡困难、再入睡困难、早醒等睡眠问题。大学生受环境、学习压力、身心健康等因素的影响，部分学生存在不同程度的睡眠问题。

运动对于睡眠问题是一种很好的非药物治疗手段。国外研究表明，4/5的失眠者并不需要药物治疗，只要消除心理上的紧张、抑郁、不安等因素，科学安排学习与生活，动静结合，并进行适当的体育运动，失眠就会得到很好的控制。运动可反射性地引起大脑皮质和丘脑、下丘脑部位的兴奋性提高，提高失眠患者的耐受力和意志力，改善脑神经的功能状态，使失眠患者精神上有充实感、满足感。运动可以带来良好的愉悦情绪，可削减因失眠带来的紧张、焦虑心理，加上交感神经的营养性影响，可以改善体内的代谢过程，从而改善患者的睡眠质量(表1-4)。

表 1-4 失眠运动处方

运动目的	改善睡眠
运动项目	有氧运动(健步走、跑步等),传统运动疗法(瑜伽等)
运动强度	中等
运动时间	每次 40~60 分钟,每周至少 150 分钟
运动次数	每周 3~5 天
注意事项	(1)养成规律的运动习惯,保持良好的作息习惯。了解睡眠周期,尽量固定睡觉时间和起床时间,帮助身体形成固定的生物钟 (2)每次运动时间不宜过长,体力消耗不宜过大,入睡前 2 小时不宜进行高强度的运动 (3)健步走和跑步都是适合失眠人群的有氧运动方式。在良好的自然环境中结伴运动,不仅可以锻炼身体,还能促进人际交流 (4)练习瑜伽宜在安静、通风良好的房间内。也可以在安静、环境优美的室外练习。穿着宽松、轻便、舒适的服装即可 (5)练习瑜伽时一般用鼻腔呼吸,动作应与呼吸相协调。调息是瑜伽练习中不可或缺的一种练习方式,它可以安定练习者的心绪,使练习者更好地进入平稳宁静的状态

3.腰痛运动处方

腰痛是指肋骨下缘、腰骶和骶髂部的疼痛,有时伴有下肢放射痛,是一种临床常见的、多发的疾病,发病率高达 84%,且呈逐年增多的趋势。随着生活工作环境的改变、社会节奏的加快,腰痛的发病率在 2006—2016 年增加了 18%。而随着学习习惯、生活习惯的改变,大学生的腰痛发病率也呈现出上升的趋势。

适当运动能有效地增强腰背肌力量,而强有力的腰部肌肉力量,能加强腰椎的稳定性,同时有效地分散脊柱的压力,减轻脊柱的负荷。运动锻炼还可以增强腰部肌腱、筋膜、关节囊、韧带的柔韧性,恢复腰椎的活动度,改善血液循环,牵伸挛缩组织,减轻肌肉萎缩症状,使腰痛得到明显的缓解(表 1-5)。

表 1-5 腰痛运动处方

运动目的	缓解腰痛
运动项目	肌力锻炼(核心稳定训练、躯干肌力训练)、传统运动疗法(瑜伽、普拉提、太极拳)、柔韧性练习
运动强度	中等
运动时间	(1)肌力锻炼:1 组重复 8~12 次,共 10~15 组,以臀部、腹部、背部等核心肌群的锻炼为主 (2)传统运动疗法:20~40 分钟 (3)柔韧性练习:每天 1~2 次,每次 8~10 分钟,可安排在肌力锻炼前后
运动次数	每周 2~3 天

续表

注意事项	(1)需掌握正确的运动方式进行肌力锻炼,以目标肌群发力完成动作 (2)要根据练习者的运动能力制订运动计划,强度不宜过大,要循序渐进,不要产生运动代偿,否则容易损伤脊椎 (3)运动应在无痛的前提下进行,练习者要避免在腰痛急性期进行肌力锻炼,避免过度拉伸或不正确的拉伸方法损伤肌肉组织。拉伸时如果感到局部有热感,应适当降低拉伸强度;如有灼烧感应立即停止拉伸;如出现肌肉刺痛,极有可能是肌肉拉伤 (4)缓慢地伸展,伸展到肌肉的最大承受范围,避免剧烈的拉伸 (5)一次拉伸的肌群越少,效果越好。比如,分别对双侧股后肌群进行拉伸就比同时拉伸双侧的效果好。这样做的好处还在于拉伸程度可控 (6)在拉伸过程中自然呼吸,不要憋气。拉伸时为了消除紧张感,一定要注意边保持深呼吸,边仔细地拉伸肌肉 (7)拉伸时间不宜过久。被动拉伸时一般每组 2~5 次,每次 30~60 秒,组间间歇 15~30 秒 (8)可将柔韧性训练作为肌力锻炼前的热身运动和肌力锻炼后的放松运动

4. 健身运动处方

健身运动处方是指导健康人进行运动锻炼,以提高体适能,促进健康,预防运动缺乏病(高血压、冠心病、糖尿病、肥胖等)为目的,主要包括:有氧适能运动处方,肌适能运动处方和控制体重运动处方。近年来,美国等一些西方国家,健身运动处方的应用呈现强度和缓、身心全面、质量精细的特点。运动方式不再仅强调强度,过去那种快节奏的健美操、超长距离跑步,已渐渐以每周 3~4 次的半小时以上轻松和缓的健美操、瑜伽与太极拳、慢跑、快走等形式代替。身心全面,包括精神与身体和谐发展、通过锻炼解除心理压力,提高对现代生活的适应能力等,成为制订健身处方的追求目标(表 1-6)。

表 1-6　健身运动处方

运动目的	提高有氧适能	提高肌适能
运动项目	有氧运动(跑步等)	肌力锻炼
运动强度	凡不是为了参加运动竞赛训练的成年人,建议采用长时间中等强度的活动	中等
运动时间	20~60 分钟(每天 1~2 次,每次 20~30 分钟)	1 组重复 8~12 次、最少要包括 8~10 种主要肌群的运动(主要肌群指臂部、肩带、胸、腹、背、髋和腿等部位)
注意事项	(1)每次开始运动前进行准备活动以减少肌肉酸痛和受伤的危险 (2)慢慢开始活动并伸展四肢,注意进行腰的伸展 (3)肌肉酸痛会在运动初期出现,但很快就会消失	(1)开始训练时,使用的负荷要较轻,组数也要较少 (2)举重时不要憋气,举起重物时要呼气,放下重物时要吸气 (3)在训练中,应交替训练主要肌群

第二章

田径运动

第一节　跑

【微课学堂】

学习目标

1. 了解田径运动项目的起源与发展历史。
2. 掌握短跑、中长跑、跨栏、接力跑的动作方法和技术要领。

人文体育

中国飞人：苏炳添

在东京奥运会男子百米大战中，我国男子短跑老将苏炳添虽然排名第6，但他在半决赛跑出的9.83秒创造了新的亚洲纪录。这个成绩究竟有多优秀？人类历史上，跑进10秒大关的仅有100多人，苏炳添9.83秒成绩排在第12位。更了不起的是，苏炳添已经32岁，早就过了运动员的巅峰期，但他创造了奇迹。

是因为天赋？并不是。黄种人在短跑项目中，先天上就处于劣势，平均肌肉爆发力，大约只有黑种人的50%，白种人的70%。来自农村的苏炳添先天条件并不优越，身高只有1.71米。跑完100米，1.96米的博尔特只需42步，他要跑47、48步。2011年，苏炳添的百米成绩是10.16秒，2013年，他跑出了10.03秒。尽管成绩一次次提高，但却始终突破不了10秒的天花板。于是，苏炳添决定做出改变，更换了起跑的前后脚位置，并重新规划了百米跑节奏。到2015年，努力终于换来了回报，当年5月，他在国际田联钻石联赛尤金站跑出9.99秒，成了第一位闯入10秒关口的黄种人。在苏炳添的身上，我们见证了：没有天赋的人，可以依靠坚持和努力，实现奇迹、实现梦想。年龄瓶颈、人种局限、先天不足，统统被打破。我们有理由相信，9.83秒只是一个开始，中国速度不会停留于此，因为中国速度没有极限！

一、短跑

短跑是一项以无氧供能为主的单腿支撑与腾空交替进行的速度力量型周期性跑的项目。运动员必须具备强大的爆发力、较高的动作速率、合理的跑的技术、良好的协调性和灵敏性。

【动作方法】

(1)起跑:400米及以下项目采用蹲踞式,利用起跑器进行起跑(图2-1)。当运动员听到"各就位"的口令时,两手扶地,两腿分别放在前后起跑器上,后腿跪撑着地,两手与肩同宽,臂伸直在起跑线后沿支撑,两眼自然俯视,静听口令。

(2)起跑后的疾跑:起跑后两臂用力前后摆动,上体保持前倾;摆动腿向前高抬,然后尽力下压;支撑腿用力蹬伸,随着速度和步幅的增加,上体逐渐抬起,平稳转入途中跑。

(3)途中跑:摆动腿以髋关节发力,大幅度快速前摆,大腿积极下压,小腿随惯性向前摆动;支撑腿快速蹬伸,形成"扒地"动作,蹬伸结束后迅速屈膝前摆;上体正直或稍前倾,两眼平视,肩部放松,两臂自然弯曲,前后摆动,全身动作协调配合,提高跑的实效性(图2-2)。

(4)弯道跑:身体向内倾斜,右肩稍高于左肩,右臂摆动幅度大于左臂;跑时用左脚掌外侧着地,右脚掌以内侧着地,沿跑道内侧向前跑进。

(5)终点冲刺:在距离终点线20 m左右时注意加快摆臂调节步频,在离终点最后一步时,上体快速前倾,用胸部或者肩部领先越过终点。

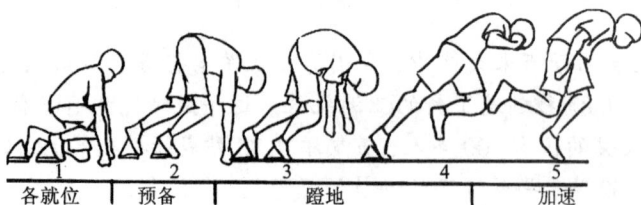

各就位	预备	蹬地	加速

图2-1 短跑起跑技术动作

图2-2 短跑途中跑技术动作

【动作要领】

(1)起跑的第一反应同起跑后加速跑要衔接流畅,起跑时摆动腿前摆不宜过高,着地点不要过远,重心前移,头和上体抬起不宜过早。

(2)建立正确的后蹬技术概念,加深体会蹬、伸膝、踝关节的动作技术,后蹬要充分,切忌上体后仰，坐着跑。

(3)摆动腿抬起，以膝领先，要有积极向前上方摆动的感觉。

(4)以肩为轴前后摆臂，积极配合腿部动作，保证动作协调一致。

二、中、长跑

中、长跑是一项要求耐久力极强(含速度耐力和力量耐力)，协调、灵敏性、柔韧性好，放松能力强的体能类速度耐力性项目。从事中、长跑锻炼，可以增强人体内脏器官和神经肌肉系统功能，同时培养人的吃苦耐劳精神和顽强的意志品质。

【动作方法】

(1)起跑：采用站立式，"各就位"时，两脚开立站在起跑线后，上体前倾，两眼稍前视，两臂自然下垂，保持稳定姿势；起跑后，两臂积极摆动，配合两腿积极蹬摆，逐渐加速，上体逐渐抬起，转入途中跑。

(2)途中跑：上体正直或稍前倾；前摆腿抬得低些，积极快速下压，小腿积极落地，后蹬积极送髋，快速伸展各关节；两臂小幅度地摆动，以保持身体平衡(图2-3)。

(3)终点冲刺：冲刺跑的距离要根据个人的训练水平和战术而定。这时应加大摆臂动作，加快步频，用最快速度冲过终点。

图2-3　中、长跑技术动作

【动作要领】

(1)脚落地不宜过重，合理使用小腿肌肉关节力量，缓冲体重的压力。

(2)在跑步时强调呼吸的自然节奏，使跑的节奏与呼吸频率自然协调。

(3)大小腿后摆不宜过大，后蹬结束，大腿自然向前摆动。

(4)掌握适当的步长，以脚前掌落地。

三、跨栏

跨栏跑是在快速奔跑中连续跨过一系列有一定高度的栏架的运动。要求有高度的协调性和良好的节奏感。对培养勇敢、果断精神有显著作用。

【动作方法】

(1)起跑至第一栏：起跑与短跑技术相同，但重心较高，加速跑时各步步长均匀增加，一般采用8步助跑(图2-4)。

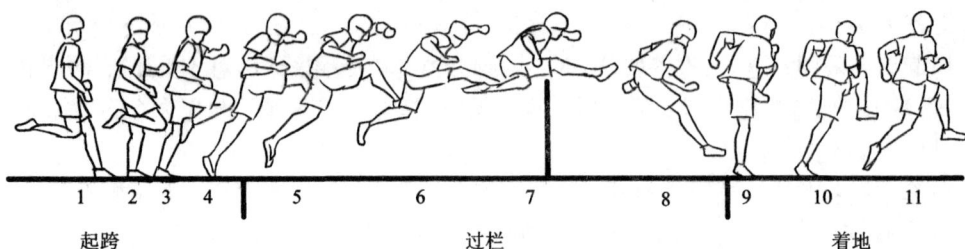

1 2 3 4   5   6   7   8 9   10   11

起跨   过栏   着地

图2-4 跨栏技术动作

(2)过栏：身体前倾，保持栏上身体平衡；摆动腿伸髋下压大腿，降低重心，同时起跨腿折叠快收，以膝领先，向前迅速提拉，异侧臂有力向前伸摆；摆动腿积极着地，并保持较高的支撑姿态，起跨腿提拉至身体正前方，带动身体重心迅速前移，积极跑出第一步(图2-5)。

(3)栏间跑：指过栏后摆动腿着地至下一个栏起跨腿离地止。栏间跑要求动作幅度大，蹬摆积极，身体重心高。栏间用三步完成，步长分别为小、大、中。

图2-5 过栏技术动作

【动作要领】

(1)反复练习起跑后的加速跑，确定适合自己的步数，形成稳定的步长和节奏感，尤其是要准确把握起跑至第一栏的步点，切忌上栏"捣小步"或迈大步。

(2)掌握正确放脚起跨技术，发展柔韧性和下肢力量，形成准确的步长；保持高重心起跨姿势，提高起跨点的准确度。

(3)学习摆动腿屈膝技术，发展大腿屈肌力量和髂腰肌，反复做屈腿前摆练习，避免摆动腿屈腿绕栏或者直腿摆过栏。

(4)适当加大起跨距离，提高跑速；在低栏上做大幅度的完成快速"剪绞"的动作。

(5)下栏时，动作要一气呵成，使肩轴和髋轴与栏板基本平行，保持身体的稳定性，避免影响栏间跑的节奏。

（6）下栏后，身体保持适度前倾，上肢和上体力求形成迅速跑进的姿势；加大步长，增大下栏第一步。

四、接力跑

接力跑是田径运动中的一项集体项目，要求有很高的团队协作和默契配合的能力。接力项目较多，正式比赛项目有男子和女子4×100米接力。此外还有各种不同距离的越野接力、马拉松接力、迎面穿梭接力等。

【动作方法】

接力跑的接力区为20米，在接力区后10米为预跑区，因此接棒运动员前后有30米距离。一般来说第一、三棒跑的距离短，二、四棒跑的距离长。接力跑的交接棒有两种方式（下压式、上挑式），下压式稳定性好，建议采用下压式交接棒（图2-6）。

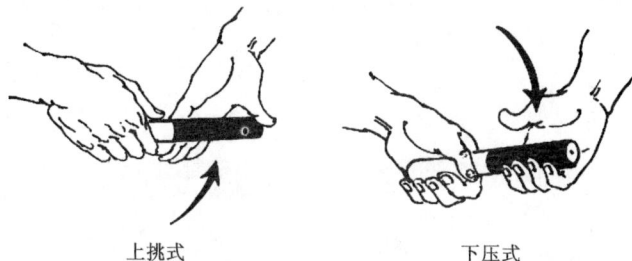

上挑式　　　　　　　　下压式

图2-6　交接棒方式

交接棒的具体要点：接棒的人听到口令后，手臂向后伸直，肩臂夹紧（这样可以防止手臂抖动），身体前倾使手臂与肩平行（这样可以保证手臂抬高，交棒的人看得清楚），手掌张开，略微外翻，等待接棒。交棒的人速度要快，发口令后，注视接棒的人，一旦接棒的人手臂手掌向后伸出就要全力注意，等接棒的人手臂稳定后，把棒从上至下压入接棒人的手中，完成交接棒（图2-7）。

图2-7　交接棒动作

（1）4×100米接力：第一棒运动员采用蹲踞式起跑，用右手握棒，应由起跑反应快、加速能力好的运动员担当。

4×400米接力：第一棒运动员必须采用蹲踞式起跑，沿自己的跑道跑完400米，一般由起跑技术较好、速度较快的运动员担当。

（2）4×100米接力：跑第二棒的应该由交接棒技术和直道跑技术好，且速度耐力较强的运动员担当。

4×400米接力：第二棒运动员在接力区内交接棒，然后跑完一个弯道，跑至抢道线处方可向内道跑进，一般要求弯道技术较好，争取抢道后能领先。

（3）4×100米接力：跑第三棒的应该由交接棒技术和弯道跑技术好，且速度耐力较强的运动员担当。

4×400 米接力：第三棒运动员在终点线前 10 米接力区完成交接棒任务，一般由耐力强、善于追赶的运动员担任。

(4)4×100 米接力：跑第四棒的应该由 4 人中速度最快、冲刺能力最强的运动员担当。

4×400 米接力：第四棒运动员在终点线前 10 米接力区完成交接棒任务，一般由速度耐力好、善于冲刺的运动员担当。

【动作要领】

接力跑对团队协作和配合的默契程度要求非常高，在比赛和训练中一定要注意以下几点：

(1)合理安排棒次，充分挖掘利用和发挥每个运动员的水平；

(2)统一口令，反复练习，不断提高队员间的默契度，能快速地完成交接棒的动作；

(3)比赛中，听到口令后，接棒人手臂手掌一定要向后充分伸出，并保持手臂稳定。

第二节　跳

【微课学堂】

学习目标

1. 了解田径运动项目的起源与发展历史。
2. 掌握跳高、跳远的动作方法和技术要领。

人文体育

神话般的世界纪录

　　传奇跳远明星鲍勃·比蒙来自美国纽约的一个小镇。他出生在一个贫穷的家庭，从小就失去了父母。受一些环境的负面影响，他逐渐养成了打架斗殴、吸烟酗酒的恶劣习惯。亲戚看到他这个样子，实在不忍心，最后决定把他送到了军事化管理的青少年管理中心。没想到在这里，比蒙对跳远产生了浓厚的兴趣，便从此"改邪归正"，开启了他的跳远生涯。都说兴趣是最好的老师，比蒙在管理中心把大部分的时间都花在了操场上。16 岁的时候，比蒙在比赛中初次露面，由于表现不俗，备受关注，因而比蒙认为应该把自己奉献在这个赛场上。1968 年墨西哥奥运会的男子跳远决赛，在数万名观众的注视下，比蒙一个浅蹲后便开始了他的表演。他以百米冲刺的速度冲向起跳板，几乎没有缓冲便奋力起跳，腾空高达 1.70 米。在腾空过程中，比蒙的双脚还走了差不多两步半，气势非常像一只雄鹰。最后，比蒙凭借不可思议的成绩：8.90 米，毫无悬念地获得了奥运会男子跳远冠军。这个 8.90 米的佳绩震撼了整个体坛，甚至全世界！它不仅打破了世界跳远纪录，而且还远远超出了 55 厘米，这在田径历史上是极为罕见的。这个记录被誉为"神话般的世界纪录"，一直维持了 23 年。这也许就是阿姆斯特朗所说的："我的一小步，人类的一大步！"

【人文体育】

神话般的世界纪录

41

一、跳高

跳高是一项在快速助跑中经起跳后越过尽可能高的高度的体能类速度力量类项目。运动员不仅要有很好的技术，还需要有较高的灵敏性和协调性。

【动作方法】

（1）助跑：助跑全程为8~12步，前段跑直线，后4步转入弧线，身体向圆心倾斜，重心高，速度逐渐加快，最后一步最快，同时送髋超越上体，身体呈后倾并保持内倾，形成肩轴与髋轴交叉扭紧状态，起跳脚由后外侧迅速过渡到全脚掌（图2-8）。

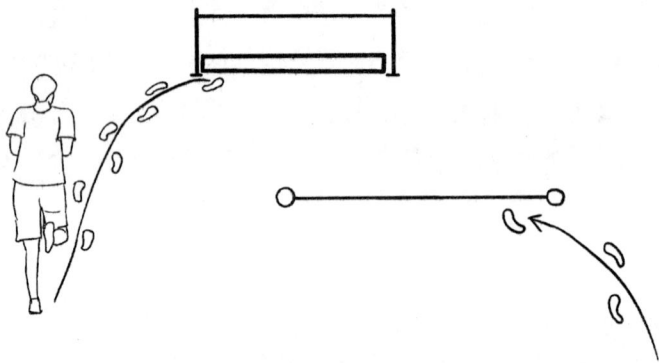

图2-8　跳高助跑步伐

（2）起跳：摆动腿迅速蹬摆的同时，起跳腿迅速有力地蹬伸髋、膝、踝三关节，摆动腿以髋带大腿，屈膝向异侧肩的前上方摆动，使其转向背对横杆。

（3）过杆与落地：起跳离地后，身体自然地沿纵轴旋转，使背对横杆，当头、肩超越横杆时，两臂自然置于体侧，及时完成潜肩、展体和上收起跳腿，使整个身体在横杆上成背弓形。当身体重心越过横杆时，及时含胸收肩屈髋，向上方迅速甩小腿，以肩背领先着垫（图2-9）。

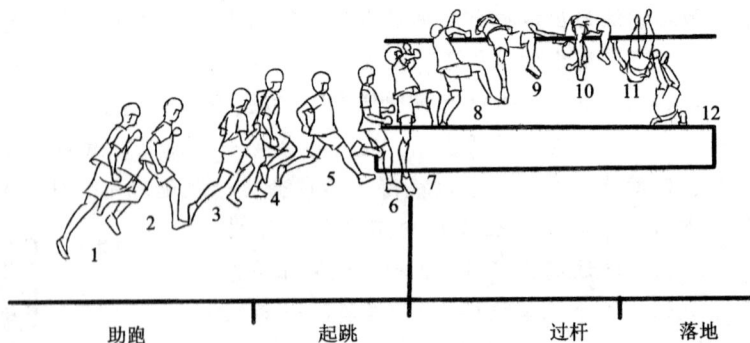

图2-9　跳高技术动作

【动作要领】

（1）调整助跑节奏和步点，合理运用正确的助跑技术，尤其是直线进入弧线的助跑技术，保持均匀加速,使助跑与起跳结合起来。

(2)注意控制起跳向前冲力,把握正确的起跳位置,充分发挥腿部力量,并努力提高摆腿动作的质量,以保证起跳时能获得最大的蓄能。

(3)起跳后要依靠腰腹肌力量使身体沿纵轴旋转,并充分利用肌肉感觉、空间和时间知觉,保持身体平衡,避免坐臀过杆、侧身过杆。

(4)过杆后舒展身体,放松落地,腾空动作一定要正确,避免头先落垫或侧身落垫而引发事故。

二、跳远

跳远是运动员在快速助跑起跳后,越过尽可能远的距离的水平跳跃项目,是对运动员的速度、爆发力和协调性要求较高的体能类速度力量性项目。

【动作方法】

(1)助跑:助跑是为了获得必要的水平速度,应根据个人的能力确定距离,在后4步要达到最高速度,并保持相对稳定的步频和步长(图2-10)。

(2)起跳:助跑最后一步摆动腿支撑平稳,蹬伸快速有力,使身体重心快速前移。起跳腿着地积极,着地的瞬间,全脚掌迅速滚动,快速蹬伸髋、膝、踝三关节,摆动腿与两臂配合起跳腿积极向前上方快速有力摆动,完成起跳动作。

(3)腾空(挺身式):起跳腾空后,摆动腿积极下压,向下向后摆动,与起跳腿靠拢,同时展髋;两臂由后向上、向下、向后摆动,待身体重心过腾空最高点时,收腹举两大腿,准备落地。

(4)落地:尽量收腹举腿,即将落入沙坑时,两小腿尽量前伸,两臂屈肘积极前摆,使身体迅速移过落地点。

| 1 | 2 | 3 | 4 | 5 | 6 | 7 | 8 | 9 | 10 |
| 助跑 | | 助跳 | | | 腾空——挺身式技术 | | | 落地 | |

图2-10 跳远技术动作

【动作要领】

(1)精确控制步长,计算助跑步点,体会距离与速度的感觉。

(2)助跑起跳动作务必连贯,踏板要做到熟练、准确,蹬伸须充分。

(3)腾空后展体要充分,以使摆动腿自然下压。

(4)落地时,利用摆臂维持落地前身体姿势的平稳,两腿并拢,前伸落沙坑屈膝缓冲。

第三节 投

【微课学堂】

学习目标

1. 了解田径运动项目的起源与发展历史。
2. 掌握推铅球、掷标枪的动作方法和技术要领。

人文体育

梦想与坚持：巩立姣

2021 年 8 月 1 日，四战奥运的巩立姣拿了下女子铅球项目金牌，这也是中国奥运史上的首枚田赛金牌。在东京奥运会之前，巩立姣曾参加过北京奥运会、伦敦奥运会和里约奥运会，虽拿到两枚奖牌，却从未登上领奖台。看到巩立姣圆梦东京，她的前教练李梅素欣慰地说："巩立姣完成了我们老一辈铅球人没有完成的梦想，开启了铅球项目的中国时代。"而对于巩立姣自己来说，从拿起人生中的第一枚奖牌到获得奥运冠军，她用了 21 年。21 年的拼搏与坚持，13 年的奥运征程，32 岁的巩立姣终于站上了奥运会最高领奖台。在一场又一场的比赛中，她信念坚定，奋力拼搏，永不言弃。她用行动诠释了一个运动员对梦想的执着，生动地展现了奥林匹克精神。

一、铅球

推铅球是一项重器械投掷项目。运动员一般都身材高大，肌肉发达健壮，具有强大的全身快速力量，在推球过程中，具有身体平稳加速、动作放松流畅、爆发力强的特点。

【动作方法】

(1)握球：五指自然分开，将球放在食指、中指和无名指的指根上，拇指和小指扶住球的两侧，手腕背屈，手持球贴住颈部，肘关节略低于肩或与肩同高，投掷臂放松。

(2)滑步：上体前倾，右腿屈膝下蹲，左臂自然前伸。左腿预摆后，向右腿靠拢，完成团身动作。然后身体重心后移，左腿用力向抵趾板中间偏左方向摆出，并积极以前脚掌内侧着地，右脚蹬地后主动收拉小腿，落在投掷圈圆心附近。体重落在弯曲的右腿上，右脚跟与左脚尖基本在一条直线上。上体保持滑步前的姿势，形成超越器械动作。右臂姿势不变，左臂自然前伸，两眼自然向前下方平视(图2-11)。

图2-11　滑步技术动作

(3)最后用力：滑步结束后，髋关节发力，并积极向投掷方向运动。左臂侧划至体侧制动，右腿蹬转并发挥躯干—胸—臂—手全身的肌肉力量将球推出。推球过程中始终保持良好的支撑(图2-12)。

图2-12　最后用力技术动作

【动作要领】

(1)滑步时，上体不能抬起，右腿离地不能过高，身体移动快，保证重心的相对平稳。

(2)左腿摆动后应积极下压，迅速取得双脚支撑，使身体处于最后用力前的有利姿势，保证滑步与最后用力的衔接流畅。

(3)铅球出手时的瞬间，肘关节抬高，不能下降。

(4)注意最后用力的顺序，腿部、躯干、手臂等全身协调用力进行投掷。

二、标枪

掷标枪是轻器械项目，是通过一段快速助跑后在 0.2~0.3 秒的时间内完成一系列的蹬转、满弓、翻肩、鞭打动作，并要求准确地用力于标枪的纵轴，获得理想的成绩。因此标枪运动员不仅要具备很好的爆发力，而且要有很好的跑跳能力和协调性。

【动作方法】

(1)握法：将标枪把手斜放在掌心上，用中指与拇指握在把手的上沿，其他手指自然握在把手上。

(2)持枪：将标枪举至运动员的头部，与右前额同高，枪尖略低于枪尾。

(3)助跑：预跑段应协调放松，逐渐加速至适宜程度，当左脚踏上标准线时，躯干与地面保持垂直，为进入投掷步做好准备，预跑段一般跑 8~12 步。

(4)投掷步：前两步完成引枪动作，并做到两腿积极交替和"后扒"动作，第三步(交叉步)时右腿快速前迈；第四步左腿积极前迈落地，形成有利于投掷的准备姿势。投掷步一般跑 5 步。

(5)最后用力：身体重心通过右腿支撑点上方时，开始最后用力，发力时右腿积极蹬伸。当右腿蹬伸即将结束时，左腿已前伸落地制动。当身体重心移至左腿上方的同时，左臂向左下方摆动并制动，髋、胸部依次转向投掷方向，右臂上抬同时向外翻转，形成"满弓"，在左腿有力支撑下，以最快的速度向前上方挥动手臂，完成最后用力鞭打动作(图 2-13)。

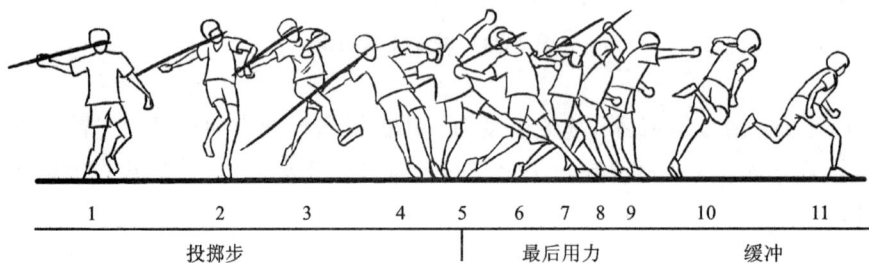

图 2-13 掷标枪技术动作

【动作要领】

(1)引枪时，标枪不要离身体太远，持枪臂保持伸直并向上抬起，肘略高于肩，第三、四步时左臂摆至胸前左肩转向投掷方向。

(2)交叉步动作，要求有较大的步幅，并且动作要快，一定要充分超越器械。

(3)最后用力时，不能只用手臂的力量掷枪，要充分利用下肢和躯干力量。

第三章

球类运动

第一节 篮 球

【微课学堂】

学 习 目 标

1. 了解篮球运动的起源与发展历史。
2. 掌握篮球基本技术的动作方法和技术要领。
3. 掌握篮球比赛的基本战术。
4. 了解篮球比赛的基本规则和组织编排

人文体育

"小巨人"姚明

有着2.29米的身高，被称为"小巨人"的姚明在长人如林的NBA赛场上也宛如一座高塔。他凭借高超的体育技能，在NBA联盟中牢牢地占据了一席之地，以一己之力改变了这个世界上水平最高的篮球联盟对于中国篮球的认知。他出色的表现不仅让他成为许多年轻人的偶像，更成了中国人的骄傲。而他对祖国的情感，对现在的把握和对未来的期待，让他成为NBA和中国体育历史上最具影响的运动员之一。可以说，姚明带给人们的思考已经远远超过了体育本身。

【人文体育】

姚明职业生涯
十佳球

一、基本技术

(一)移动

移动是指在篮球运动中，队员为了改变位置、方向、速度等所采用的各种脚步动作，包括起动、急停、变速跑、变向跑、侧身跑等。移动是篮球运动各项技术的基础，完成脚步动作要具有突然性、快速性、灵活性。

1.进攻移动动作

(1)进攻基本站立姿势。两腿前后或左右开立，与肩同宽或略宽于肩，两脚着地，重心在前脚掌，两膝微屈，重心在两脚之间，上体微向前倾，两臂屈肘自然放于体侧，两眼平视前方(图3-1)。

(2)起动。起动是指队员在球场上，由静止转为运动的一种脚步动作。快速的起动能及时有效地摆脱防守，占据有利位置(图3-2)。

【动作方法】按照基本站立姿势，向前起动时，上体前倾，重心前移，一只脚蹬地发力，另一只脚迅速向前跨出。向体侧起动时，上体向起动方移动重心并向起动方转身，异侧脚蹬地发力，并向起动方向跨出。

【动作要领】重心移动要及时，蹬地要迅速，第一步跨得短而快。

图3-1　进攻基本站立姿势　　　　　图3-2　起动

(3)急停。队员在快速跑动中有意识地突然停住叫急停，可以用来直接摆脱防守，创造更多的进攻机会(图3-3)。

【动作方法】急停可以分为一步急停和两步急停两种。

一步急停：在中速和慢速移动中，用单脚或双脚起跳(紧贴地面跳)，上体稍后仰，落地时全脚掌着地，用脚前掌内侧蹬住地面，两膝弯曲，两臂屈肘微张，以保持身体平衡。落地时两腿要分开，上体稍后仰，屈膝下降重心。

图3-3　急停

两步急停：急停时先向前跨出一大步，全脚掌着地，迅速屈膝降低并后移重心；接着跨出第二步，脚落地时，用脚前掌内侧蹬地，使身体停稳并保持身体平衡。第一步大，重心后坐，第二步快跟，内侧蹬地。

【动作要领】重心移动要低，上下肢协调配合，脚掌用力和重心起伏不要过大、过高。

(4)变速跑。变速跑是队员在跑动中利用自身速度的变化来摆脱防守的一种跑动方法。它利用突然加速或减速来打乱防守者的节奏，以此获得更好的进攻时机。

【动作方法】在跑动中加速时，上体向前稍倾，缩短步长，加快步频，用力摆臂完成加速跑动作。减速时，步幅适当增大，上体直起，用前脚掌抵地缓冲向前的冲力，从而达到减速的目的。

【动作要领】及时调整身体重心，步伐节奏转化要迅速。

(5)变向跑。变向跑是队员在跑动中忽然改变方向来摆脱对方防守，以获得更好的一种进攻时机的进攻移动技术。

【动作方法】变向跑时(从左向右)，落地的最后一步用左脚前掌内侧用力蹬地，同时上体向右前迅速转肩转腰完成转体，并向前倾移动重心，右脚向右前方快速跨步，左脚迅速跟进。

【动作要领】蹬地转移重心，转肩、转腰、跨步要协调迅速，要有突然性。实战中还应注重变向跑和假动作的结合运用。

(6)侧身跑。侧身跑是队员在跑动中为了接球或抢位而使用的一种方法，可以使队员摆脱防守或抵抗干扰，接侧向或侧后方传来的球。

【动作方法】跑动时，头部和上体放松地向球的方向扭转，上体侧肩，脚尖朝着跑动的方向。

【动作要领】上体侧转，两脚自然向前跑动，身体平衡要稳定。

2.防守移动动作

(1)防守的基本姿势。防守站立时，两脚开立比肩宽，脚跟稍提起，屈膝降低重心，两臂张开置于体侧前下方，掌心向前，手比膝宽，膝比肩宽(图3-4)。区域联防则是举手在上，这是由于这种姿势能占据较大的防守面积。联防时，即使在篮下时也应保持这种姿势。

(2)滑步。滑步是一项攻击性较强的防守移动技术。当对方企图从防守者的前方或某一方向突破时，防守者利用侧滑步控制对方，抢占有利位置，破坏其突破路线。

图3-4　防守的基本姿势

【动作方法】两脚平行站立、屈膝、上体前倾、臂侧伸。当右滑步时，左脚内侧蹬地，右脚向右跨出，两脚不能并拢，要有一定距离(图3-5)。向右滑步时脚步相反。

【动作要领】滑步的步幅、步速，跨步的方向和后撤步的步频，以及身体重心的控制都是滑步防守的关键。滑步的步幅要大，步速要快，跨步要抢在对方跨出的前脚的稍前方，以达到领先抢占位置，控制并破坏对方突破路线的目的。

（二）运球

运球的方法是篮球项目中最容易学的一项技术，球性却需要长期的练习来提高。有了正确的运球方法和娴熟的球性，才能轻松地传球、突破、投篮和控场。所以说运球是篮球中最基础的部分，应加强锻炼和提高。

运球应用手指运球，而不是手掌。运球时手腕要放松，用向下挤压动作拍球，而不是抽打动作（球沾手时间要长）。要训练两只手都能熟练地运球。开始先学习在原地运球，熟练后可以一边运球一边走动。不要过多考虑运球时你的移动速度，先掌握好运球技术。走动中的运球技术掌握好以后，再开始逐渐增加移动速度，直至全速。采取怎样的速度以你能舒服地运球为标准。

1. 高运球

【动作方法】两脚前后开立，两膝微屈，运球的手臂自然弯曲，以肘关节为轴，随球上下摆动，上体稍前倾，目视前方，手按拍球的上方，使球落于身体的侧前方，如图 3-6 所示。

【动作要领】手脚和身体要协调配合，手按拍球的部位正确。

图 3-6　高运球

2. 低运球

【动作方法】两腿深屈，降低重心，上体前倾，以肩为轴，用上体和腿保护球的同时用手短促地拍按球，球的反弹高度在膝关节以下，以便控制和摆脱防守继续运球，如图 3-7 所示。

【动作要领】重心降低，上体前倾，手拍按球要短促有力。

图 3-7　低运球

3. 体前换手变向运球

【动作方法】以右手运球为例，运球队员从对手右侧突破时，先向防守左侧做变向球假动作，当对手向左侧移动堵截运球时，运球队员突然按拍球的右后上方，使球经体前右侧反弹至左侧前方，右脚同时向左前方跨出，上体向左移，侧肩挡住对手，并且换左手向前运球，后脚用力蹬地向前运球突破，用臂和腿保护球，如图 3-8 所示。

图 3-8　体前换手变向运球

【动作要领】变向换手推球速度快，用肩挡住对方，触球部位和侧身配合协调。

4. 后转身运球

【动作方法】以右手运球为例。跨出左脚，左肩对着防守人。以左脚为中枢脚，右手按在球的前上方，右脚蹬地做后转身动作，将球吸拉至身体的后侧方，然后换左手向前推进。吸拉的幅度要大，上体不要上下起伏，吸拉球的动作与后转身的动作应协调一致，如图 3-9 所示。

图 3-9　后转身运球

【动作要领】拉球与转身协调配合，重心保持在一个水平面上，转身换手快，身体贴住对方。

3. 变速运球

【动作方法】运球队员要突破对手防守时，可以采用变速运球(当然也可以采用突然变向或其他假动作)。变速运球要求除了改变运球速度，还要改变运球高度。用小的步幅接近对手，然后突然加速(步幅也加大)，并把运球高度降至膝部位置，快速突破向前。变速运球需要多加练习才能有效地使用。

【动作要领】突然加速的第一、二步要用力蹬出；上体微转，使身体无球一侧正对防守队员。

4. 变向运球

【动作方法】当遭遇对方防守队员正面拦截时，可采用变向运球。运球队员可先佯装要从对手右侧突破，靠近对手时，突然变向，从对手左侧运球突破。在实战中可结合胯下运球迷惑对手, 增加突破成功率。

【**动作要领**】变向运球要注意的是, 改变方向前后, 球均须保持在体侧, 以便利用身体护球; 保持重心放低, 活用膝盖, 灵活调整步伐的幅度和频率。

(三) 传球

1. 双手胸前传球

【**动作方法**】持球时, 两手五指自然分开, 拇指相对成"八"字形, 用指根以上部位握球的侧后方, 手心空出, 两肘自然弯曲于体侧, 将球置于胸前(图 3-10)。肩、臂、腕肌肉放松, 两眼注视传球目标, 身体成基本姿势。传球时, 后脚蹬地, 身体重心前移, 同时两臂前伸, 手腕由下向上翻转, 同时拇指用力下压, 食、中指用力弹拨, 将球传出(图 3-11)。在实战中, 双手胸前击地传球双手头上传球也是常用的传球方式(图 3-12、图 3-13)。

【**动作要领**】出球后手心和拇指向下, 其余手指向前。

图 3-10　双手胸前持球

图 3-11　双球胸前传球

图 3-12　双手胸前击地传球

图 3-13　双手头上传球

2. 单手肩上传球

【动作方法】以右手为例。左脚向前迈出半步，右手持球于肩上，身体向右转将球引至右肩后上方，上臂抬起与肩平。出球时，右脚蹬地，迅速转体带动右臂，主动摆动前臂，手腕前扣，手指拨球，将球传出(图 3-14)。

【动作要领】蹬地、转体、挥臂和扣腕动作要连贯、协调，手指用力方向与传球方向一致，出手时要做出挥臂扣腕动作而不是推球动作。

图 3-14　单手肩上传球

3. 体侧传球

【动作方法】右手传球时，左脚向左跨出，右手引球至身体右侧。出球前的一刹那，持球手的拇指向上，手心向前，手腕后屈，小臂稍向前摆，急促用力向前扣腕，手指用力拨球，将球传出(图 3-15)。

图 3-15　体侧传球

【**动作要领**】跨步与传球的配合要协调、迅速,腕指急促用力拨动,小臂摆动幅度要小。引球至身体侧时不要有停顿动作,传球时,扣腕、拨球要一气呵成,成直臂前挥传球。

(四)投篮

投篮是篮球运动的进攻技术之一,也是唯一的得分手段。

1.原地单手肩上投篮

【**动作方法**】以右手投篮为例。两脚前后开立,两膝微屈,重心落在两脚上。右手五指自然张开,手腕后屈。上臂和地面约平行,前臂和地面约垂直,手腕和前臂、前臂和上臂、上臂和躯干约成三个直角,球放于前额侧上方,左手扶球的左侧。投篮时,下脚蹬地发力,右臂向前上方伸直,手腕前屈,食指、中指用力拨球,通过指端将球投出。球出手时,身体随投篮方向向上伸展,脚跟微提起(图3-16)。

【**动作要领**】"翻腕持球于肩上,抬肘要领切莫忘,蹬伸屈拨要柔和,中指食指控方向。"同时,还须注意上、下脚要协调用力,伸臂充分;肘关节不要外展,动作不要脱节。另外,初学时不要离篮筐太远,要先练习中投。

图3-16　原地单手肩上投篮

2.双手胸前投篮

【**动作方法**】两脚前后或左右开立,两膝微屈,重心落在两脚上。两手五指自然分开,握在球的两侧偏后,两拇指呈"八"字形,用两拇指的间隙对准球面的气孔。两臂肘关节自然下垂,球放于胸前,眼睛注视瞄准点。投篮时,下肢蹬地发力,两臂向前上方伸直,前臂内旋,拇指下压,手腕前屈,食指、中指用力拨球,通过指端将球投出,球出手时身体随投篮出手方向自然伸展,脚跟微微提起(图3-17)。

图3-17　双手胸前投篮

【**动作要领**】手腕向内绕环抖动,出手时手腕略向外翻;持球时,避免肘关节外展,肩三角肌过分紧张。

3.行进间低手投篮

【动作方法】以右手投篮为例。接球和运球上篮时，右脚跨出一大步的同时，双手持球；左脚紧接着跨出一小步，用力蹬地起跳。当身体接近最高点时，右手手指向前，掌心向上，托球的下部向上伸展。当接近球篮时，用食指、中指、无名指柔和力量向上拨球，最后球从指端投出(图3-18)。

【动作要领】跨步及时、腾空高、伸展远、出手柔和、方向准确；护好球，正确判断离球篮的距离。

图3-18 行进间低手投篮

4.行进间高手投篮

【动作方法】又称"三步上篮"，其动作方法可用"一大、二小、三跳"六个字进行概括。以右手单手高手投篮为例，右脚跨出一大步的同时接球(一大)，接着左脚跨出一小步并用力蹬地起跳(二小)，然后右腿屈膝上抬，同时举球至头右侧上方，腾空后，当身体接近最高点时，右臂向前上方伸出，手腕前屈，食中指用力拨球，通过指端将球投出(三跳)。与此同时，两脚同时落地，"三步上篮"动作完成。

【动作要领】第二步用力蹬地向前方起跳，投篮出手前保持单手低手托球稳定性，用指腕上挑力量使球向前旋转投出。

(五)持球突破

持球突破也叫持球过人，是持球队员将脚步动作和运球技术相结合的一项攻击性很强的进攻技术。这是个人进攻的重要手段，持球突破能打乱对方的防守部署，给本方创造更好的攻击机会，同时给防守方造成极大压力，防守者极易犯规。

1.持球突破技术

【动作方法】

(1)蹬跨。队员在突破前，两脚左右开立，略宽于肩，屈膝降低身体重心，重心落在两脚之间，两脚跟稍提起。双手持球于胸腹之间，注意保护球。突破时，用虚晃或瞄篮等假动作吸引对手，用移动脚前掌内侧蹬地的同时，中枢脚踏稳，上体前倾并转体，重心前移，以带动移动脚迅速向突破方向跨出。跨出的第一步要稍大，以缩小后蹬腿与地面所成的角度，增加后蹬力量，争取第一步就接近甚至超越对手。第一步落地后，膝关节微屈，脚尖指向突破方向，以便第二步的蹬地加速。

（2）转体探肩。在蹬地跨步、上体前移的同时，要转体探肩，使身体重心继续前移，加快突破速度，同时占据空间有利位置和保护球。

（3）推压球。在蹬跨、转体探肩的同时，将球由体前推引至远离防守队员一侧，并在中枢脚离地前推按球离手，球落于跨出脚前的外侧，用远离对手一侧的手运球，使球反弹高度在腰膝之间。

（4）加速。在完成上述动作后，已获得起动的初速度，这时中枢脚要积极、有力地蹬地，加速超越对手。

【动作要领】

持球突破技术的几个动作环节，几乎是在同一时间完成，它们之间紧密衔接，相互影响。只有熟练地掌握这几个环节，保持动作自然、连贯、迅速，才能达到突破的目的。

2.交叉步持球突破

【动作方法】以从防守队员右侧突破为例。突破时，用右脚掌内侧向后方用力蹬地，迅速向防守人右侧跨出一大步，同时弯腰屈膝转体探肩，贴近对手身体；在右脚离地前，用左手立即将球拍至左脚侧前方；左脚迅速蹬地跨步，加速超越对手，如图3-19所示。

【动作要领】积极蹬地，起动快速突然；转体探肩，应与跨步相连；放球离手，须在中枢脚离地之前；加速超越，动作连贯。

图3-19　交叉步持球突破

3.同侧步（顺步）持球突破

【动作方法】以从防守队员左侧突破为例。突破时，用左脚掌内侧用力蹬地，右脚迅速向对手左侧跨出一步，同时上体稍右转，左肩下压，用右手放球于右脚侧前方，左脚迅速跨步抢位，用右手推拍球，加速超越对手（图3-20）。

图3-20　同侧步持球突破

【动作要领】起动要突然，跨步、放球要快速连贯，中枢脚离地前球要离手。

二、基本战术

篮球战术是比赛中队员个人技术的合理运用和队员之间相互协同配合的组织形式，是制约对手、夺取比赛胜利的重要手段。战术组织的正确与否，在于能否最大限度地发挥每个队员的特长和作用，战术的质量在于队员之间的协同、应变能力，而不在于参加战术配合的人数多少和战术路线的复杂程度。

(一)进攻战术的基本配合

战术是指在篮球比赛中，进攻队员两三人之间有目的、有组织、相互协同行动的配合方法。进攻战术的基本配合包括传切、掩护、策应和突分配合。

1.传切配合

传切配合是指进攻队员之间利用传球切入所组成的简单配合。它是基础配合的经典战术。"一传一切"是我们常用的攻击手段，它在破盯人、破紧逼、破联防、打快攻等方面都非常有效。

(1)传切配合的要点。队员们除了熟练掌握准确的战术外，还应具有良好的配合意识和默契。在配合过程中切入(空切)队员要善于掌握时机，抓住防守方未能调整位置或注意力分散的空隙，突然快速起动发起进攻，或利用假动作摆脱、吸引防守者，当切入队员摆脱对手时，采用适当的传球方式，及时准确地将球传出。

(2)传切配合的方法。如图3-21所示，④传球给⑤后，立刻摆脱对手向篮下切入，接⑤传来的球投篮。如图3-22所示，在⑤与⑥互相传球之际，⑤乘其对手不备之机，突然空切篮下，接外围同伴的传球，然后投篮。

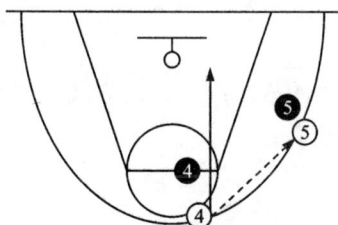

图3-21　传切配合一　　　　　　　图3-22　传切配合二

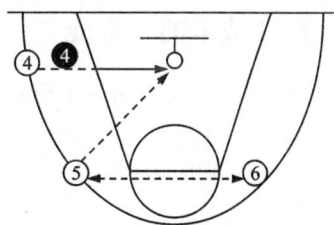

2.掩护配合

掩护配合是掩护队员采用合理的行动，用身体挡住盯防同伴的防守者的移动路线，使同伴借以摆脱防守，或利用同伴的身体摆脱防守，从而接球进攻的一种配合方法。掩护配合可以由无球队员给有球队员掩护，也可以由有球队员给无球队员掩护，还可以由无球队员给无球队员掩护。

(1)前掩护。掩护者站立在同伴的防守者身前所进行的掩护叫前掩护。示例④和⑤重叠左侧,④利用⑤做前掩护,接⑥的传球中投;如❺绕前防守④时,⑤可及时转身切入篮下,④及时传球给⑤投篮(图3-23)。

(2)侧掩护。去做掩护者站在同伴的防守者侧面(稍偏后一些)所进行的掩护叫侧掩护。如果④传球给⑤后,去给⑥做掩护时,发现❹不跟随防守,④可突然向篮下切入,接⑤的球投篮(图3-24)。

(3)后掩护。是掩护者跑到同伴防守的身后做掩护的一种配合。⑥占据篮下左侧,做定位掩护,当④与⑤传切配合时,⑥向里下压,把❹和❻带入掩护位置,然后利用④与⑥的位置交错,可以选择自己切入篮下接⑤的传球投篮或分球给从另一侧包抄的④投篮(图3-25)。

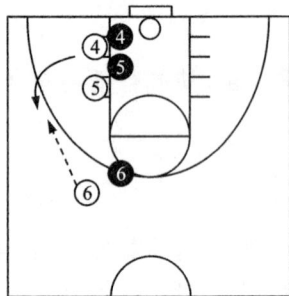

图3-23 前掩护

图3-24 侧掩护

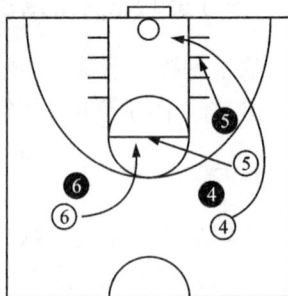

图3-25 后掩护

3.突分配合

突分配合是指持球队员突破对手后,根据实际情况主动地或应变地将球及时、准确地传给进攻机会更好的同伴的一种配合方法。

运用时须注意,队员突破时要快速、突然,在突破过程中要随时观察场上攻守队员位置的变化,及时准确地传球。接球队员要把握时机,及时摆脱对手,迅速抢占有利位置接球投篮。

(二)防守战术的基本配合

篮球比赛中两三人之间为了破坏对方进攻配合所采用的战术配合。防守战术的基本配合包括抢过、穿过、绕过、关门、夹击、补防和交换防守配合等。

1.破掩护

(1)抢过。破坏掩护配合的积极有效方法之一。防守者在掩护队员临近自己时,要积极向前跨出一步,贴近自己的防守对手,从掩护者前面挤过去,继续防住自己的对手,防守掩护队员的同伴要及时呼应,并配合行动。

(2)穿过。破坏掩护配合及时防住自己对手的一种配合。当进攻队员进行掩护时,要及时提醒同伴并主动后撤一步,让同伴及时从自己和掩护队员之间穿过,以便继续防住各自的对手。

(3)绕过。破坏对方掩护配合及时防守自己对手的又一种配合。当进攻队员进行掩护时,防守做掩护的队员主动贴近对手,让同伴从自己的身旁绕过,继续防住各自的对手。

（4）换位。为了破坏进攻队员的掩护配合，防守队员之间及时地呼应交换自己所防守对手的一种配合，应及时调整自己的防守位置，防止进攻队员向篮下空切。

2."关门"配合

当进攻队员运球突破时，防守突破的队员向侧后方移动，挡住其移动路线。临近突破一侧的防守队员，应及时快速向突破队员的前进方向移动，向防守突破的队员靠拢，像两扇门一样地关起来，堵住突破者的前进路线。

（三）战术运用及特点

1.进攻战术运用和特点

（1）破人盯人防守。以落位阵形的不同，分为"2-3""2-1-2""2-2-1"落位单中锋进攻法、"1-3-1""1-2-2""1-4"落位双中锋进攻法、"1-2-2"（马蹄形）落位机动中锋策应进攻法。无论采用哪种落位阵形，发动进攻后一般都是由传切、掩护、策应、突分等基础配合贯穿于全队配合之中，或以某一种基础配合为主，组成全队的进攻战术配合。究竟应以哪种基础配合为主，这既要根据本队内外线队员的身高和技术特点等具体条件，又要针对对方的防守情况而定。如对方扩大防区，可多用策应、传切、突分等配合；对方缩小防区，可多用掩护配合，创造中距离投篮机会。面对对方全场紧逼人盯人防守时，进攻战术应多采用无球掩护配合，斜插中路策应配合和拉空后场运球突破。

当前，半场人盯人防守已发展为既有盯人又有联防优点的综合性防守战术，许多世界强队则采用了以连续传切、掩护为主的"移动进攻法"来应对。

（2）破区域联防。快攻突击是破区域联防首选战术。但是，这种当对方联防布阵之后，则要针对防守阵形的薄弱地区决定进攻落位阵形。例如，用"1-3-1"落位进攻"2-1-2"和"2-3"联防；用"2-1-2"落位进攻"1-3-1"联防。进攻联防时的配合，有时采用快节奏的传球破坏防守阵形，利用出现漏洞的机会进行投篮；或运用插角、溜底线空切，使局部防守队员负担过重，以多攻少；也可用中锋策应、掩护和突分配合，打乱对方防守阵形，进行攻击。

面对全场区域紧逼防守时的进攻战术应多采用随球跟进向回传球、空切反跑、中路策应和侧对防守人、慢速运球将球安全推进到前场等配合，少用快速运球突破，以免被夹击断球。

2.防守战术运用和特点

区域联防是当今篮球运动主流的防守战术，是指防守时，每个队员负责防守一个区域，并与同伴密切配合，将每个队员的防守区域联系起来，组成集体的联合防守。

（1）"1-2-2"联防。优点在于"1-2-2"联防的优点：能够保持对外线的压力，并通过一些包夹，从而能够有效地对抗外线投射球队（反之"2-3"联防对限制内线更有效）；其致命弱点在于高位（罚球弧区域）和底角。

（2）"3-2"联防。"3-2"联防是"1-2-2"联防的一个变化站位，两种防守体系的精髓大致相同。

（3）"1-3-1"联防。优点在于可以有效地对高位与外线施加防守压力，而且留有采用包夹的余地；其缺点则是无法有效防守从边角向低位发起的攻击。教练可以决定具体的防守对位，但必须选择对球队最有利的方式,而且要确保球员都能理解自己所需要的防守轮换站位。

(4)"2-2-1"联防。这种半场紧逼的防守战术在对付那些控卫水平一般且经验欠缺的球队时显得格外有效。但是,这种压迫性的防守需要承担被对手在弱侧轻松上篮的风险。

(四)战术运用的注意事项

1.个人战术运用

个人的进攻战术由多个技术的有机组合而成,每人都要有成熟而且威胁的进攻套路。如接球—急停—投篮、接球—急停—突破—投篮、接球—突破—上篮。

2.整体战术运用

两人以上的配合,在充分发挥个人技术优势的同时,可以形成球队整体战力。平时应多进行如接球—急停—突破—分球,传球—跑位(掩护)—要球—投(上)篮;跑位—掩护—要球—投篮;穿插—要球—助攻—抢篮板(补篮)等战术配合的练习。

3.以假乱真运用

在运用战术时,要注意用假动作掩盖真实意图,"假作真时真亦假",达到自己的战术目的。

三、篮球竞赛规则简介

打篮球必须了解规则,才能充分发挥技战术水平,提高体育文化,更好地欣赏篮球比赛。

(一)比赛场地

球场尺寸:球场长 28 m,宽 15 m,球场的丈量从界线的内沿量起,线宽 0.05 m(图3-26)。

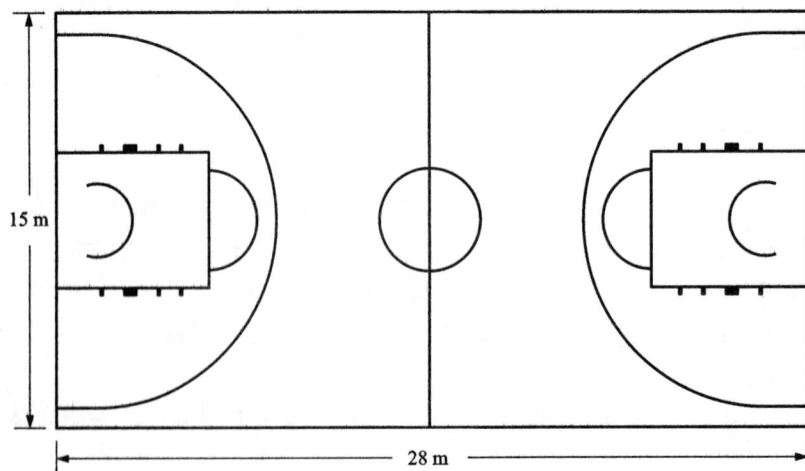

图3-26

(二)比赛器材

篮板下沿距地面高度为 2.90 m、篮圈上沿距地面高度为 3.05 m。比赛用球的周长为 74.9~78 cm，质量为 567~650 g。

(三)比赛通则

(1)比赛应由 4 节组成，每节 10 分钟。

(2)在第 1、2 节和第 3、4 节之间以及每一决胜期之间应有 2 分钟的休息时间，半场的休息时间应为 15 分钟。如果第 4 节比赛结束时打平，有一个或几个 5 分钟的决胜期，决胜期是第 3、4 节的延续。第 1 节由中圈跳球开始比赛，第 2~4 节由拥有球权的队掷界外球开始比赛。

(3)球中篮和它的分值。一次罚球中篮计 1 分，从 2 分投篮区中篮计 2 分，从 3 分投篮区中篮计 3 分。

(4)暂停。球队的教练员或助理教练员请求中断比赛计时要登记暂停。每次暂停时间为 1 分钟，第 1~3 节及每个决胜期只有一次机会，第 4 节有两次机会。

(5)比赛因弃权告负。在预定的比赛开始后 15 分钟，球队不到场或不能使 5 名队员入场比赛，判对方获胜，且比分为 20：0，弃权的队在名次排列中得 0 分。球队在场上的队员少于 2 名，该球队由于缺少队员应判比赛告负。

(四)违例

违例就是违反规则。凡被判违例，则将球权判给对方球员，在违例的就近地点从界外掷球入界，直接位于篮板后面的地方除外。

1. 球出界

如果球员的身体在空中，无论这个空中的概念是界内上空还是界外上空，判断出界与否的标准是以其最后一次接触地面的位置为准绳。最后触球的球员接触球后，球到场外接触场外物体，判定该球员导致出界。

2. 二次运球

队员运球开始后双手同时触球，或第一次运球结束后又再次运球称为二次运球。除非发生下列情况：他失去了对球的控制后可以继续运球；投篮；球被对方队员拍击；队员接球时偶然地失掉球，(双手已触球)然后恢复控制球(漏接)。

3. 带球走

在比赛中当持球队员一脚向任一方向移动使中枢脚离开了与地面的接触点、持球旋转或者双脚的移动超出规则的限制向任一方向非法移动时，就是带球走违例。

队员双脚着地接到球，可以用任一脚做中枢脚。一脚抬起的一刹那，另一脚就成为中枢脚。两脚分先后着地，则先触地的脚是中枢脚。一脚着地，队员可以跳起那只脚并双脚同时着地，则两只脚都不是中枢脚。

4.球回后场

位于前场的控制球队的队员不得使球非法地回到本方的后场。如果是被对方防守队员断回后场的球,则可以被双方任一球队重新获得。

(五)犯规

犯规是对规则的违犯,包括与对方队员非法的接触,无论球是活球或是死球。它包括阻挠、撞人、背后非法防守、拉人、非法掩护、非法用手推人等。凡被判犯规,登记一次侵人犯规。被侵犯的队员没有投篮动作,判就近掷界外球;有投篮动作,投中,应记得分并判一次罚球;在2分投篮区域的投篮不成功,应判给2次罚球;在3分投篮区投篮不成功,应判给3次罚球。

1.垂直原则

在篮球场上,每一位队员所在的地面位置,以及在他上面能跳到或全面伸展他的双手和双臂的空间(圆柱体),不能受侵犯。

2.阻挡与带球撞人

防守队员通过伸展臂、肩、髋、膝、脚或弯曲身体成不正常姿势以阻挡移动中的对方队员并发生接触,则构成了阻挡犯规。如果防守队员未能进入一个合法的防守位置(也就是在进攻队员切入这个位置前占据了这个位置),这时身体接触发生了,也属于阻挡犯规。

如果防守队员进入到一个合法的位置,进攻队员冲撞防守队员,将是进攻犯规。防守队员必须在进攻队员进行投篮移动之前到达防守位置,并给对方留出足够空间。

对于任何突破至合理冲撞半圆内(合理冲撞区)的情况,如果在空中的进攻队员与处于合理冲撞半圆内的防守队员发生了身体接触,不应当判罚进攻犯规,除非进攻队员非法地使用了手、臂、腿或者身体。

3.打手犯规与拉人犯规

用手或手臂轻微接触对方队员是允许的。裁判员应判断引起接触的队员是否已经获得了不公正的利益。如果队员引起的接触在任何方面限制对方队员的移动自由是犯规。

投篮时,防守球员碰到进攻球员的投篮手或胳膊算打手。违反垂直原则,防守球员侵犯了进攻队员的上空并触及其身体,获得不公正的利益。防守球员提前伸手做好防守动作,进攻球员顶着防守球员的手强行投篮,防守球员也会被判打手。在投篮过程中,当球出手后防守队员打手,也被视为打手犯规,因为此时进攻和防守的两方角色未改变。为了获得不公正的利益,用手臂或肘"勾住"或缠绕防守队员,也属于打手犯规。

4.推人犯规

推人是队员用身体的任何部位强行移动或试图移动控制或未控制球的对方队员时发生的非法身体接触。防守队员从对方队员的背后与其发生的身体接触,即使防守队员正在试图去抢球,与对方队员发生身体接触也是不正当的。为了阻止防守队员的防守或试图抢球,或为了在他或防守队员之间创造更大的空间推开防守队员也属于推人犯规。

5. 违反体育道德犯规

裁判员认为队员蓄意地对持球或不持球的对方队员造成侵人犯规为违反体育道德的犯规。当球员犯规严重粗野，或者蓄意伤害对方球员时，可被判断为违反体育道德犯规。

四、街头篮球规则简介

街头篮球规则实际就是半场篮球(三对三)规则，比赛均按照最新国际篮联规则进行。

(1)运动员人数：比赛双方可报名4~5人，上场队员为3人。

(2)比赛开始：双方以掷硬币的形式决定发球权，然后在发球区掷界外球开始比赛。决赛阶段，上半时获发球权的队，下半时不再获发球权，由对方队在发球区掷界外球开始比赛。

(3)发球区：中圈不在场地中的半圆叫作发球区，发球区的地面(包括线)算界外。

(4)发球：在发球区掷界外球算作发球。

(5)每次投篮命中后，都由对方发球。

(6)所有交换发球权的情况(如违例、界外球及投篮命中后)，均为死球，在发球区掷界外球继续比赛。所有不交换发球权的情况(如不执行罚球的犯规)，则在就近的三分线外发球。在这种情况下，发球前，必须由裁判员递交球。

(7)守方队员断球或抢到篮板球后，必须将球运(传)出三分线外(持球队员必须双脚踏在三分线外)，才可以组织进攻，否则判进攻违例。

(8)争球时，在罚球圈跳球，任何一方得球都必须将球运(传)出三分线外(持球队员必须双脚踏在三分线外)，才可以组织进攻，否则判进攻违例。跳球中的意外投中无效，重新跳球。

(9)替换：只能在比赛计时钟停止的情况下替换，被换下的队员不能再被替换上场(场上队员不足3人时除外)。

(10)得分相等和决胜期：比赛时间终了，以得分多者为胜方。比赛时间终了，如得分相等，则增加3分钟决胜期，发球权仍以掷硬币的形式决定。如果得分仍相等，执行一对一依次罚球，只要出现某队领先1分即为胜方，比赛结束。

(11)队长：比赛中，队长是场上唯一发言人。

(12)纪律：比赛中应绝对服从裁判，以裁判员的判罚为最终判决。

第二节 足 球

【微课学堂】

学 习 目 标

1. 了解足球运动的起源与发展历史。
2. 掌握足球基本技术的动作方法和技术要领。
3. 掌握足球比赛的基本战术。
4. 了解足球比赛的基本规则和组织编排。

人文体育

小人物大人生

　　一个乡下少年，带着原生家庭赐予他的一身狼狈，独自一人为自己拼出了一段精彩人生。三届世界足球先生、五座金球奖得主克里斯蒂亚诺·罗纳尔多（简称C罗）的人生简直就是一部励志的教科书！现在看起来光鲜亮丽的C罗，其实童年过得并不幸福。C罗出生于葡萄牙一个贫困的家庭，虽然很爱足球，但他在童年最大的愿望却是每天都能吃饱。

　　1998年，年仅13岁的C罗被葡萄牙老牌强队里斯本竞技队看上，稚气未脱的他就这样背井离乡，开始了他的足球生涯。然而，浓厚的乡音和单薄的身体，让他一度十分自卑。但是，他坚持了下来。训练场、健身房、海边的沙滩总是能看到一个倔强、勤勉的少年。一次次地突破，一天天地改变。就这样，勤勉自律的C罗渐显锋芒，在18岁那年被弗格森爵士慧眼识珠带到了英超豪门曼联队，登上了更大的舞台。日复一日，年复一年。不管是在英超豪门曼联队还是在"银河舰队"皇马队，他始终像年幼时一样，严肃对待每一天的训练，从不迟到早退，每天晚上都会给自己加练。上天终究会奖励那些勤勉的人。2016年，C罗带领实力并不出众的葡萄牙队第一次夺得了欧洲杯冠军，登上了自己的人生巅峰。"如果没有努力，天赋一无是处。"在2017年FIFA盛典，C罗谈到自己的成功时说。

　　上天永远不会抛弃那些勤勉的人，他们的默默付出，他们的咬牙坚持，总有一天会收到成效。希望我们每个人都能通过自己的勤奋努力，拼出属于自己的精彩人生。

【人文体育】

C罗的魔术

一、基本技术

(一)颠球

颠球是指运动员用身体的各个有效部位连续地触击球,并加以控制尽量使球不落地的技术动作。颠球是运动员熟悉球性的一种练习手段,以增强对球的弹性、重量、旋转及触球部位击球时用力轻重的感觉。

1.双脚脚背颠球

【动作方法】脚向前上方摆动,用脚背击球,击球时踝关节固定,击球的下部。两脚可交替击球,也可一只脚支撑,另一只脚连续击球(图3-27)。

图 3-27 双脚脚背颠球

【动作要领】击球时用力均匀,使球始终控制在身体周围。

2.双脚内侧、外侧颠球

【动作方法】抬腿屈膝,脚的内侧或外侧向上摆动,击球的下部,用两脚内侧或外侧交替击球(图3-28、图3-29)。

【动作要领】踝关节在击球时要保持固定,用力均匀。

图 3-28 双脚内侧颠球　　　　　　　**图 3-29 双脚外侧颠球**

3. 大腿颠球

【动作方法】抬腿屈膝，用大腿的中前部位向上击球的下部，两腿可交替击球，也可一只脚做支撑，用另一只脚的大腿连续击球（图 3-30）。

【动作要领】大腿击球时要与地面成水平，支撑脚要稳定，身体其他部位放松，保持身体平衡、协调。

4. 头部颠球

【动作方法】两脚开立，膝盖微屈，用前额部位连续顶球的下部（图 3-31）。

【动作要领】顶球时，两眼注视球，两臂自然张开，以维持身体平衡；躯干、颈部配合用力。

图 3-30　大腿颠球　　　　　　　　图 3-31　头部颠球

（二）踢球

踢球是足球运动最基本同时也是最重要的技术。踢球是指按一定的动作方法，有目的性地用脚的某一部位将球踢向预定目标的技术，主要用于传球和射门。

1. 脚内侧踢球

脚内侧踢球是用脚内侧的跖趾关节、舟骨和跟骨所构成的三角部位（图 3-32）接触球的一种踢球方法。其动作特点是脚与球接触面积大，摆幅小，可控性强，传球平稳准确，但力量较小，故常用于短传配合和射门。

图 3-32　脚内侧三角部位

【动作方法】直线助跑，支撑脚踏在球的侧方 15 cm 左右处，膝关节微屈，在支撑脚着地的同时踢球腿以髋关节为轴由后向前摆动，在前摆过程中屈膝外转，踢球脚的内侧正对出球方向，小腿加速前摆，脚尖稍翘起，脚掌与地面平行用脚内侧部位击球的后中部（图 3-33）。

【动作要领】脚内侧踢球在脚与球接触过程中有两种方法。一种是推送踢法。这种踢法

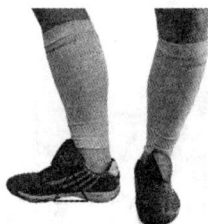

图 3-33 脚内侧踢球

是脚触球时，踢球腿要继续前摆，这样踢球脚与球接触的时间较长，出球较平稳。另一种是敲击踢法。踢球时，踢球腿的大腿摆动不大，只是小腿快速前摆击球，击球后，小腿突然停止前摆，该动作接触时间短促，动作有力。

2. 脚背正面踢球

脚背正面踢球是用脚背正面的楔骨和跖骨的末端构成部位 (图 3-34) 触球的一种踢球方法。其动作特点是踢球腿的摆幅大，摆速快，便于发力，但出球路线或性能缺乏变化，适用于远距离的发球和大力射门。

图 3-34 脚背正面触球部位

【动作方法】直线助跑，最后一步稍大并要果断着地支撑，踏在球的侧方 10~12 cm 处，脚尖正对出球方向，膝关节微屈，踢球腿在支撑脚前跨和助跑的最后一步蹬离地面时，顺势向右摆起，小腿微屈。在支撑脚着地的同时，以髋关节为轴，大腿带动小腿由后向前摆，当膝盖摆至接近球正上方的刹那，小腿做爆发式前摆，脚背绷直，脚趾扣紧，以脚背的正面击球的后中部。踢球腿随球继续提膝前摆，如图 3-35 所示。

【动作要领】支撑脚的踏位要准确，触球时脚面要绷直。

图 3-35 脚背正面踢球

3. 脚背内侧踢球

脚背内侧踢球是用脚背内侧的几个楔骨、趾骨末端部位 (图 3-36) 接触球的一种踢球方法。其动作特点是脚易于插入球的底部，击球点多，易于控制出球高度、旋转和落点，击球力量较大，常用于中、远距离传球和射门。

图 3-36 脚背内侧触球部位

【动作方法】脚背内侧踢定位球时，斜线助跑，助跑方向与出球方向成 45 度角。支撑脚以脚掌外沿积极着地，踏在球的侧后方20~25 cm处，屈膝，支撑脚脚尖指向出球方向，身体稍向支撑脚一侧倾斜。在支撑脚着地同时踢球腿以髋关节为轴，大腿带动小腿由后向前摆，当身体转向出球方向，膝盖摆到接近球的内侧正上方的刹那，小腿做爆发式前摆，脚尖稍向外转，脚面绷直，脚趾扣紧，脚尖指向斜下方，以脚背内侧踢球的后中部(踢高球时，击球的中下部)，踢球腿随球继续前摆，如图3-37所示。

【动作要领】支撑脚的踏位要准确，掌握好大腿外旋与脚尖外转的动作衔接。

图3-37　脚背内侧踢球

4.脚背外侧踢球

这是用脚背外侧部位接触球的踢球方法(图3-38)。其动作特点是，它除了具备脚正面踢球的特点外，由于踢球时脚踝灵活性较大和摆腿方向变化较多等优点，又具备了一定的隐蔽性和突然性，多用于各种距离的传球和大力射门。

图3-38　脚背外侧触球部位

【动作方法】脚背外侧踢定位球时，如要踢平直球，应注意助跑、支撑脚的位置和踢球腿的摆动，基本上与脚背正面踢球相同，只是用脚背外侧接触球。在踢球腿的膝盖摆到接近球的正上方的刹那，小腿做爆发式前摆时，膝盖和脚尖内转，脚面绷直，脚趾扣紧，以脚背外侧部位踢球的后中部，踢球腿随球继续前摆(图3-39)。

【动作要领】踢球时脚尖向下，脚背紧绷，触球部位要准确。

图3-39　脚背外侧踢球

(三)接(停)球

足球运动中基本技术的一种，比赛中可用除手和手臂以外的脚、大腿、腹部、胸部、头等部位接球，通常以脚为主，可分接地滚球、接反弹球和接空中球等。接球时运用推压、撤引等动作，将来球调整到有利于连接下一步动作(如传球、射门、带球等)的位置上。

1.脚内侧接球

这是用脚内侧接球的一种技术。由于脚内侧触球面积大，动作简单，较易掌握，比赛中经常使用这种技术接各种地滚球、平高球、反弹球、高空球。

【动作方法】

（1）用脚内侧接地滚球时，支撑脚脚尖正对来球，膝关节微屈，同侧肩正对来球，接球脚提膝大腿外展，脚尖微翘，脚底基本与地面平行，脚内侧正对来球并前迎，当脚内侧与球接触的一刹那迅速后撤，把球接在脚下（图3-40）。若需将球接在侧面时，支撑脚脚尖应向同侧斜指，脚内侧与来球方向成一定角度触球，同时支撑脚提踵，以前脚掌为轴做适当转动，身体移动。

图 3-40　脚内侧接地滚球

（2）脚内侧停反弹球时，先看准来球的落点，支撑脚踏在球落点的侧前方，膝关节弯曲，身体稍前倾并向停球方向微转，停球脚提起，踝关节放松，用脚内侧对准球的反弹路线，当球落地然后反弹离地时，用脚内侧下压球的前中上部，以缓冲球的反弹力量，把球控制在身前（图3-41）。当来球力量不大时，只需将脚提到一定的高度，并使脚内侧与地面形成锐角轻触球。

图 3-41　脚内侧停反弹球

（3）脚内侧停空中球时，根据来球的高度，将停球脚提起并用脚内侧对准来球路线。当脚触球的一刹那，停球脚迅速放松后撤或下撤，以缓冲来球力量并将球控制在脚下（图3-42）。

【动作要领】判断来球的路线和落点要准确；停球脚不要过于紧张，把握触球后撤的速度，也可在触球时用下切动作使球前进之力部分转变为旋转力，将球接在脚下。

图 3-42　脚内侧停空中球

2.脚背外侧接球

脚背外侧接球常与假动作相结合，其动作具有隐蔽性的特点。在比赛中一般用于停地滚球和反弹球。

【动作方法】

（1）用脚背外侧停地滚球时，将接球点放在接球腿一侧，支撑腿膝关节微屈，接球腿提起屈膝，脚内翻使小腿和脚背外侧与地面成一锐角，并对着接球后球运行的方向，脚离地面的高度应略等于球的半径，然后大腿向接球后球运行的方向推送，同时身体随球移动（图3-43）。

图3-43　脚背外侧接地滚球

（2）当来球落地反弹时，用脚背外侧触来球的前上部并轻轻下压，将球停在体侧，同时身体重心向停球方向移动。

【动作要领】对来球的反弹路线及落点判断要准确，当脚触球时，停球脚脚背外侧轻轻下压，将球控制在身体的侧前方或侧方；结合假动作接球时，要掌握重心的移动，注意隐蔽性。

3.脚背正面接高空球

用脚背正面接停空中下落的球是一种比较简便的停球方法。

【动作方法】这种方法多用于接有较大抛物线的来球。根据球的落点，及时移动到位，脚背正面上迎下落的球，当球与脚面接触的一瞬间，接球脚与球下落的速度同步下撤，此时大腿膝关节、踝关节、脚趾均保持适度的紧张，脚尖微翘将球接到需要的地方（图3-44）。

【动作要领】接球时，脚和踝关节不要过于紧张，把握好下撤和放松的时机，通过缓冲来球力量将球控制住。

图3-44　脚背正面接高空球

4. 大腿接球

大腿接球在比赛中多用于接停抛物线弧度较大的高空球或平行于大腿的来球。

【动作方法】

(1)大腿接抛物线较大的高空球时，身体面对来球方向，根据球的落点迅速移动到位，接球腿大腿抬起，当球与大腿接触的瞬间大腿下撤将球接到需要的位置上(图3-45)。

图3-45 大腿接高空球

(2)大腿接低平球时，面对来球方向，根据来球高度，接球腿大腿微屈送髋前迎来球，球与大腿接触瞬间收撤大腿，使球落在所需要的位置上。

【动作要领】大腿抬起和下撤的时机要适合，过早或过晚都不能控制好球。

5. 胸部接球

由于胸部接球部位较高，加之胸部面积大、肌肉较丰满等特点，易于掌握，故是接高球的一种好方法。胸部接球包括挺胸式、收胸式两种方法。收胸接球在比赛中多用于接停力量较大、速度较快的平直球或反弹球；挺胸接球在比赛中则多用于接停高于胸部的来球。

【动作方法】

(1)挺胸接球时，身体面对来球，两腿前后或左右开立，收下颌，两臂自然张开，两膝微屈，上体稍后仰，当胸部与来球接触前的刹那，脚跟提起，同时展腹并向上挺胸，使球在胸部弹起改变运行路线后落于脚下(图3-46)。

图3-46 挺胸接球

(2)收胸接球时，身体面对来球，两脚前后或左右开立，两臂自然张开，重心前移，挺胸迎球,当胸部与来球接触前的刹那,身体重心迅速后移并收胸收腹挡压球,以缓冲来球的力量,将球停在身前(图3-47)。

图3-47 收胸接球

【动作要领】掌握好挺胸和收胸的时机,否则不能缓冲来球力量并使球弹出身体的控制范围。

6.脚底接球

脚底接触球的面积较大,易将球停稳。比赛中多用于停正面来的地滚球和反弹球。

【动作方法】用脚底停地滚球时,身体正对来球方向,支撑腿的膝关节微屈,上体稍前倾,停球脚提起与地面不超过球的高度,屈膝且脚尖翘起高过脚跟,当来球滚至支撑脚的侧前方时,用停球脚的脚底部下压来球,将球控制在脚下;用脚底停反弹球时,根据来球落点,及时前移迎球,支撑脚站在落点侧后方,脚尖正对来球方向,球落地瞬间,用前脚掌去触球的中上部,用脚掌将球接在体前。若需接球转身,则应在触球瞬间继续屈膝,将球回拉,并以支撑脚的前脚掌为轴旋转身体(图3-48)。

图3-48 脚底接地滚球

【动作要领】判断准来球的落点和路线,掌握好脚掌下压的时机。

(四)头顶球

头顶球是足球运动技术的一种,指运动员用头的某一部位顶击球,有目的地用前额将球击向预定的目标的动作。头顶球由移动选准顶球点和上体摆动击球两个环节组成。一般用于进攻中的传球、射门和防守中的抢断。可用头的前额正面或侧面,原地或跳起顶球。

1.前额正面顶球

【动作方法】身体正对来球方向,眼睛注视运动中的球,两脚左右开立(或前后开立),膝关节微屈,重心置于两脚间的支撑面上(或后脚上),两臂自然张开,当球运行到将垂直于地面的垂线时,两腿用力蹬地,迅速向前摆体,微收下颌,在触球瞬间颈部做爆发式振摆,用前额正面击球中部,上体随球前摆(图3-49)。

【动作要领】保持颈部紧张,来球时不要闭眼,把握好顶球的时机和触球的部位。

图 3-49　前额正面顶球

2.前额侧面顶球

【动作方法】两脚前后开立，出球方向的同侧脚在前，两膝微屈且头部和上体稍向出球的相反方向回旋侧屈，两臂自然张开，眼睛注视来球，当来球运行到出球方向的同侧肩上方时，上体迅速向出球方向扭摆并甩头，用前额侧面顶球的后中部（图 3-50）。

【动作要领】准确判断来球的路线及速度，掌握颈部顶球动作的时机。

图 3-50　前额侧面顶球

3.鱼跃头顶球

【动作方法】判断好来球的路线和速度，以单脚或双脚用力蹬地，身体呈水平状态向前跃出，眼睛注视来球，两臂微屈前伸，利用身体向前跃出的冲力用前额正面将球顶出，顶球后两臂屈肘前伸着地，如图 3-51 所示。

【动作要领】鱼跃时双手和身体的配合要协调一致，否则易使身体遭受伤害。

图 3-51　鱼跃头顶球

（五）运球

运球是队员在跑动中用脚连续推拨球让球始终控制在自己脚下的一种技术动作。运球技术具有步幅小、频率快、重心低的基本特征，可分为脚内侧运球、脚背正面运球、脚背外侧运球和脚背内侧运球。

1. 脚内侧运球

它是运球技术中速度最慢的一种运球方法(图 3-52)。在比赛中当队员接近防守队员需要用身体保护球时,多采用脚内侧横向运球。一般与拉球结合使用。

图 3-52　脚内侧运球

【动作方法】要求在运球前进时支撑脚始终领先于球,位于球的侧前方,肩部指向运球方向,支撑腿膝关节微屈,重心放在支撑腿上,另一条腿提起屈膝,用脚内侧推球前进,然后运球脚着地。由于肩部指向运球方向,身体侧转,虽然移动速度较慢,但身体前倾有利于将对方与球隔开,因而这种技术多用在运球寻找配合传球时,或有对方阻拦需用身体做掩护时。

【动作要领】运球时推拨球的力量不宜过大且部位要准确,同时须观察场上的情况,不能只是低头看球,要随时把握机会传球或射门。

2. 脚背正面运球

在比赛中多用于无人防守或在越过防守队员且前方纵深距离较长需快速运球前进的情况下,其动作特点是直线推拨,速度快,但路线单一。

【动作方法】运球时身体持正常跑动姿势,上体稍前倾,步幅不宜过大,运球腿提起,膝关节稍屈,髋关节前送,提踵,脚尖下指,在着地前用脚背正面部位触球后中部将球推送前进(图 3-53)。

【动作要领】步幅与球速要配合好,保持球始终在控制范围内。

图 3-53　脚背正面运球

3. 脚背外侧运球

在比赛中多用于快速奔跑和改变方向的时候，其动作特点是灵活性、可变性强。

【动作方法】运球时身体持正常跑动姿势，上体稍前倾，步幅不宜过大，运球腿提起，膝关节稍屈，髋关节前送，提踵，脚尖稍向内转，使脚背外侧正对运球方向，在运球脚落地前用脚背外侧推拨球的后中部(图3-54)。

【动作要领】配合假动作作变向运球突破时，要注意调整步伐和掌握身体重心的移动。

图3-54 脚背外侧运球

4. 脚背内侧运球

在比赛中多用于队员在接近防守队员时需侧身运球和用身体保护球的情况下，与脚内侧运球相似，但又有所区别，比脚内侧运球速度稍快。

【动作方法】身体稍侧转并自然协调放松，步幅小，上体前倾，运球腿提起外展，膝微屈外转，提踵，脚尖外转，使脚背内侧正对运球方向，在运球脚落地前用脚背内侧推拨球，使球随身体前进(图3-55)。

【动作要领】适当降低自己的身体重心，并使身体重心紧随球走，有利于突然加快前进的速度和动作的速率；支撑脚通常在身体的侧后方，适当控制踝关节。

图3-55 脚背内侧运球

5. 运球过人

在比赛中遇到对手阻挡，要想越过对手的阻拦，必须恰当地综合使用运球的基本方法，抓住对手瞬间出现的漏洞，达到越过对手的目的。一般可以采用速度、掩护、假动作等方法摆脱对方的防守。

【动作方法】

（1）利用速度强行过人：运球者以突然的快速推拨球（力量较大）并与快速的奔跑相结合越过对手的阻拦。

（2）利用身体的掩护强行过人：当运球者接近对手时双方速度减慢，运球者侧身用身体靠住对手以另一侧脚将球拨出，同时转身将对手倚在身后并随球越过对手（图3-56）。

图3-56　利用身体掩护强行过人

（3）利用变速运球过人：对手在运球者侧面，运球者用另一侧脚运球，利用运球速度的变化，甩掉对手或越过对手。

（4）恰当地组合推、拨、挑、扣、拉、颠等动作过人：运球者通过组合动作适时地变化运球的方向与速度，使对手难于判断过人的方向与时机，或造成对手重心出现错误的移动，运球者抓住其漏洞而越过对手。

（5）利用穿裆球过人：当运球者遇到对手从正面阻拦时，发现对手两脚开立较大，而且重心在两脚之间，运球者应侧身运球接近对手，抓住时机将球从对手两脚之间推（拨）过，身体也随着从防守者侧面越过并控制球（图3-57）。

图3-57　利用穿裆球过人

（6）人球分路过人：这种方法主要是利用防守者注意力集中在球上，并认为可以触到球的心理，达到过人的目的。

（7）运球假动作过人：这种方法是运球者利用腿部、上体的晃动使对手产生错觉，在对手做抢球动作时，使其重心产生错误的移动，运球者则抓住时机从另一方向越过对手，如图3-58所示。

【动作要领】

（1）运球时，眼睛不能只盯着球，要随时观察周围情况，根据临场情况及早采取措施；

（2）身体放松，动作协调自如；

图 3-58 运球假动作过人

(3)合理运用运球技术,触球部位要准确,保证球能按运球者的意图运行;

(4)运球时,要注意步伐的节奏,步幅的大小,把握身体重心的移动,以使自己能随心所欲地控球。

● 注意事项

(1)注意观察对手所处的位置。运球者应根据临场防守者所处的位置及状态来决定自己应采取的过人方法。

(2)掌握好过人时机。过人的时机要根据临场防守者的情况而定。如运球行进速度很快时,则应离对手距离移近些再实施过人动作,否则对手将有时间转身起动将球追上。用假动作过人时,应善于利用对手因判断错误而造成重心移动的时机实施过人动作,这样,对手再调整重心已为时过晚。

(3)掌握好过人时的距离。除利用速度强行过人外,其他方法都应是在距离对手一大步的地方并应大于运球者与球的距离,对手勉强可以触到球,但不会先于运球者触及球。另外,这样的距离也便于运球者在做出动作使防守者重心发生错误移动时越过对手,而对手难于再进行成功的回追抢截。

(六)掷界外球

掷界外球,是继续足球比赛开始的一种方式。如不按照规则掷界外球,很容易造成犯规,改为对方掷界外球。同时,由于足球规则规定直接接到界外掷入的球没有越位限制,如果在靠近对方罚球区附近掷界外球,就是组织进攻的一次很好的机会。掷界外球分为原地掷界外球和助跑掷界外球两种。

【动作方法】

(1)原地掷界外球时,身体面对出球方向,两脚前后开立,屈膝后仰,两手自然张开,拇指相对持球的后侧部并屈肘置球于头后。掷球时,后脚用力蹬地,依次进行摆体收腹、挥臂、甩腕,迅速有力地将球掷向预定目标(图 3-59)。

(2)助跑掷界外球时,双手持球于胸前,在助跑迈出最后一步时,上体后仰成

图 3-59 原地掷界外球

背弓，同时双手将球上举至头后。掷球时的动作与原地掷界外球的动作相同。用助跑掷界外球能够把球掷得更远，从而创造出更有威胁的进攻机会。

【动作要领】动作必须符合规则要求，球必须举至头后，掷球动作必须要连贯，两臂用力一致，两脚须站稳且均不得离地，掷球时要面向出球方向。

（七）抢截球

抢截球的目的是在规则允许的条件下，把对方控制的球夺过来转守为攻，它是防守中一种积极有效的手段。在比赛中任何队员在丢球后都要进行积极的抢截球，以便延缓、阻止对方的进攻或再次争到控球权。因此，这项技术是每一个队员都要掌握的。常用的抢截球方法可分为正面抢截球、侧面抢截球和后面抢截球三种。

1.正面抢截球

它是争夺对手从正面运球前进时采用的一种抢截球方法。

【动作方法】当运球队员的球刚刚离脚时，抢球队员突然上前，上体前倾，膝关节微屈，身体重心由后脚移到前脚，用抢球脚内侧对正球将球踢掉。身体向前顺势跟进，尽可能将球控制在自己的脚下（图3-60）。

图 3-60　正面抢截球

【动作要领】身体重心要及时转移到抢球脚上，抢球脚的踝关节要放松；支撑脚要迅速跟上且抢球的时机要把握好。

2.侧面抢截球

它是抢球人与对方运球队员并肩跑动或双方争抢迎面来球时所常采用的侧面抢截球的一种方法。

【动作方法】当与对手并肩跑动时，身体重心稍下降，同对手接触一侧的手臂要紧贴身体。在对手靠近自己一侧的脚离地时立刻用肘以上肩以下的部位冲撞对手相应部位，使其失去平衡而丧失对球的控制，从而将球控制在自己的脚下（图3-61）。

【动作要领】在冲撞对方时，手臂要贴紧身体且必须用肘以上肩以下的部位去冲撞对方相应部位。

图 3-61　侧面抢截球

3.后面抢截球

这种抢截球又称为铲球，它是抢截球技术中难度较大的一种，在现代足球比赛中已被广泛采用。它是在对手运球或接球越过自己而来不及用其他方法抢球时才采用的一种抢截球方法。

【动作方法】当抢球人处于对方右后方时，可用右脚铲球，此时，在对方拨球刚刚离脚时左脚用力蹬地，跨出右脚，上体后仰，两臂张开，以右脚外侧沿地面滑出，用脚掌把球蹬出。铲球后，迅速站起，准备接做下一动作(图 3-62)。当抢球人处于对方左后方时，则抢截球动作变为左脚。

【动作要领】要注意动作连贯，把握好铲球的时机；铲球脚不能离开地面，否则将被判为犯规。

图 3-62　后面抢截球

(八)守门员技术

守门员是全队的最后一道防线，他的主要任务是不让球射入本方球门。守门员技术的好坏直接影响着比赛的胜负。一个优秀的守门员不但应该全力把好球门，还要准确迅速地帮助球队发动快速反攻。因此，守门员要具备较好的战术意识以及全面的守门技术。守门员技术包括选位、准备姿势、脚步移动、接球、扑球、击球和发球等。

1.选位

守门员为了守住球门，首先要选择正确合理的位置。守门员应根据球的移动使自己保持在球和球门所形成角的分角线上。当对方近射时，守门员应靠前防守，以扩大防守面积。在对方远射时也可适当前移，但要防备对方吊射，当球向中场或对方半场发展时，守门员可站在球门曲线附近与后卫保持一定距离,借以扩大活动范围,随时把对方越过后卫的长传球控制住。守门员选位时还要注意选择便于向前扑球的位置,避免后退扑球造成不必要的失误。

2.准备姿势

两脚左右开立,约与肩同宽,两膝自然弯曲,上体稍前倾,脚跟稍提起,重心放在两前脚掌上,两臂自然屈肘于体前,手指自然张开,掌心向下,眼睛注视来球(图3-63)。

图3-63 准备姿势

3.脚步移动

守门员必须根据球和人的位置变化相应调整自己的位置。一般分为侧滑步移动和交叉步移动两种。

侧滑步移动适用于原地起跳和扑向距离较近的来球,如向左滑步移动,则左脚先滑动一步,右脚跟着向左移一步(图3-64)。

图3-64 侧滑步

交叉步移动适用于扑接距离较远的凌空球,其动作方法是:如向左移动,则右脚经左脚向左侧跨一步,左脚再跟着左移一步,移动时第一步不要跨得太大,重心要放在距球近侧的脚上(图3-65)。

图3-65 交叉步

4.接球

接球是守门员最基本的技术。它包括接地滚球、接平直球、接高球(图 3-66 至图 3-68)。接球时两手要自然张开,两拇指相对,食指与拇指成"桃形"(图 3-69)。用指端接触球的后中部且两手要有缓冲动作,将球牢牢接在手中。

图 3-66　接地滚球

图 3-67　接平直球

图 3-68　接高球

图 3-69　手型

5.扑球

扑球是守门员技术中难度较大的技术动作。它要求守门员具有良好的身体素质和全面的动作技能以及勇敢顽强的意志品质。它分为扑接地滚球、扑接高球、扑接脚下球(图 3-70 至图 3-72)等。

图 3-70　扑地滚球

图 3-71　扑接高球

图 3-72　扑接脚下球

6. 击球

　　当守门员不可能接住球或在对方猛烈冲门的情况下一般采用击球来摆脱危机。击球分为单拳击球和双拳击球两种(图 3-73、图 3-74)。

图 3-73　单拳击球

图 3-74　双拳击球

7. 发球

守门员可采用手掷球和脚踢球两种发球方法（图 3-75 至图 3-77），以帮助本队发动反击。

图 3-75　手掷地滚球

图 3-76　手掷高抛球

图 3-77　脚踢球

二、基本战术

足球战术是指在足球比赛中，为了战胜对方，根据主客观情况所采取的个人行动和集体配合的方法。足球战术包含个人、局部和整体战术。个人战术和两人的协同配合就是基础战术。

(一)比赛阵形

比赛中为了达到一定的战术目的而对场上队员进行适当的位置排列和职责分工，称为比赛阵形。比赛阵形大体标明了每个队员的主要活动区域及主要攻防职责，一般分为后卫线、前卫线和前锋线三个层次。例如"4-4-2"阵形，即4名后卫、4名前卫和2名前锋组成（图3-78）。合理地运用比赛阵形，能有利于发挥本队的长处，帮助球队实现预定的攻防战术。当前比较主流的阵形还有"4-3-3""4-5-1""3-4-3"等。

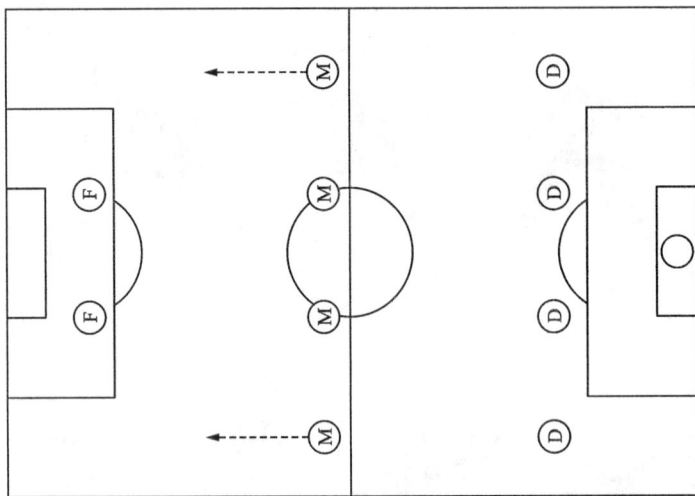

图3-78 "4-4-2"阵形

(二)定位球战术

定位球战术是指在比赛中，利用"死球"后重新开始比赛的机会组织进攻与防守配合的战术方法。在势均力敌的高水平比赛中，定位球战术有时起着决定胜负的作用。故要进行专门性的练习，才能在比赛中充分发挥定位球的作用。定位球战术包括：中圈开球、掷界外球、球门球、点球、角球和任意球。

1.角球

(1)角球进攻战术：角球如同任意球一样，也是易于破门得分的锐利武器之一，分为短传角球和长传角球。在组织角球进攻中，站位的基本原则是，队员分布禁区内和附近区域，力争获得更多的进攻点。基本的站位安排是：在对方的小禁区的前中后三点各布置一名球员，负责抢点进攻；对方禁区前沿安排一名球员，负责远射及抢截延缓对方反击；两边后卫压过半场处于对方禁区及中线之间；一名中卫站于中线附近，统观全局。

（2）角球防守战术：在角球防守的成败因素中，站位和盯人是重要的环节之一。对方踢角球时，可由10~11人参加防守，但是仍以防守队员站位为主，以避免因对方在禁区反复穿插打乱防守阵形。基本的站位安排是：守门员站在靠近远端门柱附近；两名后卫专守球门两端门柱；两名中卫及一名头球能力好的后腰分别站位于小禁区的前中后三点，且贴住对方此区域的进攻队员；一名后腰或后卫保护本方禁区中路（禁区线及小禁区之间）；一名前卫保护本方禁区前沿。

2.任意球

（1）直接射门。无论在场地中间或两侧获得直接任意球的机会时，只要有可能射门，最好的办法就是直接射门。随着守队排墙人数的增加，直接射入对方球门变得更加困难，因此，射手更需要掌握高超的踢弧线球的技术。罚球方可采用在对方人墙的两侧或中间"夹塞"的办法，或者在罚球点自行排成人墙，以此在射门前阻挡守门员的视线，使其看不清罚球队员动作，而在射门时这些队员迅速让出空当，使射出的球通过空当。

（2）配合射门。当获得间接任意球机会或罚球位置不适合直接射门时，则应进行配合射门。一般采用短传配合和长传配合两种形式。注意配合的传球次数应宜简不宜繁。传球和射门配合要默契，为避开人墙要用声东击西假动作分散对方注意力。

（三）局部战术

1."二过一"配合战术

顾名思义，"二过一"是两个进攻队员，通过传球配合突破一个防守队员。"二过一"战术是集体配合的基础，在局部地区上可以运用这种方法来摆脱对方的抢截或突破防线。运用此战术时，要求传球平稳及时，一般多用脚内侧、脚外侧等脚法，传地滚球为主。

（1）横传直插二过一：如图3-79所示。❼运球逼近防守队员❹号时，横传球给同伴❽号，直插接❽号的斜传球。

（2）踢墙式二过一：如图3-80所示。❽号向同伴❿号脚下传球，❿号直接将球传向❸号背后的空位，❽号快速切入接球。

（3）回传反切二过一：如图3-81所示。❻号传球给同伴⓫号，⓫号将球回传给同伴❻号后转身反切，接❻号传至❷号身后空位的球。

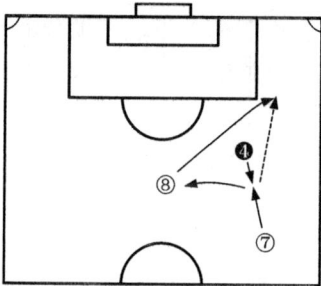

图3-79 横传直插二过一　　　图3-80 踢墙式二过一　　　图3-81 回传反切二过一

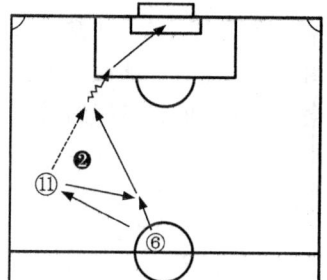

2."三过二"配合战术

"三过二"是在局部地区由3名进攻队员通过连续传球,突破两名防守队员的配合战术。这种配合有两名同队队员可以同时接应传球,因此,持球人传球路线更多,且进攻面扩大。

3.局部防守战术

(1)保护:一名防守队员(通常也被称为第二防守人)在第一防守人(直接对对方队员进行盯防的队员)身后为其提供防守增援。保护的重要作用主要体现在当进攻队员突破第一防守人的防守时,第二防守人也就是提供保护的同伴可以马上承担起第一防守人的责任,遏制进攻队员的进一步突破。其次,在精神上增强第一防守人防守的信心。

(2)补位:防守队员弥补同伴在防守中出现漏洞所采取的互相协助的战术配合。比赛中,通过同伴间的相互补位可以有效地遏制和破坏对方的进攻行动,变被动为主动。常见的补位形式有补空位和邻近队员相互补位。

(3)围抢:几名防守队员对局部区域内的控球和接应队员进攻围堵和抢断。本方半场的底角和中场附近边线一带是进行围抢较好的区域。

(四)全队进攻战术运用

全队进攻战术是指比赛中一方获得球后,通过队员之间的传递配合达到射门目的而采用的配合方法。与局部进攻战术相比较,全队进攻战术的进攻面比较广。

1.边路进攻

利用球场两侧地区发起进攻的方法叫边路进攻。边路进攻是全队进攻战术的主要形式之一,其主要特点是有利于发挥进攻速度,打破对方防线制造缺口。

2.中路进攻

中路进攻是利用球场中间区域组织的进攻。这种进攻虽能直接射门,但难度最大,因中路防守最为严密,突前的进攻队员必须是反应敏锐、意识良好、技术高超的队员。

3.快速反击

比赛中当攻方进攻时,后卫线往往压至中场附近,防守人数也由于插上进攻和助攻而相对减少,此时如能抓住机会,截球后发动快速反击,利用对方防区空隙较大和回防较慢的机会,往往能取得良好的效果。

三、足球竞赛规则简介

(一)比赛场地

1. 场地尺寸

长度：90～120 m(国际比赛：100～110 m)；宽度：45～90 m(国际比赛：64～75 m)
(图3-82)。

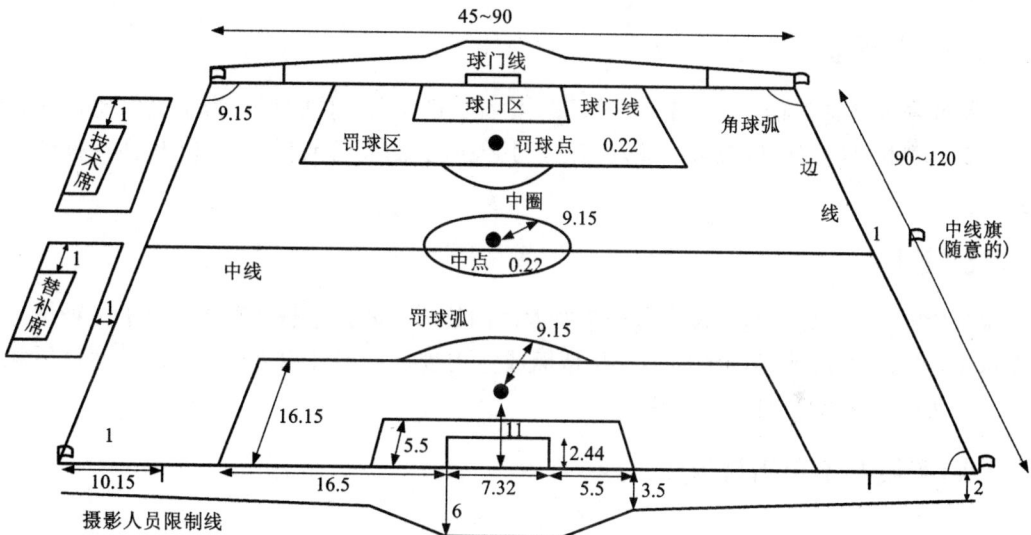

图3-82　11人制足球比赛标准场地示意图

2. 场地标记

比赛场地是用白线来标明的，这些线作为场内各个区域的边界线应包括在区域之内。两条较长的边界线叫边线，连接两条边线的端线叫球门线。所有线的宽度不超过12 cm，比赛场地被划分为两个半场。在场地中线的中点处做一个中心标记，以距中心标记9.15 m为半径画一个圆圈。

(二)球

足球是用皮革或其他适当的材料制成，其圆周不长于70 cm、不短于68 cm。重量在比赛开始时不多于450 g、不小于410 g。压力在海平面上等于0.6～1.1个大气压。

(三)队员人数

一场比赛应有两队参加，每队上场队员不得多于11名，其中必须有1名守门员。如果任何一队少于 7 人则比赛不能开始。在由国际足联、洲际联合会或国家协会主办的正式比赛中，每场比赛最多可以使用 3 名替补队员。被替补下场的队员不得再次参加该场比赛。替补队员只能在比赛停止时从中线处进场。

（四）比赛时间

比赛分为两个半场，每半场 45 分钟，中场休息 15 分钟。

（五）场地选择

足球比赛通过掷币进行场地选择。猜中的队决定上半场比赛的进攻方向，另一队开球开始比赛；猜中的队在下半场开球开始比赛，下半场比赛两队交换比赛场地。

（六）队员装备

队员的基本装备包括：运动上衣、短裤、护袜、足球鞋、护腿板。为了确保比赛的安全性，参赛队员不得使用或佩戴可能危及自己及其他队员的装备或任何物件（包括各种珠宝饰物）。

（七）越位

越位位置：凡进攻队员较球更接近于对方球门线者，即处于越位位置。以下三种情况不存在越位：发球门球（当球的整体不论从地面或空中越过球门柱以外的球场线，而最后触球者为攻方队员）；掷界外球；罚角球。

（八）犯规与不正当行为

1. 直接任意球

裁判员认为，如果队员草率地、鲁莽地或使用过分的力量违反下列六种犯规中的任何一种，将判给对方踢直接任意球：
（1）踢或企图踢对方队员；
（2）绊摔或企图绊摔对方队员；
（3）跳向对方队员；
（4）冲撞对方队员；
（5）打或企图打对方队员；
（6）推对方队员。

2. 间接任意球

如果守门员在本方罚球区内违反下列四种犯规中的任何一种，将判给对方踢间接任意球：
（1）用手控制球后在发出球之前持球超过 6 秒；
（2）在发出球之后未经其他队员触及，再次用手触球；
（3）用手触及同队队员故意踢给他的球；

（4）用手触及同队队员直接掷入的界外球。

裁判员认为队员在出现下列情况时，也将判给对方踢间接任意球：

（1）动作具有危险性；

（2）阻挡对方队员；

（3）阻挡对方守门员从其手中发球。

3. 警告

如果队员违反下列七种犯规中的任何一种，将被警告并出示黄牌：

（1）犯有非体育道德行为；

（2）以语言或行动表示异议；

（3）持续违反规则；

（4）延误比赛重新开始；

（5）当以角球或任意球重新开始比赛时，不退出规定的距离；

（6）未得到裁判员许可进入或重新进入比赛场地；

（7）未得到裁判员许可故意离开比赛场地。

4. 罚令出场

如果队员违反下列七种犯规中的任何一种，将被罚令出场并出示红牌：

（1）严重犯规；

（2）暴力行为；

（3）向对方或其他任何人吐唾沫；

（4）用故意手球破坏对方的进球或明显的进球得分机会（不包括守门员在本方罚球区内）；

（5）用可判为任意球或点球的犯规动作破坏对方向本方球门移动着的明显的进球得分机会；

（6）使用无礼的、侮辱的或辱骂性的语言及动作；

（7）在同一场比赛中得到第二次警告。

第三节 排 球

【微课学堂】

学 习 目 标

1. 了解排球运动的起源与发展历史。
2. 掌握排球基本技术的动作方法和技术要领。
3. 掌握排球比赛的基本战术。
4. 了解排球比赛的基本规则和组织编排。

人文体育

"铁榔头"再铸辉煌

2012 年世界女排大奖赛中，中国女排输美国、输巴西、输土耳其、输泰国，1 胜 4 负；伦敦奥运会上，在四分之一决赛中输给日本，无缘四强；一年后的仁川亚运会，姑娘们在决赛中再负泰国。中国女排正与人们心中的期待渐行渐远。

面对这样的艰巨形势，郎平在关键时刻站了出来，作为中国老女排的一员再次吹响了中国女排复兴的号角。从叱咤排坛的"铁榔头"到备受尊重的"郎教练"，郎平一路走来并不容易。

为了打造一支能够冲击世界冠军的球队，郎平不断加大培养年轻人的力度。2014 年女排世锦赛，郎平带领"大换血"的中国队，在不被看好的情况下勇夺亚军。老女排带来的精神力量和示范作用让年轻的中国女排一举走出低谷，开启了她们势如破竹的新征程。2014 年 5 月，郎平带领中国队重夺亚锦赛冠军。2015 年 9 月，郎平带领中国队第四次夺得世界杯冠军。2016 年里约奥运赛场上，中国女排姑娘们团结一致，一路力克强敌，时隔 12 年重夺奥运冠军！中国女排不断上演的绝地反击、惊天逆转，比的是实力，拼的是意志，搏的是勇气。奋勇拼搏，决不放弃，这就是女排精神，是激励中国前行的力量！

• 【人文体育】

中国女排里约
奥运夺金之路

一、基本技术

排球基本技术包括准备姿势和移动、传球、垫球、发球、扣球、拦网六大类。

（一）准备姿势

合理的准备姿势是指要使身体重心处于相对稳定的状态，又要便于移动和完成各种击球动作，为迅速起动，快速移动及击球创造最好的条件。按照身体重心的高低，准备姿势可分为稍蹲准备姿势、半蹲准备姿势和低蹲准备姿势三种（图3-89）。

稍蹲　　　　半蹲　　　　低蹲

图3-89　准备姿势

1.半蹲准备姿势

主要运用于接发球、传球、拦网时，同时也是为短距离移动和防较低来球做准备。

【动作方法】两脚左右开立略比肩宽，一脚稍在前，两膝弯曲，膝部的垂直线应在脚尖前面，后脚跟自然提起，身体重心位于两脚之间，上体前倾，重心靠前，两臂放松，自然弯曲置于腹前。两眼注视球并兼顾场上各种情况，两脚保持微动状态。

2.稍蹲准备姿势

主要运用于当对方正在组织进攻，或球虽在本方但离自己较远不需要及时移动击球时，以及在进行二传、扣球和接速度较慢弧度较高的发球、处理球时可运用稍蹲准备姿势。

【动作方法】两脚左右开立与肩同宽，一脚稍在前，两膝微屈，身体重心位于两脚之间，并稍靠近前脚，后脚跟自然提起，上体稍前倾，两臂放松，自然弯曲置于腹前。两眼注视球并兼顾场上各种情况，两脚保持微动状态。

3.低蹲准备姿势

主要运用于后排防守（接扣球）与前场保护（接拦回球）以及接低远的球和衔接各种倒地动作的接球，以扩大防守范围。

【动作方法】两脚左右开立比肩宽，一脚在前，两膝弯曲，膝部弯曲的程度大于半蹲准备姿势，后脚跟自然提起，身体重心位于两脚之间，上体更前倾，重心靠前，肩部垂直线过膝，膝部垂直线过脚尖，两臂放松自然弯曲置于腹前。两眼注视球并兼顾场上各种情况，两脚保持微动状态。

（二）脚步移动

移动是接好球的重要条件，其目的主要是接近来球，保持好人与球的适当位置，以便击球。移动速度的快慢取决于预判能力、反应速度、起动速度和移动步法的熟练程度等。排球比赛中一般采用以下几种移动步法。

1.并步

主要用于近距离的移动,如传球、垫球、拦网等技术,同时经常与跨步或其他倒地击球技术结合使用。

【动作方法】两脚前后站立与肩同宽,两膝微屈,身体重心位于两脚之间,重心稍靠于前脚,上体稍前倾,两臂放松,自然置于胸前,前脚向来球方向跨出一步,后脚迅速蹬地跟上,保持接球前的准备姿势(图3-90)。

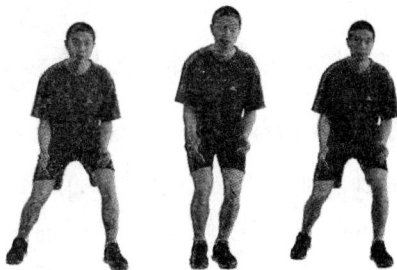

图3-90　并步

2.滑步

一般用于来球距身体体侧1.5 m左右的短距离的移动。

【动作方法】移动时,一脚支撑,另一脚向来球方向迈出一步,当脚落地后,支撑脚迅速并上,呈接球前的准备姿势。

3.交叉步

一般用于体侧2~3 m的来球,或二传手和拦网者在网前移动及防守两侧来球时运用。

【动作方法】上体稍向左移,右脚从左脚前向左迈出一步,然后左脚再向左跨出一步,同时身体转向来球方向,保持击球前的姿势(图3-91)。

图3-91　交叉步

4.跨步

当来球低、速度快、距离身体1 m左右时,可采用跨步。跨步移动既可以单独使用,也可与滑步、交叉步以及跑步中的最后一步结合运用。

【动作方法】两脚前后站立,跨步时,一腿用力蹬地,另一腿向来球方向跨出一大步,后腿随重心前移自然跟上,两手做好迎球动作(图3-92)。

图3-92　跨步

(三)传球

传球是在胸部及以上部位用双手(或单手)借助蹬地、伸臂动作,通过手腕和手指的弹击力量来完成击球的技术动作。传球是排球运动中一项最基本的技术。它是组织进攻战术的主要环节,是排球比赛中防守和反攻的衔接技术,它的好坏直接影响到战术配合的质量。传球技术主要用于二传、一传、吊球和处理球等。传球技术可分为:正面双手传球、侧传、背传、跳传等。

1.正面双手传球

正面双手传球是学习其他传球技术的基础,对于初学者来说也是学习的重点(图3-93)。

图3-93　正面双手传球

【动作方法】

(1)准备姿势:采用稍蹲准备姿势,抬头目视来球,双肘弯曲自然抬起,双手置于脸前。

(2)手形:手触球时,两手应自然张开成半球形,使手指与球吻合,手腕稍后仰,拇指相对,小指在前;传球时用拇指内侧、食指全部及中指的二、三指节触球,无名指和小指在球的两侧辅助控制出球方向,两肘适当分开,自然下垂(图3-94)。

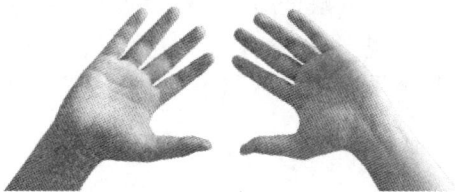

图3-94　传球手形

(3)迎球:当球接近额前时开始蹬地、伸膝、伸臂,两手微张,从脸前向前上方主动迎击来球。

(4)击球:击球点应保持在额前上方约一球远,击球部位一般在球的后下方。

(5)用力:传球主要靠伸臂力量,与下肢蹬地力量的协调配合,通过球压在手上使手指手腕产生的反弹力将球传出。

(6)击球后身体重心随击球动作前移,全身放松呈准备姿势状态,准备下一个击球动作。

2. 背传

向后上方的传球，称之为背传。背传动作比较隐蔽，能出其不意，迷惑对方，增加战术的变化。

【动作方法】背传的准备姿势比正面双手传球时稍直立，身体重心在两脚之间，不要前倾，双手自然抬起，放松置于脸前，背传球手形与正面双手传球相同，击球点略偏脸额上方。击球时，掌心向上，拇指托球下部，利用蹬腿、展体和向后上方伸臂、弹指腕的动作将球击出（图 3-95）。

图 3-95　背传

3. 跳传

跳传就是跳起在空中传球。当一传来球较高时，二传手常跳起在空中做第二传，在高水平比赛中常运用。

【动作方法】根据来球的高低，及时起跳，起跳后两手放在脸前，当跳至最高点时，两手伸至额上方击球，主要靠手臂和手腕的力量将球传出（图 3-96）。跳传的起跳最好是向上垂直起跳，要掌握好起跳的时间，起跳过早或过晚都会影响传球的质量。由于在空中无支撑点，用不上蹬地力量，因此须在身体下降前传球出手，才能控制传球力量。

图 3-96　跳传

（四）垫球

垫球是借助蹬地、抬臂动作，用双手前臂的前部，利用来球的反弹力将球击出的技术动作。垫球在比赛中多用于接发球、接扣球和接拦回球，是组织进攻和反攻的基础。垫球技术包括正面双手垫球、体侧双手垫球、背向双手垫球、跨步垫球等。

1. 正面双手垫球

正面双手垫球是各种垫球技术的基础，适合接速度快、弧度平、力量大、落点低的各种来球，是在排球比赛中运用最多的技术动作。

【动作方法】

(1)垫球的准备姿势：比赛中应根据不同情况采用相应的准备姿势。初学垫球时，采取半蹲准备姿势。

(2)垫击手形：目前常用的方法有叠指式、抱拳式两种(图3-97)。叠指式是两手手指上下相叠，两拇指对齐平行相靠压在上面一手的中指第二指节上，掌根紧靠，两臂伸直相夹。注意手掌部分不能相叠。抱拳式是两手抱拳互握，两拇指平行放于上面，两掌根和两小臂外旋紧靠，手腕下压，使前臂形成一个垫击平面。

(3)击球点、击球部位：正面双手垫球的击球点，一般应尽量保持在腹前约一臂距离的位置。用腕上10 cm左右的两小臂桡骨内侧所构成平面击球(图3-98)。

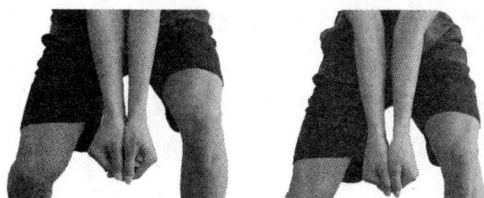

叠指式　　　　　　抱拳式

图3-97　垫击手形

图3-98　击球部位

(4)击球动作：移动取位对准来球后，利用蹬地、含胸、提肩、压腕、抬臂的全身协调用力动作将球击出。击球后，两臂继续平稳地随球前送，接近水平位，使整个动作连贯协调(图3-99)。

【动作要领】及时移动取位，降低重心；手臂夹紧，手腕下压，用平整而稳定的击球面去迎击球；击球时，身体重心要随球前移。

图3-99　正面双手垫球

2. 体侧双手垫球

体侧双手垫球就是在身体两侧用双臂垫球。当来球在体侧，而身体又来不及移动至正对着球时，运用体侧双手垫球。体侧双手垫球可以扩大防守范围，但不易控制垫球方向，因此，在来得及移动的情况下，最好采用正面双手垫球。

【动作方法】左侧垫球时，左脚向左侧跨出一步，双手向左伸出，形成左高右低的手形。击球时，用向右转和收腹动作，配合提肩抬臂在身体左侧稍前的位置截住球，两臂垫击球的后下部，将球垫出(图3-100)。

【动作要领】不要随球伸臂，这样会造成球触臂后向侧方飞出，应使两臂先伸向侧方截击来球，还应注意两臂不要弯曲，以保持手臂击球，避免因手臂动作影响垫球效果。

图 3-100　体侧双手垫球

3. 背向双手垫球

即背向出球方向的垫球。当球飞出较远而又无法进行正面调整传球时，或第 3 次处理过网球时采用。

【动作方法】背垫时，先判断好来球方向和目标距离；垫击时，蹬腿、抬头、挺胸、展腹、两臂夹紧伸直向后上方将球垫出。在背垫低球时，也可以有屈肘、翘腕动作，以虎口处将球向后上方垫起(图 3-101)。

【动作要领】使用背垫时，在判断好球的飞行方向后，一定要提前迅速移动到球的落点处。

图 3-101　背向双手垫球

(五) 发球

发球是由队员自己抛球，用一只手将球击出，从网上两标志杆内进入对方场区的技术动作。发球是比赛和进攻的开始，也是排球技术中唯一不受别人制约的技术动作。攻击性强的发球不仅可以直接得分，还能削弱乃至破坏对方的进攻，打乱对方的部署，在心理上给对方造成威慑。根据一般的教学实际，这里介绍两种基本方式：下手发球、上手发球。

1. 侧面下手发球

侧面下手发球(图 3-102)是指发球者侧对球网站立，以身体的转动带动手臂由体侧后下方向前挥动，在体前腹部高度击球过网的一种发球方法。因为这种发球是借用腰腹转动的力量带动手臂挥动，比较省力并且动作简单易学，稳定性大，所以较适合女性初学者学习和运用。

【动作方法】

(1)准备姿势:左肩对球网,两脚左右开立与肩同宽,上体前倾,两膝微屈,左手持球于腹前。

(2)抛球与引臂:左手将球平稳地抛在体前右侧,离手约一球多的高度,抛球同时,右臂伸直向侧后下方摆动。

图 3-102　侧面下手发球

(3)挥臂击球:击球时,右腿蹬地,身体重心随着右手的向前摆动前移,在腹前用掌根击球的后下部。重心随击球动作前移,迅速进场比赛。

【动作要领】在整个击球过程中,应注意"抛、转、击"三个环节。击球时,整个手的部分要攥紧,击球扎实有力。

2.正面上手发球

正面上手发球(图 3-103)是指发球队员在发球区内面对球网站立,单手将球抛起之后利用蹬地、转体、收腹、收胸、挥臂的全身协调用力以全手掌将球击出的一种发球方法。正面上手发球击球动作简单,击球点高,便于发力和控制球的落点,适合初学者学习和运用。

图 3-103　正面上手发球

【动作方法】

(1)准备姿势:面对球网站立,两脚自然开立,左脚在前,左手持球于体前。

(2)抛球与引臂:左手将球平稳地垂直抛于右肩的前上方,高度适中,抛球的同时,右臂抬起,并屈肘后引,肘与肩平行,手掌自然张开,上体稍向右侧转动,抬头、挺胸、展腹、身体重心移到右脚上。

(3)挥臂击球:击球时,利用蹬地上体向左转动,迅速收腹带动手臂向前上方挥动,伸直手臂在右肩前上方的最高点,用全手掌击球的后中部;手触球时,手指自然张开与球吻合,手腕要迅速向前做推压动作,使击出的球呈上旋飞行;击球后,随重心前移,迅速进场比赛。

【动作要领】抛好球,以蹬地、转体的力量带动挥臂,用掌根或半握拳的拳面等部位击球。把握抛球的高度和蹬地、转体及挥臂击球的时机。

(六)扣球

扣球(图3-104)是排球基本技术中攻击性最强的一项技术,它在比赛中占有重要地位,是得分、得发球权的主要手段,也是进攻中最积极有效的武器。扣球是战术配合中的最终目的,强有力的、富有战术目的的扣球,可使对方难以防守和组织反击,从而掌握比赛的主动权。扣球技术包括正面扣球、各种快球和单脚起跳扣球等。

手部动作

图 3-104　扣球 1

1. 正面扣球

正面扣球是扣球中最基本的技术动作。正面扣球面对球网,便于观察,准确性较高,运动员可根据对方防守布局,随时改变扣球路线和力量,有利于控制击球落点,因而是最好的进攻方法。

【动作方法】

(1)准备姿势和判断:两脚自然开立,两膝微屈,上体自然前倾,两眼注视来球。然后判断一传的到位情况,根据二传的来球方向、速度、弧度、落点来选择起跳点和起跳时间。

(2)助跑:助跑一般采用两步助跑法。左脚先向来球方向自然迈出一步,接着右脚再快速跨出一大步,脚跟着地,并快速过渡到前脚掌,左脚及时跟上,踏至右脚稍前的位置。

(3)起跳:助跑最后一步脚落地后就是起跳的开始。双脚着地后,两臂后引,随着双腿蹬地,两臂由后积极向前上方摆动,带动身体向上跳起。

(4)空中击球:起跳后挺胸、抬头、展腹,上体稍向右转,右臂后引,左手自然抬起,身体成反弓形。挥臂时,迅速转体收腹发力,依次带动肩、肘、腕各关节成鞭甩,向前上弧形挥动。

(5)落地:空中完成击球动作后身体自然下落。双脚的前脚掌同时着地,以缓冲身体下落的冲力,并保持身体平衡。

【动作要领】掌握两步助跑起跳的步伐,第一步要小(单脚迈),第二步要大(双脚跨),屈膝缓冲向上跳(控制前冲);选择好起跳点,把球控制在人与球网之间,右肩的前上方。

2.近体快球

快球是我国传统的打法，它的特点是速度快、突然性大、牵制能力强，有利于争取时间，达到突然袭击的目的。近体快球是扣球队员助跑至二传手身边一臂距离处扣的快球，是快球的一种。其主要特点是进攻速度快，常常使对方来不及拦网和防守。近体快球不但进攻效果好，而且具有较强的掩护作用，是副攻手必须掌握的技术。

【动作方法】近体快球的助跑路线一般同网的夹角保持在45度左右为宜，助跑时要随一传传出的球同时到网前，在二传手还没有出手之前跳起，待二传手将球传送到网口，球还在上升时，扣球队员含胸收腹，并快速挥臂甩腕，以全掌截击球的后上方，将球快速扣下。

【动作要领】扣近体快球时，攻手和二传的配合时间短、精度高，所以，平时要多加练习，与二传形成良好的默契。

（七）拦网

拦网（图3-105）是指靠近球网的队员，将手伸向高于球网处，阻拦对方进攻的动作技术。拦网是防守的第一道防线，也是防守的主要防线。同时它还是反攻的开始，是得分重要手段之一。成功的拦网可以削弱对方的锐气，减轻本方后排防守的压力。

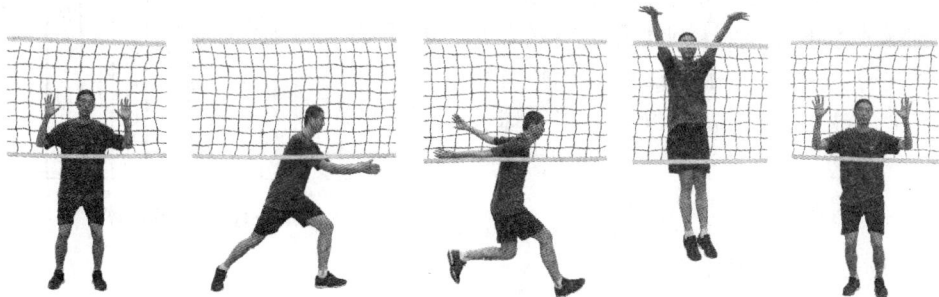

图3-105　拦网

【动作方法】

（1）准备姿势：面对球网，两脚平行开立约同肩宽，距网30~40 cm，两膝微屈，两臂自然弯曲置于胸前，随时准备起跳或移动。

（2）移动：为了对准对方进攻点，拦网队员需要及时移动。

（3）起跳：起跳时，重心降低，两膝弯曲，弯曲程度因人而异，两脚用力蹬地，两臂在体画划小弧用力上摆，带动身体向上垂直起跳。起跳后，稍收腹，控制身体平衡。

（4）空中击球：起跳同时，两手从额前贴近并平行球网，向网上沿的前上方伸出，两臂伸直，两手自然张开，屈指屈腕呈勺形（图3-106）。两手之间距离不能超过一个球，以防止球从两手间漏过。当手触球时，两手要突然紧张，手腕要用力下压盖住球的上方。站在靠近边线的拦网队员，为了防止对方打手出界，外侧手掌心在拦击球时要内转。

图3-106　拦网手形

（5）落地：如已将球拦回，则面向对方，屈膝缓冲，双脚落地；如未拦到球，在身体下落时要随球转身向着球飞出的方向准备做接应救球。

（6）拦网的判断：判断是拦网技术的关键环节，在拦网的全过程中都要贯穿着判断能力。应从以下几个方面进行判断：判断对方的战术打法；判断对方一传情况；判断对方二传的方向、弧线、速度和落点；判断对方扣球队员的助跑方向、起跳的时间以及起跳后人与球的关系和空中挥臂击球动作；判断对方扣球队员的个人技术特点。

【动作要领】拦网起跳的时间必须掌握好，应根据对方二传球的高低、远近、快慢以及扣球队员的起跳时间和动作特点来决定。拦高球时，一般应比扣球队员晚跳；拦快球时，可以和扣球队员同时起跳或提前起跳。拦远网扣球时，要尽量向上伸直手臂，不要采用压腕动作，以提高拦击点。

二、基本战术

排球运动的基本战术是指队员在比赛中在排球规则和排球运动规律允许的条件下，根据比赛的具体情况，合理地运用排球技术所进行的有目的、有组织的个人或集体配合行为。排球战术可分为个人战术和集体战术，个人战术又分为发球、一传、二传、扣球、拦网、防守个人战术；集体战术又分为接发球、接扣球、接拦回球和接传、垫球四个战术体系，如图3-107所示。

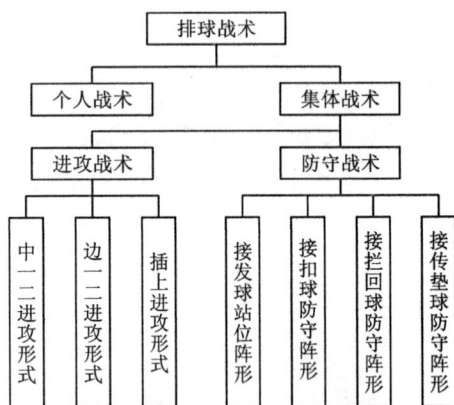

图3-107　排球战术

(一)球员分工与职责

球员通常不需要掌握全部的技术，而是根据球队的战术，以其中的一种或多种为专长。最常见的位置分配包含三种位置：攻手(分为主攻手和副攻手)、二传手和自由人(专职防守的球员)。

1.二传手

二传手的职责在于组织全队的进攻，他们负责在二传时将球送至让攻手最适宜扣球的位置。二传手必须有能力和扣球队员组合出多种变化以破坏对方的防守。移动快速、传球精准是一个二传手的必备素质。

2.自由人

自由人是专职防守的球员，负责接扣球、接发球以及救球。通常自由人具有全队最快的反应速度和最好的一传技术。由于自由人不需要在网前进攻或防守，可以由一传技术好的矮个子球员担任。在比赛中被指定为自由人的球员不可以担任其他位置。自由人的替换次数是不受限制的，但两次的替换之间必须隔一次死球，而且只能由被替换下场者做轮替。替换的时间必须在裁判吹哨示意发球前做更换。每一局开始前，自由人不得先进场，必须等第二裁判核对先发球员后才可被替换进场。

3.副攻手

副攻手是经常在靠近二传手的位置打出快攻的球员。副攻手专职拦网，负责阻挡来自对方副攻手的快攻，并且需要从中间向两边快速移动以组织双人拦网。通常副攻手是队中最高的球员，且不要求有很好的防守技术。

4.主攻手

主攻手是在靠近标志杆的位置进攻的球员。由于大多数传向主攻位置的球都是高球，因此主攻手往往采用很长的助跑，有时甚至从边线外开始助跑。在进攻中主攻手通常依靠强力扣杀得分，但有时也以斜线助跑和快攻来扰乱对方的防守。主攻手还需要掌握一传技术，因为在对方发球时他们通常作为自由人以外的第二一传点。惯用右手的主攻手最适合在4号位（前排左侧）进攻，相对的，惯用左手的主攻手最适合在2号位（前排右侧）进攻。

（二）阵容配备

阵容配备是指比赛时合理地搭配布置本队队员的一种组织形式。阵容配备形式主要有两种："四二"配备和"五一"配备。

1."四二"配备

"四二"配备由4名进攻队员和2名二传队员交替站位组成（图3-108）。4名进攻队员中有2名是主攻队员，2名是副攻队员。他们都站在对角位置上。这种配备方法在初学和一般水平队中采用较多。

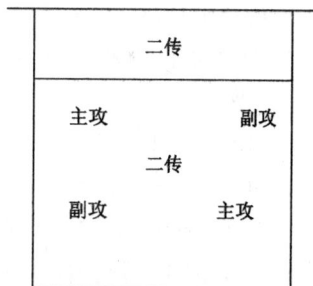

图3-108　"四二"配备

"四二"配备的优点：

（1）每一轮次前后排都能保持有一个二传队员和两个进攻队员，便于组织和发挥本队的进攻力量。

（2）如果两名二传队员都具有进攻力量的话，每一个轮次都可以插上，组成三点进攻，大大加强了进攻威力。

"四二"配备的缺点：

（1）每一个进攻队员必须熟悉两个二传队员的传球特点，配合比较困难。

（2）一个队要培养出两名高水平的二传队员比较困难，而且又要求他们具有进攻能力就更不容易。

2."五一"配备

"五一"配备由5名进攻队员和1名二传队员组成（图3-109）。其目的是为了加强进攻的拦网的力量。为了弥补在主要二传队员来不及传球时所出现的被动局面，可以在二传队员的位置上，配备一名有进攻能力的接应二传队员。这种配备方法目前在水平较高的队中被普遍采用。

"五一"配备的优点：

（1）当二传队员轮转到后排，前排有 3 个进攻队员，可以加强进攻和拦网的力量。

（2）全队进攻队员只需适应一名二传队员传球的特点、习惯，在相互配合上较容易建立默契。

"五一"配备的缺点：

（1）当二传队员轮到前排时，有 3 个轮次只有两点进攻。

（2）防反时，二传队员轮到后排要插上传球难度较大。

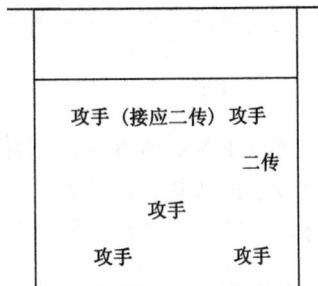

图 3-109　"五一"配备

（三）进攻战术

进攻战术是赢得比赛胜利的重要手段。随着现代排球运动的发展，排球规则的不断变化，进攻战术也在不停地演变，不断地充实。进攻战术一般由一传、二传和扣球三个环节所组成，包括进攻阵形和进攻打法。所谓进攻阵形，就是组织进攻时所采取的队形。合理的进攻阵形是完成各种进攻打法的基础。进攻阵形主要有三种："中一二"进攻阵形、"边一二"进攻阵形、"后排插上"进攻阵形。

1. "中一二"进攻阵形

"中一二"进攻是指由前排 3 号位队员担任二传，其他 5 名队员都将球垫或传给二传队员，再由他将球传给 4 号位或 2 号位队员进攻的进攻形式。

"中一二"进攻战术的配合较多，以下介绍两例实战中常用的配合，可在平时多加组织练习。

（1）集中、拉开相结合的战术：二传队员在向 2 号位或 4 号位传球时，根据临场情况可传集中球，也可传拉开球（图 3-110）。

（2）快球掩护战术：2 号位队员可在 3 号位二传队员身体前扣快球，也可进行快球掩护，由 4 号位队员在 4 号位扣球强攻。同样，4 号位队员也能视情况采取以上战术（图 3-111）。

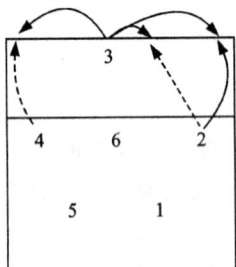

图 3-110　集中、拉开相结合战术示意

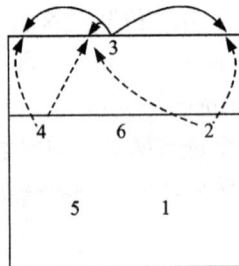

图 3-111　快球掩护战术示意

"中一二"进攻阵形的优点：一传向网中间 3 号位垫球比较容易，二传向 2、4 号位传球的距离较短，容易传准，有利于组成进攻。

"中一二"进攻阵形的缺点：战术变化少，只能两点进攻，战术意图容易被对方识破。

2."边一二"进攻阵形

"边一二"进攻是指2号位队员做二传，将球传给3、4号位队员进攻的进攻形式。由于在"边一二"进攻战术中两名进攻队员的位置相邻便于相互掩护和配合，因而相对于"中一二"进攻战术来说，可以组织更多、更有效的战术配合。

下面介绍两种"边一二"进攻战术的具体配合。

(1)快球掩护活点进攻战术：3号位队员扣近体快球或快球掩护，4号位队员跑动活点进攻(图3-112)。

(2)围绕掩护活点进攻战术：3号位队员绕至二传队员背后扣快球或半高球，4号位队员在4号位进行拉开进攻(图3-113)。

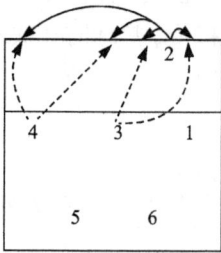

图3-112　快球掩护活点进攻战术　　　　　图3-113　围绕掩护活点进攻战术

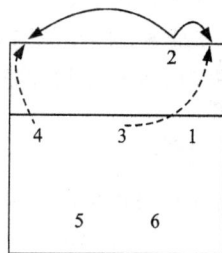

"边一二"进攻阵形的优点：右手扣球者在3或4号位扣球都比较顺手，战术变化也比较多。

"边一二"进攻阵形的缺点：对一传要求较高，当5号位队员向2号位垫球时，由于距离远、角度大，控制球难度较大，尤其是一传偏至4号位时，二传接应较困难。

3."后排插上"进攻阵形

"后排插上"进攻是指由后排二传队员在对方将球击过网之后快速插至前排，组织前排三名队员进攻的战术配合形式。"后排插上"进攻战术目前是最先进的战术形式，由于它始终保持前排三个进攻点，能组成变化多端的进攻战术，是强队普遍采用的进攻战术。

下面介绍三种具体战术配合，平时应作为重点进行演练。

(1)前交叉：4号位队员前冲扣近体快球，3号位队员交叉外绕至4号位强攻，2号位队员在2号位进攻(图3-114)。

(2)后交叉：3号位队员扣近体快球，2号位队员交叉跑动到3、4号位之间扣半快球，4号位队员随时准备4号位强攻(图3-115)。

(3)背交叉：2号位队员扣背快球，3号位队员交叉跑到2号位进攻，4号位队员随时准备在4号位强攻(图3-116)。

"后排插上"进攻阵形的优点：始终能保持前排三点进攻，战术配合变化多，并能充分利用网的全长组织进攻。

"后排插上"进攻阵形的缺点：对插上二传队员水平的要求较高。

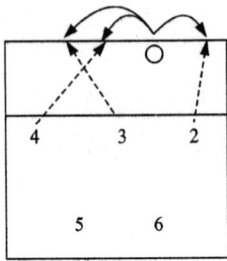

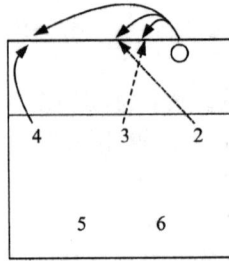

图 3-114 前交叉　　　　图 3-115 后交叉　　　　图 3-116 背交叉

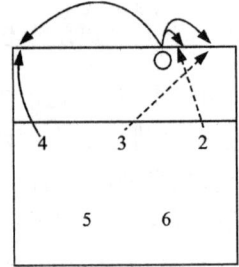

（四）防守战术

防守战术是由拦网、后排防守、二传或调整二传、扣球等几个部分相互衔接组成的，包括：接发球防守战术，接扣球防守战术，接拦回球防守战术，接传、垫球防守战术。以下重点介绍接发球防守战术和接扣球防守战术。

1.接发球防守战术

接发球防守战术根据采用的接发球站位阵形的不同分为 5 人接发球站位阵形、4 人接发球站位阵形。

（1）5 人接发球站位阵形：除 1 名二传队员站在网前或从后排插上不参加接发球外，其余 5 名队员都要承担接发球任务排成接发球站位阵形（图 3-117）。

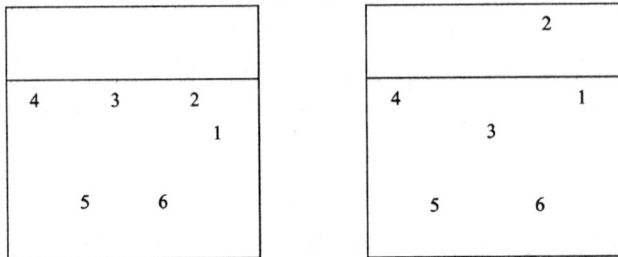

图 3-117　5 人接发球站位阵形

（2）4 人接发球站位阵形：二传队员与同列的前排队员站在网前不接发球，其他 4 名队员站成弧形，均衡分布在 4 个最佳接发球位置上，协调配合防守在各自的区域（图 3-118）。

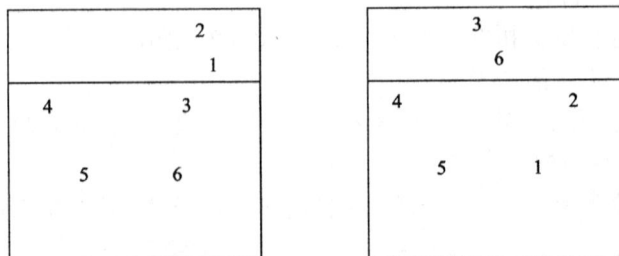

图 3-118　4 人接发球站位阵形

2. 接扣球防守战术

接扣球防守战术又叫反攻战术，它是排球比赛中出现次数较多、战术的组织难度也较大的得分主要手段，对比赛的胜负起着重要作用。组织接扣球防守阵形要根据对方进攻的特点来变化；其次要充分发挥本队队员的特长，合理地配备力量；同时还要适当考虑到防守后的进攻战术打法。接扣球防守战术根据参加拦网的人数可分为无人拦网、单人拦网、双人拦网和三人拦网四种防守阵形，以下重点介绍双人拦网防守战术。

双人拦网防守阵形是防守战术中最主要的战术形式。其主要变化有"心跟进"和"边跟进"两种防守。

（1）"心跟进"防守阵形：这种防守阵形又被称为"6号位跟进"，即固定由6号位队员跟进保护。它多在对方具有一定的进攻威力又善于轻吊球时，为了防止"心空"时而采用。一般由二传队员跟进保护较好，对反攻时的插上和组织反攻有利，有时也可将后排防守技术差的队员作为6号位跟进队员。

战术运用：以对方4号位进攻为例（图3-119）。当对方4号位进攻时，由本方2和3号位队员拦网；6号位队员跟至进攻线附近，主要任务是防守对方直线扣球和拦网反弹到后场的球，接应5号位和4号位队员防起的球；本方4号位队员后撤至进攻线，主要任务是防对方斜线扣球；1、5号位队员在后场防守，主要任务是防守对方直线扣球和拦网反弹到后场的球。每个位置各自负责一定的区域，并互相接应。

"心跟进"防守阵形的优点：有利于防吊球和拦网弹起的球，也便于接应和组织进攻。

"心跟进"防守阵形的缺点：后场只有两人防守，空隙较大，容易造成后场中央和两腰空当。

（2）"边跟进"防守阵形：这种防守阵形又称为"马蹄形防守"，它是由本方1、5号位队员跟进保护的防守战术。一般在对方进攻力量比较强、战术变化较多、吊球较少时采用。

战术运用：以对方4号位进攻为例（图3-120）。对方4号位进攻时，由本方2和3号位队员组成双人网，1号位队员跟进，主要任务是防守对方4号位的直线扣球以及拦网队员身后的吊球；本方的4号位队员后撤与后排队员组成半弧形防守，主要任务是和本方的5、6号位队员一起防守对方4号位的斜线扣球以及中场空心球。

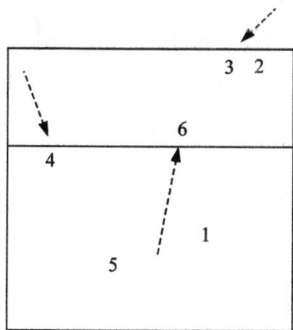

图3-119　"心跟进"防守阵形战术运用　　　　图3-120　"边跟进"防守阵形战术运用

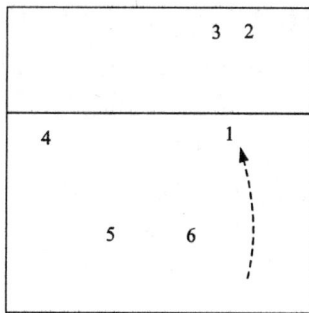

"边跟进"防守阵形的优点：对防对方重扣球较为有利，同时也便于组织反攻。

"边跟进"防守阵形的缺点：球场中间空隙较大，容易形成"心空"。

（五）战术运用练习

1.初学者的阵容配备

初学者在刚开始组织比赛练习时，往往无法采用上述阵容配备，可先采用下列方法熟悉阵形的转换。

（1）轮转中在3号位的队员担任二传。由于初学者尚未掌握换位方法，采用轮转到3号位的队员做二传给4号位或2号位的队员进攻，可以减少因换位出现的失误，使比赛更连贯，提高队员比赛的积极性。

（2）把全队进攻和防守的力量按前后排均匀地搭配，这样可以避免因"弱轮"出现的连续失误。

（3）把传球较好的队员与进攻队员搭配起来，以发挥扣球队员的攻击作用。

2.初学者战术应用

（1）攻击性发球：把发球具有攻击力的队员安排在首先发球的位置以压制对方一传，可起到"先声夺人"的效果；专找对方技术差的队员，发球给他，造成对方一传失误，达到进攻的目的。

（2）减少一传失误：对方发球具有很强攻击性时，队员应后撤到后场，密集防守，接好一传；对方如专找我方技术差的发球，应加强保护，由他就近的队员替他接好一传。

（3）加强保护：一人接球，其他5人都要转身面对接球者，随时移动接好球。

（4）进攻：根据对方队员的身高和技术熟练程度，选择薄弱环节作为攻击点。

3.掌握战术信号

战术信号在实现快速多变进攻战术中起着重要的作用。一个队没有统一的信号联系，就难以实现进攻战术的变化。战术信号应简单、明确，使全队队员都熟悉，同时使用时要注意隐蔽，以免泄露进攻意图。常用的战术信号主要有以下两种：

（1）手势信号：一般在接发球时，队员之间用手势信号进行联系，确定战术。这些手势信号是事先经过协商统一的，主要由二传队员出示，组织全队的进攻配合，也可由发动快攻的队员出示第一手势，表示选择打什么样的快球，然后再由二传队员出示第二手势，通知其他进攻队员组织各种战术。

（2）语言信号：一般在组织防守反攻时，队员之间使用语言信号直接进行联系。如用简单的一两个字："快""拉""高""交叉"等，也可把进攻战术编成代号，以代号进行联系。在使用语言信号时，应注意不要暴露进攻意图。

三、排球竞赛规则简介

(一)排球比赛的场地和设备

1. 比赛场地

比赛场地包括比赛场区和无障碍区，其形状为对称的长方形。比赛场区为 18 m×9 m 的长方形(图 3-121)，其四周至少有 3 m 宽的无障碍区。国际排联世界性比赛场地边线外的无障碍区至少宽 5 m，端线外至少宽 8 m，比赛场地上空的无障碍空间至少高 12.5 m。球网高度：球网架设在中线上空，高度为男子 2.43 m，女子 2.24 m。标志杆高出球网 80 cm。

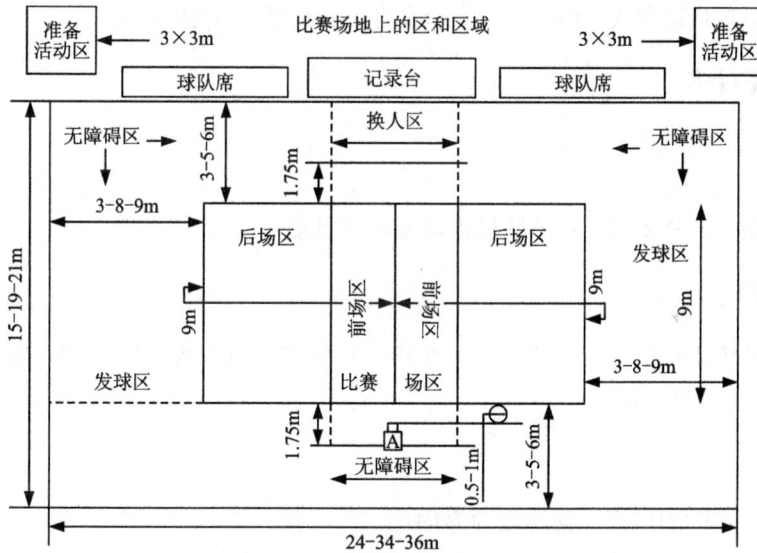

图 3-121 排球比赛场地示意图

2. 比赛场地的要求

(1)地面：必须平坦、水平、划一。世界性比赛场地地面只能为木质或合成物。

(2)界线：宽均为 5 cm，其宽度包括在各个场区内。

(3)颜色：室内必须为浅色，界线颜色要与地面颜色不同。世界性比赛场地界线为白色，比赛场区和无障碍区分别为不同的颜色。

(4)温湿度和照明：室内最低温度不得低于 10℃，照明度为 1000~1500 lx。世界性比赛的室内温度，最高不得高于 25℃，最低不低于 16℃，湿度不得高于 60%。

3. 比赛的器材与设备

器材除规定的网柱、球网、标志带、标志杆和比赛球外，还应有以下设备。

（1）球队用的长椅：长度至少应能坐9人。

（2）记录台：一般坐两个人，一名正式记录员，一名辅助记录员。

（3）裁判台：要能升降，下部要用防护套包好，以防队员救球时受伤。

（4）量网尺：长度要在 2.50 m 以上，并在男子网高 2.43 m 和女子网高 2.24 m 处画标记，同时在这两个高度上方 2 cm 处画上另一种标记。

（5）气压表：比赛球的气压为 $0.40 \sim 0.45 \ \mathrm{kg/cm^2}$，所有比赛用球的气压必须一致。

（6）比赛用球和球架：要求将 5 只比赛球放到球架上，比赛采用三球制。

（7）计分器：能显示双方的比赛分数、双方的暂停和换人次数。

（8）换人牌：为 1~18 号，两侧的颜色最好有区别，并用盒子装好。

（9）拖把：需要六个拖把供擦地员使用。

（10）气筒：球压不足时，供充气用。

（11）蜂鸣器：最好能让教练员和记录员都能使用。

（12）表格：包括记录表、位置表、成绩报告单和广播员用表等。

（二）比赛行为

1.比赛开始

裁判员鸣哨后允许发球，发球队员击球时比赛开始。

2.比赛的中断

裁判员鸣哨中止比赛。但如果裁判员是由于比赛中出现犯规而鸣哨的，则比赛的中断实际上是由犯规的一刻开始的。

3.界内球

球触及比赛场区的地面包括界线为界内球。

4.界外球

（1）球接触地面的部分完全在界线以外；
（2）球触及场外物体、天花板或非场上比赛的成员等；
（3）球触及标志杆、网绳、网柱或球网标志带以外部分；
（4）球的整体或部分从过网区以外过网；
（5）球的整体从网下穿过。

5.球队的击球

每队最多击球三次（拦网除外），将球从球网上击回对方，超过规定次数的击球，判为"四次击球犯规"。无论是主动击球或被动触及，均作为该队击球一次。

6.击球的犯规

（1）"四次击球"：一个队连续触球四次。

(2)"借助击球"：队员在比赛场地以内借助同伴或任何物体的支持进行击球。

(3)"持球"：没有将球击出，而是接住或抛出球。

(4)"连击"：一名队员连续击球两次或球连续触及其身体的不同部位。一名队员不得连续击球两次(除拦网外)。

7.同时触球

两名或三名队员可以同时触球。

(1)同队的两名(三名)队员同时触到球时，被记为两次(三次)击球(拦网除外)。如果只有其中一名队员触球，则只记为一次击球。队员之间发生碰撞不算犯规。

(2)两名不同队的队员在网上同时触球，比赛继续进行，获得球的一方可击球三次。如果球落在某方场区外，则判为对方击球出界。

(3)如果双方队员同时触球造成"持球"，则判为"双方犯规"，该球重新进行。

8.发球犯规

(1)球被抛起或持球手撤离后，必须在球落地前，用一只手或手臂的任何部分将球击出。

(2)球只能被抛起或持球手撤离一次，但拍球或在手中移动球是被允许的。

(3)发球队员在击球时或击球起跳时，不得踏及场区(包括端线)和发球区以外地面。击球后可以踏及或落在场区内或发球区以外。

(4)发球队员必须在第一裁判员鸣哨后8秒内将球击出。

(5)裁判员鸣哨前的发球无效，重新发球。

(6)发球次序错误。

9.拦网的犯规

(1)在对方进攻性击球前或击球的同时，在对方场区空间拦网触球。

(2)后排队员或后排自由防守队员完成拦网或参加了完成拦网的集体。

(3)拦对方发球。

(4)拦网出界。

(5)从标志杆以外伸入对方空间拦网。

(6)后排自由防守队员试图进行个人拦网或参加集体拦网。

10.正常的比赛间断

正常的比赛间断有"暂停"和"换人"。每局比赛中，每队最多请求两次暂停和6人次换人。

11.过中线

队员的一只(两只)脚部分或完全越过中线触及对方场区为犯规。队员的一只(两只)脚部分越过中线触及对方场区的同时，其余部分接触中线或置于中线上空是允许的。

(三)执行规则的原则

执行规则的基本原则是以规则的作用和影响因素为基础的。主要原则有：

(1)使比赛在良好和公正的条件下进行；

(2)积极鼓励观赏性；

(3)加强裁判员之间的协作；

(4)裁判员之间的配合。

第四节　乒乓球

【微课学堂】

学习目标

1. 了解乒乓球运动的起源与发展历史。
2. 掌握乒乓球基本技术的动作方法和技术要领。
3. 掌握乒乓球比赛的基本战术。
4. 了解乒乓球比赛的基本规则和组织编排。

人文体育

"以命赌赢"的张继科

"关键时候，我内心有一种想法，我有张继科，我不害怕。"时任中国乒乓球队总教练刘国梁在里约奥运会后接受媒体采访时说道。445 天达成世乒赛、世界杯、奥运会三大赛事大满贯，这是一项前无古人的记录。他的记录仿佛印证了媒体的一句评价："张继科就是为大赛而生的。"然而，没有任何人是为大赛而生的，没有平时的积累，不可能有出色的表现。

张继科患有先天性骨裂，又因早年训练太猛，肩膀和腰部一直被伤病困扰。为了不让伤病影响比赛，一到有重要比赛，张继科就会毫不犹豫地打封闭针。细数起张继科身上的 7 针封闭，每一针都是为了不同时期的关键比赛。2005 年的一针，是为了在鲁能队打好联赛；2006 年的一针，是为了能重返国家队；2009 年的两针，是为了东亚运动会和世界杯团体赛；2010 年的一针，是为了莫斯科世乒赛；2011 年的两针，是为了鹿特丹世乒赛和巴黎世界杯。可以说，张继科牢牢抓住的每一个机会都是有代价的。他用这种"以命赌赢"的方式换来了璀璨辉煌的大满贯，但同时也换来了一身伤病。2015 年，张继科在打完苏州世乒赛后，躺在床上无法动弹，需要别人搀扶才能勉强站立，最后他是卧在按摩床上听完了球队的总结会。

当我们看到一个人的成功时，我们不能只羡慕他人前的风光和荣耀，我们更应学习的是他们场下咬牙坚持，从不轻言放弃的那份拼搏精神。

【人文体育】

战士传奇

一、基本技术

（一）握拍法

握拍法主要有直握拍和横握拍两大类，两类握法各有长短。由于握拍与击球动作密切关联，所以，握拍法对技术的掌握、提高和发展有较大的影响。

1.直拍握拍法

它像人们握钢笔写字一样，以食指第二指节和拇指第一指节在拍的前面构成一个钳形，两指间距离 1~2 cm，拍柄贴住虎口，拍后三指自然弯曲重叠，以中指第一指节贴于拍三分之一的上端(图 3-122)。

2.横拍握拍法

横拍的一般握法如同人们见面时握手一样，中指、无名指、小指握拍柄，虎口贴住拍肩，拇指略弯曲捏拍，在球拍的正面贴在中指旁边，食指斜伸在拍的另一面(图 3-122)。

直拍握拍法　　　　　横拍握拍法

图 3-122　乒乓球握拍方法

3.球拍拍形

球拍拍形包括拍面角度和拍面方向。拍面角度是指拍面与台面所形成的角度，角度小于90 度称为前倾，等于 90 度称为垂直，大于 90 度称为后仰(图 3-123)。拍面方向是指球拍左右偏转时，与球台端线所形成的角度。

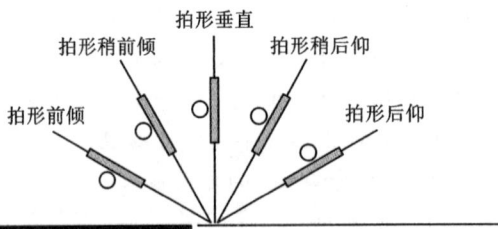

图 3-123　球拍拍面角度示意

（二）基本步法

1.准备姿势

乒乓球运动必须注意保持恰当的基本姿势，从而保证能迅速起动、及时找到合理的击球位置,同时维持身体重心的相对平衡与稳定。

【动作方法】两脚开立,两腿微屈,上体稍前倾,持拍臂自然弯曲在体侧,球拍稍高于台面。

2.单步

单步移动比较简单,在移动中重心转换比较平稳,一般是在来球离身体不远的小范围内运用。

【动作方法】单步是以一只脚为轴,另一只脚向前、后、左、右不同的方向移动一步,身体重心也随之落到移动脚上(图3-124)。

3.跨步

跨步移动的幅度比单步大,近台快攻打法常用这种步法来对付离身稍远的来球;削球打法有时也用它来对付对方突然的攻击。跨步向左右移动时常与并步或跳步结合起来使用。

【动作方法】跨步是以一只脚向前、后或左、右不同的方向跨出一大步,身体重心随即移动到跨步脚上,另一只脚也迅速地滑动半步跟过去(图3-125)。

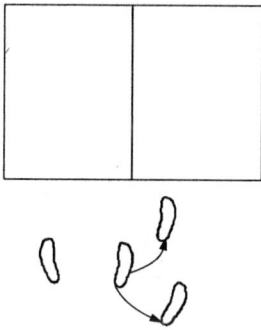

图 3-124　单步

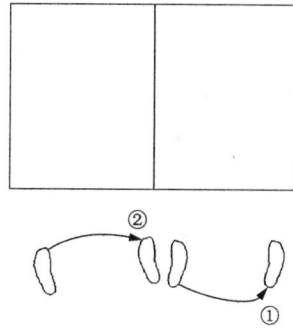

图 3-125　跨步

4.跳步

跳步移动的幅度比单步、跨步都要大些,常会有短暂的腾空时间,这对于保持身体重心的稳定会有一定的影响。快攻选手左右移动击球,常与跨步结合起来使用;弧圈类打法由中台向左、右移动时常用;跳步侧身攻或拉,但在空中需完成转腰动作;削球选手在接突击球时常采用,但较多以小跳步来调整站位。

【动作方法】跳步以来球异侧的脚用力蹬地,使两脚同时或几乎同时离地向来球的方向跳动,蹬地脚先落地,另一只脚跟着落地站稳(图3-126)。

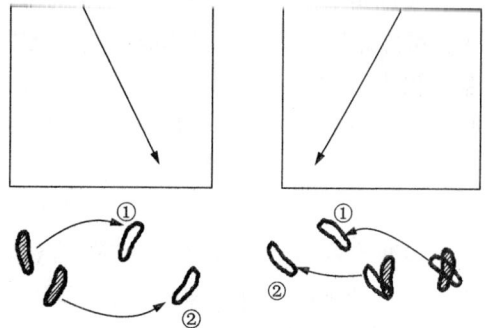

图 3-126　跳步

5.并步

并步移动的幅度比单步要大，但比跳步要小。并步移动没有腾空动作，有利于保持身体重心的稳定，这就使它成为削球打法常用的步法之一。快攻或弧圈类打法在攻削球做小范围的移动时，也常会使用这种步法。

【动作方法】并步的移动方法基本上和跳步相似，只是不做腾空的跳动。移动时，先以来球异方向的脚向同方向的脚并一步，然后同方向的脚再向来球方向迈一步（图3-127）。

6.交叉步

交叉步移动的幅度比前面介绍的几种步法移动幅度都大，它主要是用来对付离身体较远的来球。快攻或弧圈打法在侧身攻、拉后扑打右角空当，或从右大角变反手击球时，常会运用这种步法；削球打法也常用它来接短球或削突击球。

【动作方法】前交叉步以靠近来球方向的脚作为支撑脚，该脚的脚尖调整指向移动方向，远离来球方向的脚在体前交叉，向来球方向跨出一大步，身体随之向来球方向转动，支撑脚跟着向来球方向再迈一步。后交叉步是在体后完成交叉动作。具体步法如图3-128所示。

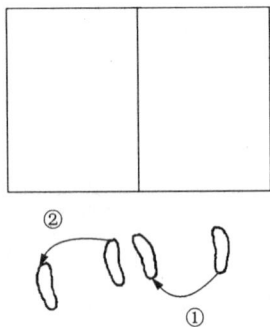

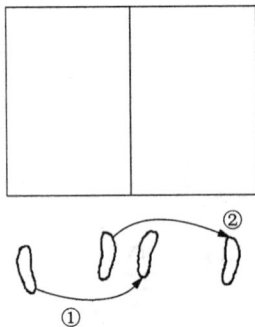

图3-127　并步　　　　　　　　　　图3-128　交叉步

（三）发球

发球是乒乓球比赛中每一分球的开始，它是乒乓球运动中唯一不受对方来球制约的技术，可以让使用者最大限度地实现自己的战术意图，其主动性显而易见。正因如此，它也是最有潜力可挖的一项技术。大学生在形成个人技术风格的同时，应精练两套以上与自己技术风格相适应的发球技术，有利于在比赛中争取主动。

1.发平击球

这种发球方法的球速一般，略带上旋，是初学者最基本的发球方法，也是掌握其他复杂发球技术的基础。对方容易回接，便于平时衔接正手攻球或反手推拨的练习（图3-129）。

【动作方法】

（1）以右手为例，正手发平击球时，右脚稍后，身体稍向右转，左手掌心托球，置于体前偏右侧，右手持拍，置于身体右侧，当球向上抛起时，同时右臂稍向后引拍，接着从身体右后方向前挥拍，在球降至近于网高时击球，拍面稍倾触球中上部。

（2）以右手为例，反手发平击球时，右脚在前，身体稍向左转，引拍至身体左侧。球向上抛起后，右手持拍从身体左后方向前挥拍，拍面稍前倾，在球降至近于网高时，击球中上部。

【动作要领】前臂与手腕配合向前下方发力击球，击球后的第一落点应落在本方球台中段。

横拍反手平击球

横拍正手发平击球

直拍反手平击球

直拍正手发平击球

图 3-129　发平击球

2. 正手发下旋加转球和不转球

这种发球方法的球速较慢，前冲力小，主要是以相似手法，用旋转变化来迷惑对方，造成对方接球失误或为自己抢攻创造条件（图3-130）。因此，也常被称为"转不转"发球。

【动作方法】

（1）以右手为例，发转球时，右脚在后，前臂向后上方引拍，拍面略后仰。抛球后，待球下落时前臂迅速向前下方挥动并略外旋，手腕用力转动使拍面后仰角度大些，约与网同高时击球，摩擦球的中下部。

（2）发不转球时，手臂向前下方挥摆时，前臂外旋与手腕的转动要慢，或外旋后在触球瞬间略有内旋，使拍面后仰角度小些，用球拍下部偏右处向前撞击球，减少向下摩擦力。

【动作要领】发转球时，前臂与手腕配合发力，摩擦球的中下部；发不转球时，减少拍面后仰角度，并稍加前推力量（图3-131）。

横拍正手发下旋加转或不转球

直拍正手发下旋加转或不转球

图 3-130　正手发下旋加转球和不转球

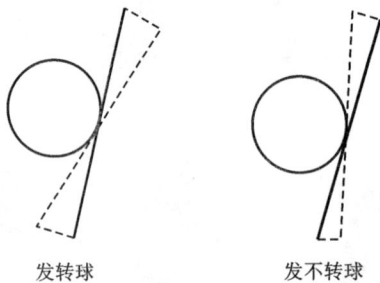

发转球　　　　　　　　　　发不转球

图 3-131　发转与不转球的拍面角度

3.正手发左侧上(下)旋球

这种发球以旋转变化为主，飞行弧线向右偏拐，对方回球时易向发球方左侧上(下)反弹。由于以近似手法发出两种不同的旋转，能起到迷惑对方的作用。

【动作方法】

(1)以右手为例，发左侧上旋球时，左手将球向上抛起，同时右臂向右上方引拍，手腕略向外展，当球下落时，手臂迅速向左下方挥动，在与网同高时触球，触球瞬间手腕快速向左上方转动，使球拍从球的中部偏下向左上方摩擦(图 3-132)。

(2)以右手为例，发左侧下旋球时，手腕快速向左下方转动，使球拍从球的中部向左下方摩擦。

【动作要领】发左侧上旋球时，前臂由右向左上方挥动，使球拍从球的中部略偏下向左上方摩擦；发左侧下旋球时，前臂由右向左下方挥动，使球拍从球的中下部向左下方摩擦。手腕要配合发力。

横拍正手发左侧上(下)旋球

直拍正手发左侧上(下)旋球

图 3-132 正手发左侧上(下)旋球

4.反手发右侧上(下)旋球

这种发球也是以旋转变化为主,飞行弧线向左偏拐,对方回球时易向发球方右侧上(下)反弹(图 3-133)。由于以近似手法发出两种不同的旋转,能起到迷惑对方的作用。

横拍反手发右侧上(下)旋球

直拍反手发右侧上(下)旋球

图 3-133 反手发右侧上(下)旋球

【动作方法】

(1)以右手为例,发右侧上旋球时,左手将球向上抛起,同时右臂向左后方引拍,使拍面角度近于垂直,腰部略向左转动。当球从高点下降至接近网高时,前臂加速向右上方挥摆,直握拍手腕伸展,横握拍则手腕内收,腰部配合向右转,击球中部向右侧上方摩擦。

(2)以右手为例,发右侧下旋球时,动作方法与发右侧上旋球大致相同,区别在于引拍向左后上方,手臂向右前下方挥摆,击球中下部向右侧下方摩擦,触球点略高于发右侧上旋球。

【动作要领】发右侧上旋球时,前臂由左向右上方挥动,触球中部略偏下向右上方摩擦;发右侧下旋球时,拍面稍后仰,从球的中下部向右侧下方摩擦,充分利用手腕转动来配合前臂发力。

(四)接发球

接发球的判断正确与否,直接影响接发球的方式和接发球的成败。为了判断发球的旋转性质、旋转强度及来球线路落点,应利用各种信息进行综合分析。

【动作方法】

(1)接平击球:站位靠近球台,球拍对准来球的弹起方向。在来球刚刚弹起时,用平挡回接,拍形基本与台面垂直,借来球之力将球挡回;若用快推回接,以借力为主,并配合向前推击。击球时间(图3-134)为上升期或高点期,以向前发力为主,略带向前上方摩擦球;用前冲弧圈球回接,击球时间为上升后期或高点期,以向前用力为主。

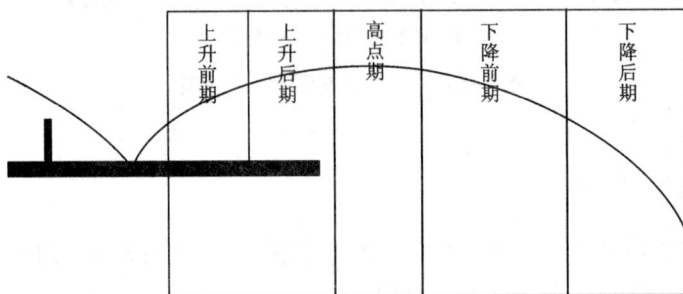

图3-134 击球时间

(2)接转和不转的球:在判断准确的前提下,应根据来球和自己准备使用的接发球技术调整动作。用攻球或拉球接不转球,拍形要略前倾,在上升期击球,多向前用力;用搓球接不转球,拍形稍竖,击球时间稍晚一些,向前下方用力。

(3)接侧上、下旋球:既要注意抵消来球的侧旋,又要设法克制来球的上、下旋。接右侧上旋,拍形应偏向对方左角并稍前倾,触球时稍向对方左下方用力;接右侧下旋球,拍形应偏向对方左角并稍后仰;下旋强烈时,拍形后仰,多向前用力,反之则减少拍形后仰度,稍增加向下用力。

【动作要领】

(1)就对方发球时的站位决定自己接发球的站位。

(2)观察对方发球前的引拍方向。

(3)观察球拍触球瞬间摩擦球的方向,判断球的旋转性质。

(4)观察发球时挥臂的动作幅度和手腕用力大小,判断球的落点长短和旋转强弱。

(5)根据发球的第一落点判断来球的长短。

(6)根据球在空中的飞行弧线判断旋转。

(7)根据手感判断来球的旋转。

(8)记住不同性能球拍的颜色及各自的性能。

（五）推挡球

推挡球是我国运动员的独特打法，它具有站位近、动作小、速度快、变化多的特点。在对攻中常用快速推压，结合力量、落点和旋转变化牵制对方，为正手攻和侧身攻创造有利条件；被动时，也可以积极防御。推挡球可分为挡球、减力挡、快推、加力推以及推下旋等技术，其动作方法大致相同，区别在于击球时的拍面角度（图 3-135）。这里仅介绍几种基础的推挡球技术供同学们参考练习。

挡球　　　　　　快推　　　　　　推下旋

图 3-135　挡球、快推、推下旋的不同角度

1. 挡球

挡球的回球弧线低，球速慢，力量轻，动作简单，容易掌握，是初学者的入门技术（图 3-136）。

【动作方法】两脚平行站立或右脚稍后，身体靠近球台。击球前，两膝微屈，稍含胸收腹。击球时，前臂向前伸球拍由后向前，拍触球时，拍面与台面近乎垂直，在上升期击球的中部，借助对方来球的反弹力将球挡回。击球后，迅速还原，准备下一次击球。减力挡与挡球动作方法类似，但在拍触球一瞬间手臂和手腕稍向后收，以缓冲球撞击拍的力量。

【动作要领】球拍横立，手臂前伸迎球，上升期击球中部，借来球反弹力将球挡回。

图 3-136　推挡球

2. 快推

快推是推挡球中最常用的一种技术。它具有站位近、动作小、速度快、变化多的特点，在发挥速度优势的情况下，常可迫使对方离台而陷于被动防守的局面，能起到助攻的作用。

【动作方法】站位近台，右脚稍后或两脚平行开立，上臂和肘关节靠近右侧身旁。击球前，前臂稍向后引。击球时，前臂向前推出，食指压拍，拇指放松，拍面前倾，在来球上升期击球中上部。击球后，手臂顺势前送。加力推则是将球拍引至身体前方较高处，击球时用上臂、前臂和手腕加速向前下方推压，腰髋向左转动配合发力，拍面前倾击球中上部，中指用力顶拍。

【动作要领】稍后撤引拍，前臂向前推出，配合转腕下压。

3.推下旋

推下旋的回球向下旋转，弧线较低，落点长，球落台后向前滑。一般在略带上旋的对推或对攻相持中，可突然将球变为下旋，从而使对方直接下网或因不适而陷于被动。但是，推下旋难以充分发力，且用来对付上旋较强的球有相当困难，故只宜作为辅助技术使用。

【动作方法】击球时，拍面与台面近乎垂直，在来球上升后期或高点期击球，触球瞬间前臂和手腕向前下方发力，同时拇指压拍，使拍面稍后仰，摩擦球的中下部。

【动作要领】击球时，拍面稍后仰，推击球的中下部，向前下方用力。

(六) 攻球

攻球技术大体上可分为正手攻球和反手攻球两大类，而这两大类中又可分为快攻、中远台攻、快拉、突击、快点、快带、扣杀和杀高球等技术。因技术特点的不同，所起的作用与运用方法也不一样。这里介绍几种比较典型的攻球技术。

1.正手近台快攻

正手快攻是快攻打法的主要技术之一，也是平时主要训练的技术。其具有站位近、动作小、球速快的特点，能借来球反弹力还击，与落点变化相结合，可调动对方为扣杀创造条件。

【动作方法】以右手为例，两脚比肩略宽，两膝微屈，左脚稍前，身体略右转，重心在右脚。击球前，引拍至身体右侧成半横状，上臂与身体成35~45度，与前臂约成120度。当球从台面弹起时，右脚稍用力蹬地，身体略左转，带动手臂由右侧向左前上方迅速挥拍迎球。触球瞬间，前臂用力收缩，以向前用力为主、略带摩擦，在来球的上升期或高点位置触球，击球的中上部；手腕辅助发力，调节好拍形，触球瞬间有一摩擦动作。直拍者，拇指稍用力压拍，控制拍形，中指和无名指辅助发力并决定发力方向；横拍者，靠食指控制弧线。球出手后因惯性作用，球拍挥至头左侧才停止，身体重心已移至左脚，此时应迅速转入回击下一板的准备(图3-137)。

横拍正手近台快攻

直拍正手近台快攻

图3-137 正手近台快攻

【动作要领】引拍时应该以肘关节为轴，而不是将整个肘部甚至连同向后拉，拍形稍向前倾；击球时手臂动作与腰、腿配合，注意体会重心交换的感觉。

2. 正手扣杀

正手扣杀的动作幅度大，力量重，球速快，威力大，是比赛中得分的重要手段之一。

【动作方法】以右手为例，两脚开立，右脚在后，重心放在右脚。击球前身体略向右转，引拍至右后方(适当加大引拍幅度)。击球时，上臂带动前臂由后向前用力挥击，结合腿蹬地和转腰力量在高点期击球。来球上旋，击球时拍面稍前倾，击球的中上部；来球下旋，击球前球拍要略低于来球，击球的中部。击球后，球拍随势挥至左胸前，重心前移至左脚(图3-138)。

【动作要领】上臂带动前臂向前下方发力，腰、腿部帮助用力；手腕起控制落点的作用；在高点期击球中上部或中部。

图 3-138　正手扣杀

3. 侧身正手攻球

侧身正手攻球利用侧身来发挥正手攻球的作用，侧身攻球更利于发挥整个身体的力量，可以弥补反手进攻能力的不足，是争取得分的主要手段。

【动作方法】侧身攻球的动作方法和要领与正手攻球相似，只是在站位、引拍方向和挥臂方向上视来球情况而有所调整。来球时，迅速移动脚至侧身位置，身体侧向球台，两脚开立，左脚在前，右脚在后，上体略向前倾并稍收腹。击球时，根据来球情况，可以在侧身位置用正手近台攻球、中台攻球、拉球、扣杀等技术击球(图3-139)。

【动作要领】准确判断来球落点，迅速移动步法，果断地应用各种攻球技术击球。

图 3-139　正手侧身攻球

4. 反手攻球

反手攻球具有动作小、速度快、进攻性强的特点，常用来给正手攻球创造机会。

【动作方法】

(1)直拍反手近台攻球：以右手为例，身体靠近球台，两脚平行开立。来球时，体略左转，同时腰、髋微带侧压，双膝稍屈，右肩稍下沉，前臂后摆引拍置身体左侧，球拍略高于来

123

球。击球时，腰、髋略向右转，前臂向右前方用力，肘部内收，在上升后期或高点期击球中上部稍偏左侧，手腕辅助发力，稍带摩擦球，食指稍用力压拍控制好拍形，中指在拍后决定发力方向。击球后，随势将拍挥向右肩前(图3-140)。

直拍反手近台攻球

横拍反手近台攻球

图3-140　反手近台攻球

(2)横拍反手攻球：两脚平行开立，腰、髋略向左转，双膝稍屈。来球时，前臂向后引拍至腹前，手腕稍后屈。击球时，在腰、髋略向右转的同时，以手腕背部带动球拍，手腕和前臂向右前方发力，触球的中上部，拇指控制拍形和击球弧线。

【动作要领】以前臂发力为主，以肘为轴，由后向右前上方挥拍，手腕外转配合发力并控制好弧线，在上升期击球中上部。

(七)搓球

搓球是近台还击下旋球的一种基本技术，既是某些战术的重要组成部分(如搓中拉弧圈球、搓中突击、搓与拉结合等)，又是一项重要的过渡技术(图3-141)。根据现代乒乓球技术发展的趋势，对搓球技术的要求是：搓得快、搓得低、搓得短、变化多。这样才能充分发挥搓球的积极性和主动性，为进攻创造更多的机会。

1.慢搓

慢搓是学习其他搓球技术的基础。其动作幅度大，在来球的下降期击球，回球速度虽然慢，但有利于增加搓球的旋转强度。慢搓一般适用于回接旋转较强，线路稍长的来球。在对搓中，快慢搓结合起来，可以变化击球节奏，牵制对方。

【动作方法】

(1)正手慢搓：以右手为例，手臂外旋使拍面后仰，前臂向右后上方引拍，当来球跳至下降前期，前臂带动手腕加速向前下方用力摩擦球，触球中下部。

(2)反手慢搓：与正手相同，但方向相反。

【动作要领】应根据来球的具体情况，控制好拍面的后仰角度；击球时，前臂用力为主，转腕动作不宜过大；搓加转球，在向下用力的同时，应增加前送的幅度。

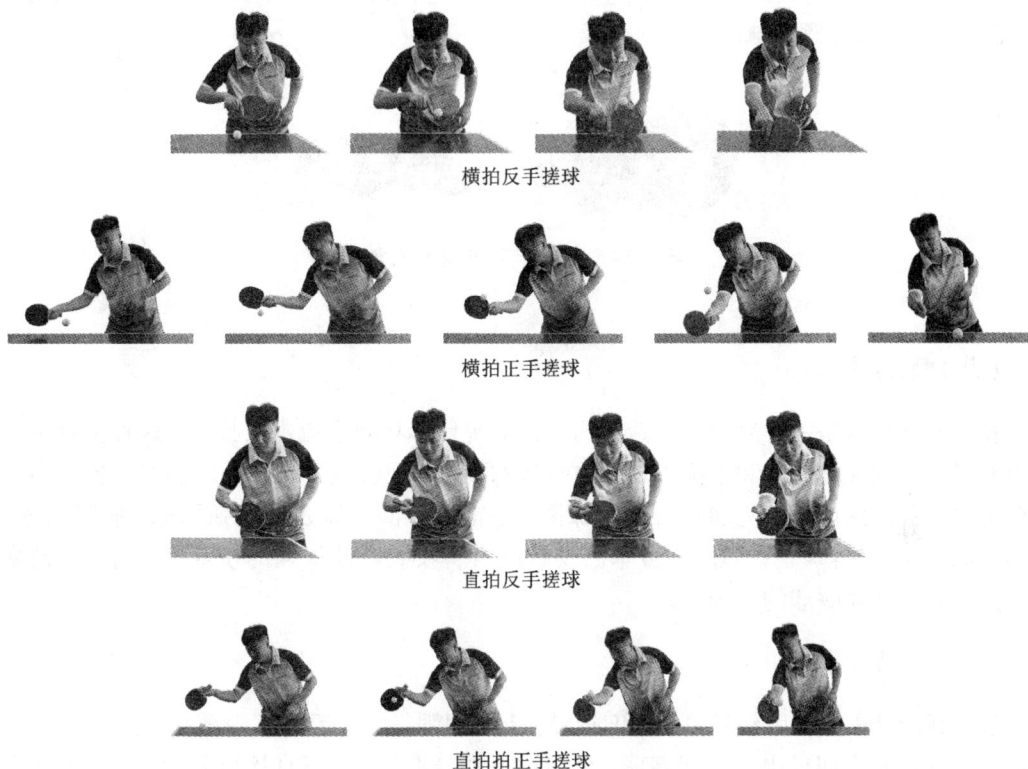

横拍反手搓球

横拍正手搓球

直拍反手搓球

直拍拍正手搓球

图 3-141　正手搓球

2. 快搓

快搓的动作幅度小，回球速度快，借来球的前进力将球搓回，常用于接发球或削过来的近网下旋球，在对搓中，利用快搓变化击球节奏，缩短对方回球的准备时间。

【动作方法】肘部自然弯曲，手臂外旋使拍面角度稍后仰，后引动作较小。当来球跳至上升期，利用上臂前送的力量，前臂与手腕配合，借力结合发力，触球中下部并向前下方用力摩擦。

【动作要领】身体重心前移，身体靠近来球；前臂主动前伸插向球的中下部；快搓一般借力还击，若来球下旋弱可用力下切。

3. 搓转与不转球

这种搓球技术是用相似的手法搓出转与不转球（相对而言），使对方判断错误而直接得分，或为抢攻创造条件。在对搓中，把旋转变化与落点变化巧妙地结合起来，可以获得更多的进攻机会，在对付削球时，能使自己从被控制的局面中解脱出来。

【动作方法】搓加转或不转的球，主要决定于作用力线是远离球心还是接近球心或通过球心。在搓球时，加大引拍距离、加快挥臂速度、加大击球力量、加大拍面后仰角度、击球中下部、向前下方切球，这些都可使击球时的作用力线远离球心，回击的球旋转加强；反之，将使击球时的作用力线接近或通过球心，这样回击的球则形成相对的不转（图 3-142）。

【**动作要领**】加转是前提,转与不转间差异越大越有威力;搓加转时,手腕爆发式用力为主;搓不转时,要注意回球的弧线。

图 3-142　搓转与不转球拍面角度

(八)弧圈球

拉弧圈球技术是一种融旋转和速度为一体的现代乒乓球主流进攻技术,这种由日本人发明以对付欧洲削球型打法和中国直拍快攻打法的技术,现已被各国选手发展并完善成为克敌制胜的法宝。弧圈球可分为加转(高吊)弧圈球、前冲弧圈球以及侧旋弧圈球、假弧圈球(不太转的高吊拉球)等。现代弧圈球技术已发展成为一项兼容性很强的技术,人们很难清晰地划分加转和前冲弧圈球的界线了。

1.正手加转弧圈球

加转弧圈球的飞行弧线较高,速度较慢,上旋很强,着台后向下滑落快(图 3-143)。这种球往往能使对方回球出界或回高球,可为扣杀创造机会,也可直接得分。正手加转弧圈球是对付削球、搓球和接出台下旋发球的重要技术,平时应着重练习并认真体会其动作要领。

图 3-143　正手加转弧圈球

【**动作方法**】

(1)准备姿势:以右手为例,两脚开立,右脚稍后,身体略向右转,两膝微屈。

(2)引拍:身体略右转,带动手臂向右后下方引拍,手腕稍向后拉。来球下旋强烈或击球点较低时,引拍位置稍低,球拍低于来球;反之,则主要向侧后方引拍。

(3)发力:准备击球时,右脚内侧蹬地,稍伸膝,以身体的左转带动手臂由后向前挥动。击球瞬间,快速收缩前臂,击球的中部或中上部,撞击后迅速转为向前上方摩擦球,手指有一个向上"拎球"的动作(直板以拇指和中指用力为主,横拍以食指用力为主)。

(4)击球:击球时间为高点期或下降期,拍形与台面垂直或稍前倾。击球后,球拍随挥至头前，身体重心随之移到左脚。若来球下旋强烈时，可在下降期触球，这样更容易通过摩擦来制造弧线；在来球为前冲弧圈球时，应提前至上升期。

（5）还原：触球后，手臂继续顺势挥动，身体重心已移到左脚上，然后迅速还原。如果下一板继续采用正手拉，那么还原时重心就要略偏右侧，以节省准备时间；如果准备采用两面进攻，则重心宜回复到两脚中间，便于随时向两边移动。

【动作要领】上臂发力带动前臂迅速收缩，腰部配合用力；向上略带向前挥拍，拍面稍前倾；击球点应控制在身体右侧前方；在下降期摩擦球的中部或中部偏上位置。

2.正手前冲弧圈球

正手前冲弧圈球击出的球弧线较低、速度快、前冲力大，在对付发球、推挡球、搓球以及中等力量的攻球时，能起到与扣杀同样的作用。在离台防守时，也可以用它进行反攻。

【动作方法】以右手为例，两脚开立，右脚稍后，身体略向右转，重心放在右脚上，自然引拍至右下方约与台面齐高处，拍面保持前倾。当来球从台面弹起时，腰部由右向左转动，球拍与来球同高或稍低于来球。前臂在上臂带动下向左前方发力，击球的中上部。击球瞬间，应将向前的撞击与摩擦球动作融为一体（直拍选手的中指应有顶拍动作，横拍选手的食指应有一向前摔的动作），击球时间为上升后期或高点期。击球后，重心移至左脚（图3-144）。

【动作要领】球拍引至腰部侧后位，身体各个部位协调用力，以向前发力为主，略带向上发力；拍面前倾较大（根据来球特点）；在高点期摩擦球的中上部；运用身体重心来控制击球弧线。

图3-144 正手前冲弧圈球

3.反手弧圈球

反手弧圈球的动作方法与正手弧圈球除左右反向外，动作原理是类似的。

【动作方法】以右手为例，引拍时，重心下降左脚支撑，同时髋关节左转，前臂往左后下方低沉，手腕略后屈使拍面前倾。当球从台面弹起，左腿向前上方蹬地，推动髋关节左侧前转，重心前移，带动上体、上臂由左向右转，前臂由左后下方向右前上方作弧形摆动，在来球的高点期或下降前期击球，加转弧圈球的用力方向是向上为主略带向前，前冲弧圈球则是向前为主略带向上（图3-145）。

【动作要领】引拍至腹前近身处，拍通常都低于台面，手腕略屈使拍面前倾，肘部自然地向前支出；发力时，肘部相对固定，主要以腰带动前臂向前上方发力，并防止过于向上用力而形成重心后坐。

图 3-145　反手弧圈球

（九）削球

削球是一种防御性技术，具有稳健性好和冒险性小的特点。运动员用削球是为进攻创造机会，用削球限制对方的进攻，用削球给对方制造困难，甚至让对方失误。

1.正手削球

正手削球是最基本的削球技术，对旋转不是很强烈的来球能有效地控制。

【动作方法】以右手为例，右脚稍后，体略右侧，双膝微屈，拍形基本与台面垂直，引拍至肩高附近。在来球的下降前期，前臂在上臂的带动下，随身体重心的移向下、向前、向左挥动，触球的中下部，手腕控制好拍形，并有一摩擦球动作(图 3-146)。

【动作要领】发力时，以手臂带动手腕，动作向前，用力充分。

图 3-146　正手削球

2.反手削球

【动作方法】以右手为例，左脚稍后，体略左侧，拍面基本与台面垂直，当球来时，前臂在上臂的带动下，随身体重心向下、向前、向左挥动，在下降前期触球中下部，手腕控制好拍面的角度，并有一摩擦球动作(图 3-147)。

【动作要领】反手削球会受身体的限制，引拍动作要注意节奏，速度适当加快。

图 3-147　反手削球

二、基本战术

（一）控制战术

乒乓球比赛过程，就是控制和反控制的过程。比赛中，双方通过进攻与防守的不断转换来压制对手，给对手制造重重困难从而达到控制对手、战胜对手的目的。

1.发球控制

发对方不适应的球，如左右旋变换、上下旋变换、转与不转变换、转与平直变换、长球与短球变换、直线与斜线变换，通过发球使对手回球到自己最好攻击的方位，进入自己擅长的打法。

2.落点控制

根据来球特点，针对性地调动对手。如对方喜欢你回长球，你就回短球；对方喜欢你回到正手，你就打他的反手；对方喜欢接同一方向的球，你就变线。

3.力量控制

乒乓球是"借力打力"的项目，可以通过变换不同力量的球，让对方很不适应，甚至"使不上力"。

4.旋转控制

对方不适应旋转球时，尽量回击旋转球；对方适应旋转球时，不回击旋转球，或在前冲和加转球中变换。

5.全面控制

对方喜欢什么，你就不给他什么，让他很不舒服，多出错。对方喜欢旋转球，你发平击球；对方喜欢你回平击球，你就打旋转球；对方喜欢攻球或拉球，你就回击短球或旋转球；对方体力差，你就打持续球；对方体力好，你就前三板解决问题。

（二）发球战术

1.发球的针对性

知己知彼，百战百胜。发球前，应尽可能地了解对方的基本情况和特点，基本情况主要有：直拍/横拍、左手/右手、生胶/半长胶、反胶/正胶、近台快攻/削攻、新手/熟手。

2.发球直接得分

通过学习研究各种旋转发球，练就最拿手的发球技术，如练发擦边球、回头球、近网边线球等，以期在开局就直接得分。

3.发球抢攻

发球抢攻战术是以旋转、线路、落点以及速度不同的发球来增加对方回击的难度,使其出现机会球或降低其回球质量,然后抢先进攻,以争取主动或直接得分,这是乒乓球所有打法特别是进攻型打法的主要战术和得分手段。

(1)利用对方的漏洞、弱点,在落点、旋转、力量、曲线上不断地变化;

(2)大体预测回球的线路抢攻;

(3)利用组合发球,如发近网、短而转的球,发底线(左、右、近身)、长而急的球,调动对方;

(4)利用旋转的组合,如发近网转和不转的球,发近网侧下旋球和"左爆冲侧上螺旋球",把球发到对方左边线等。

运用发球抢攻时,需要注意以下几点:发球要有线路和落点变化,以使对方前、后、左、右走动中接发球;发球后要有抢攻准备,以不失抢攻的机会;自己发什么球,对方可能以什么技术回击,要做到发球前心中有数。这样,才能做好抢攻的准备;抢攻要凶,又不能过凶,否则会影响命中率。

(三)对攻战术

对攻战术是进攻型打法在相持阶段常用的一项重要战术,主要依靠反手推挡(或反手攻球)和正手攻球(或正手拉弧圈球)的技术,充分发挥快速多变的特点来调动对方。常用的对攻战术有以下几种:

(1)紧逼对方反手,伺机抢攻或侧身抢攻、抢拉;

(2)压左突右;

(3)调右压左;

(4)攻两大角;

(5)攻追身球;

(6)变化击球节奏,加力推和减力挡结合,发力攻、拉与轻打轻拉结合,也可造成对手的被动局面;

(7)改变球的旋转性质,如加力推下旋;正手攻球后,退至中远台削一板对方往往来不及反应,可直接得分或创造机会球。

(四)拉攻战术

拉攻战术是以快攻为主的选手对付削球的主要战术。通常是通过连续运用正手快拉创造进攻机会,然后采用突击和扣杀来得分。常用的拉攻战术主要有:

(1)拉反手后,侧身突击斜线或中路追身球;

(2)拉中路杀两角或拉两角杀中路;

(3)拉一角或杀另一角;

(4)拉吊结合,伺机突击;

(5)拉搓结合;

(6)稳拉为主,伺机突击。

(五)弧圈球战术

由于弧圈球把速度和旋转有效地结合起来,且稳健性好、适应性强,许多著名选手都用它去替代攻球或扣杀,并与其他战术配合使用。常用的战术如下:

(1)发球抢攻;

(2)接发球抢攻;

(3)相持中的战术运用。

(六)搓攻战术

搓攻战术是进攻型打法的辅助战术之一,主要是利用搓球旋转的变化和落点的变化为抢攻创造机会。搓攻战术也是削球型打法争取主动的主要战术之一。常用的搓球战术有:

(1)慢搓与快搓结合;

(2)转与不转结合;

(3)搓球变线;

(4)搓球控制落点;

(5)搓中突击;

(6)搓中变推或抢攻。

(七)削中反攻战术

削中反攻战术由削球和攻球结合而成,常以逼角加转削球为主,伺机反攻;或以转、低、稳、变的削球,迫使对手在走动中拉攻,以从中寻找机会,予以反攻。这种战术有"逼、变、凶、攻"的特点,是攻、削结合打法的主要技术。常用的削中反攻战术主要有:

(1)削转与不转球,伺机反攻;

(2)削长短球,伺机反攻;

(3)逼两大角,伺机反攻;

(4)交叉削两大角,突击对方弱点;

(5)削、挡、攻结合,伺机强攻。

三、乒乓球竞赛规则简介

(一)器材

1.球台

球台应为与水平面平行的长方形,长 2.74 m,宽 1.525 m,离地面高 76 cm。球台四边应有一条 2 cm 宽的白线。双打时,各台区应由一条 3 mm 宽的白色中线划分为两个相等的"半区"。

2.球拍

球拍的大小、形状或重量不限,底板至少应有 80% 的天然木料。

3. 球

黄色(或白色),直径为 40 mm,重 2.5 g,用赛璐珞或类似的塑料制成。

(二)竞赛规则

1. 基本术语

(1)握在手中的球拍或执拍手手腕以下部分触球叫作"击球"。

(2)对方击球后,球尚未触及本方台区,本方运动员即行击球叫作"拦击"。

(3)对方击球后,处于比赛状态的球尚未触及本方台区也未越过台面或其端线,即触及本方运动员或其穿戴的任何物品,叫作"阻挡"。

2. 合法发球

(1)发球时,球应放在不执拍手的掌上,手掌张开和伸平,球应是静止的,在比赛台面的端线之后和比赛台面的水平面之上。

(2)发球员须用手把球几乎垂直地向上抛起,不得使球旋转,并使球在离开不执拍手的手掌之后上升不少于 16 cm。

(3)当球从抛起的最高点降落时,发球员方可击球,使球首先触及本方台区,然后越过或绕过球网装置,再触及接发球员的台区。在双打中,球应先后触及发球员和接发球员的右半区。

(4)从抛球前静止的最后一瞬间到击球时,球和球拍应在比赛台面的水平面之上。

(5)运动员发球时,有责任让裁判员或副裁判员看清他是否按照合法发球的规定发球。

(6)无论是否第一次或任何时候,只要发球员明显没有按照合法发球的规定发球,他将被判失一分,无须警告。

(7)在运动员发球时,没有击中处于比赛状态的球即失一分。

3. 重发球

出现下述情况应判重发球:

(1)如果合法发出的球越过或绕过球网装置时,触及球网装置或触及球网装置后被接发球员或其同伴拦击或阻挡。

(2)如果接发球员未准备好,球已发出,而且接发球员或其同伴均没有企图击球。

(3)由于发生了运动员无法控制的干扰,而使运动员未能合法发球、合法还击或遵守规则。

(4)由于要纠正发球、接发球次序或方位错误。

(5)由于要实行轮换发球法。

(6)由于警告或处罚运动员。

(7)由于比赛环境受到干扰,以致该回合结果有可能受到影响。

4. 判失一分

回合中出现重发球以外的下列情况,应判失一分。

（1）未能合法发球。

（2）未能合法还击。

（3）拦击或阻挡。

（4）连续两次击球。

（5）用不符合规定的拍面击球。

（6）运动员或其穿戴的任何物品移动了比赛台面。

（7）不执拍手触及比赛台面。

（8）运动员或其穿戴的任何物品触及球网装置。

（9）在双打中，除发球和接发球外，运动员未能按正确的次序击球。

（10）实行轮换发球法时，发球方发出和还击的球被接发球方连续13次合法还击。

5.交换发球次序

（1）比分总分到2分后，接发球一方即成为发球一方，依此类推，直到一场比赛结束，或直到双方的比分到10，或直到开始采用轮换发球法。

（2）在双打中，由取得发球权一方选出同伴发球，由对方选换同伴接发球。

（3）一局首先发球的一方，在该场下一局首先接发球。

6.交换方位

一局中站某一方位的运动员，在下一局应换到另一方位。在决胜局里，当一方先得5分时，即应与对方交换方位。

7.发球、接发球的次序和方位错误

（1）一经发现运动员方位错误，应中止比赛，并按照该场开始时的次序，根据场上比分，来确定运动员应站方位，再继续比赛。

（2）一旦发现运动员错位或错接了球，应中断比赛，并按该场开始的次序，从场上比分开始，由应发球或接发球的运动员发或接。在双打中，按发现错误时那一局中有首先发球权的那一方的次序进行纠正，再继续比赛。

（3）在任何情况下，发现错误之前的所有得分均有效。

8.比赛胜制

一场比赛应采用七局四胜制或团体、单打、双打采用五局三胜制，团体进入半决赛，单打、双打进入前十六名采用七局四胜制。以先得11分的一方为胜方；10平后，先多得2分的一方为胜方。

第五节　羽毛球

1. 了解羽毛球运动的起源与发展历史。
2. 掌握羽毛球基本技术的动作方法和技术要领。
3. 掌握羽毛球比赛的基本战术。
4. 了解羽毛球比赛的基本规则和组织编排。

人文体育

羽坛传奇——"林李大战"

　　林丹，当今羽坛的"双圈全满贯"；李宗伟，则是"公开赛冠军王"。他们代表着近20年来世界羽毛球男子单打的最高水平，他们的比赛也被球迷称之为"林李大战"。两人自2004年开始，在长达22年的时间里上演了多达40次的巅峰对决。

　　特别难能可贵的是，随着时间推移，林丹与李宗伟已将两人间的赛场对抗从单纯的胜负输赢中解脱出来，进而演化为相互尊重、相互促进的对手加朋友的对抗关系。这样的对抗与砥砺，诠释的恰恰是对"更快、更高、更强"的不懈追求，诠释的恰恰是"相互理解、友谊、团结和公平竞争"的奥林匹克精神。有了这样的对手与朋友，是林丹与李宗伟各自的幸运与福分。因为"林李大战"的衬托，他们之间的对抗与交流变得既简单纯粹又意蕴深长。如今"林李大战"依然是球迷们最期待的对决，两位名将还将继续共同书写这部世界羽坛的传奇。

【人文体育】

羽坛传奇：
"林李大战"

一、基本技术

（一）握拍

1.正手握拍法

虎口对着拍柄窄面的小棱边，拇指和食指贴在拍柄的两个宽面上，食指和中指稍分开，中指、无名指和小指并拢握住拍柄，掌心不要紧贴，拍柄端与近腕部的小鱼际肌持平，拍面基本与地面垂直。正手发球、右场区各种击球及左场区头顶击球等，一般都采用这种握法（图3-148）。

2.反手握拍法

在正手握拍的基础上，拇指和食指将拍柄稍向外转，拇指顶点在拍柄内侧的宽面上或内侧棱上，中指、无名指和小指并拢握住拍柄，柄端靠近小指根部，使掌心留有空隙。球拍斜侧向身体左侧，拍面稍后仰。一般说来，击身体左侧的来球，大都先转体（背对网），然后用反手握拍法击球（图3-149）。

不论哪种握拍法，在击球之前，握拍要做到松握自然，在球与球拍接触的一刹那，再紧握球拍。

图3-148　正手握拍法　　　　　　　　**图3-149　反手握拍法**

（二）步法

羽毛球步法是一项很重要的基本技术，它和手法相辅相成，取长补短，不可分割。没有正确、快速和到位的步法，手法就会失去其尖锐性与威胁性。羽毛球运动员在比赛中（尤其单打），几乎每个球都在跑动中完成，如果没有合理、快速的步法，很难在比赛中占据主动，取得好的成绩。

在自己场区居中的区域，我们可把它视为基本位置区，在此基础上，形成了上网、后退和两侧移动等三种步法。

1.上网步法

从中心位置移动到网前击球的步法，称为上网步法。上网步法可根据个人习惯采用交叉步、并步、垫步或蹬跨步。右边上网步法可采用两步或三步交叉步加蹬跨步移动的方法；也可采用垫一步再跨一大步移动的方法上网(图3-150)。左边上网的步法同右边上网，只是移动方向是朝左边网前。

2.后退步法

后退步法就是从场地中心后退到两个后场区击球的步法，可以分为正手后退步法和反手后退步法两种。正手后退步法可以分为并步后退(也可用交叉步，二者步法节奏和移动相同，根据个人习惯选择)和跨步后退(图3-151)两种。

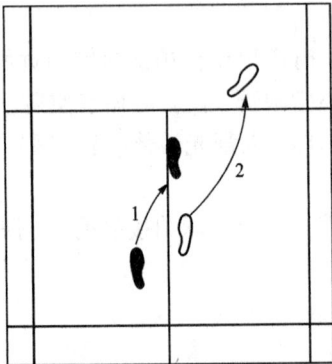

图3-150　上网步法

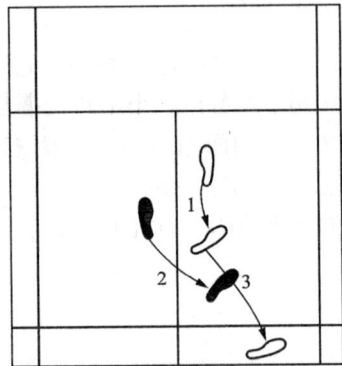

图3-151　后退步法

3.两侧移动步法

从中心向左右两侧移动到击球点上击球的步法，称为两侧移动步法。它一般用于中场接发球，起跳突击。向右侧移动，如离中心较近，用蹬跨一大步到位击球；如离中心较远，则垫一小步后右脚再跨一大步(图3-152)。向左侧移动步法与向右侧移动步法相同，方向相反。

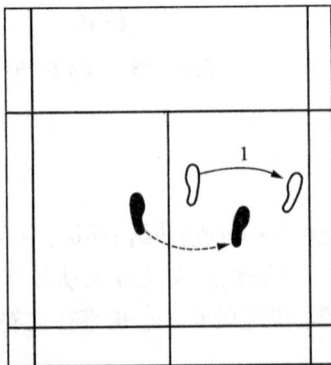

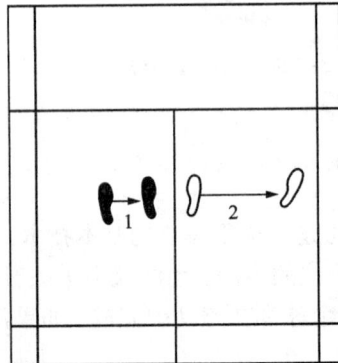

图3-152　两侧移动步法

(三)发球

发球是羽毛球技术中最基本的技术。在羽毛球竞赛中，发球是唯一不受对方击球方式限制的技术。当今发球已成为在比赛中主动得分或破坏对方进攻的重要手段。发球技术有正手和反手两种。按球在空中飞行的弧线可分为发高远球、平高球、平快球和网前球四种。

1.正手发高远球

正手发高远球是正手发球的基本动作，在此基础上，根据需要，在击球拍面角度、击球力量和击球点上加以控制和改变，即能发出四种不同弧度、线路和距离的球(图 3-153)。

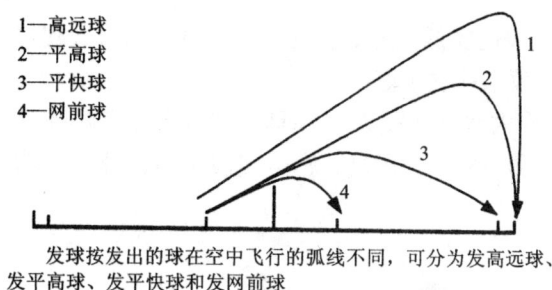

1—高远球
2—平高球
3—平快球
4—网前球

发球按发出的球在空中飞行的弧线不同，可分为发高远球、
发平高球、发平快球和发网前球

图 3-153　正手发球的四种弧线

正手高远球的运行轨迹又高又远、下落时与地面垂直、落点在对方场区底线附近的球叫高远球。单打比赛时，常采用这种发球迫使对方退到最远的底线去接发球。如果发出的高远球质量好，就可在一定程度上限制对方一些进攻技术的发挥，使对方在接高远球时不容易马上组织进攻。在对方体力不支时，发高远球也可以使对方消耗更多的体力。

【动作方法】左手把球举在身体的右前方并自然放下，使球下落，右手同时持拍由大臂带动小臂，从右后方沿着身体向前并向左上方挥动。当球落到右手臂向前下方伸直能触到球的一刹那，握紧球拍，并利用手腕的力量向前上方发力击球。击球之后，球拍顺势向左上方挥动缓冲(图 3-154)。

【动作要领】动作要流畅，放球与挥拍配合协调；握拍要松紧适宜，伸腕要充分，以利于展腕屈指发力；击球点在身体右侧前下方；发球后，球拍顺势向左上方挥动缓冲。

图 3-154　正手发高远球

2.正手发平高球

这是一种弧度比高远球低,速度较高远球快且具有一定攻击性的发球。

【动作方法】发球的动作过程大致同发高远球,只是在击球的一刹那,小臂加速带动手腕向前上方挥动,拍面要向前上方倾斜,以向前用力为主。发平高球时要注意发出球的弧线以对方接球时伸拍打不着球的高度为宜,并应发到对方场区底线。

【动作要领】发平高球时,引拍动作较发高远球略小一些;击球时以小臂带动手腕发力;拍面与地面夹角小于45度,向前推进击球。

3.正手发平快球

这种球比平高球的弧线还要低,速度也更快。在对方反应较慢、站位靠前、动作幅度较大的对手或是初学者时,效果往往很好。

【动作方法】发球动作大致同正手发平高球,只是击球点略高,引拍加速较快,击球瞬间,充分利用前臂内旋带动手腕快速闪动,屈指向前用力击球。击球之后,以制动动作结束(图3-155)。

图3-155 正手发平快球

【动作要领】站位比发平高球稍后些,以防对方很快回球到本方后场;球的弧度应控制直接从对方的肩上稍高一点越过,直攻对方后场;发平快球的关键是出手的动作要小而快,但前期动作应跟发平高球一致,以保证其隐蔽性和突然性;发平快球时还应注意不要过手、过腰犯规。

4.正手发网前球

发网前球是在双打中主要采用的发球技术。在单打比赛中,有时为了调动对方或避免身材高大的对手直接扣杀,也可主动采用此发球方式。

【动作方法】发球动作大致同正手发平高球。引拍动作较发平高球要轻柔和缓慢一些,以便控制击球的力量。击球时,握拍要放松,大臂动作要小,主要靠小臂带动手腕向前切送,用力要轻。击球之后,以制动动作结束(图3-156)。

【动作要领】击球时,小臂只是前摆不做内旋动作,靠手指控制力量,收腕发力,用斜拍面往前推送击球,应注意手腕不能有上挑动作。另外,尽量把球的落点控制在对方前发球线附近,发出的球要贴网而过,这可免遭对方扑杀。

图 3-156　正手发网前球

5.反手发网前球

反手发球的动作幅度小,其特点是动作更具一致性、隐蔽性和突然性,发出的球速度快和稳定性强,因而在双打比赛中被广泛采用。

【动作方法】发球站位靠近前发球线,左右脚在前均可,重心在前脚,上体前倾,手反握拍柄的稍前部位,肘关节提起,手腕前屈,球拍低于腰部。发球时,持拍手以肘为轴,小臂内旋,手腕带动球拍由后向前推送击球,使运行弧线略高于网顶。球拍触球时,拍面呈切削式击球,落点在对方场区的前发球线附近(图 3-157)。

【动作要领】击球时,手腕由外展至内收捻动发力,靠手腕和手指控制力量。无论发何种弧线球,都要注意发球姿势和身体重心移动的一致,使对方不易看出你要发什么球。

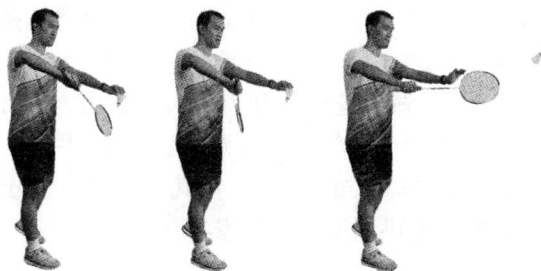

图 3-157　反手发网前球

(四)接发球

接发球可以说是得到了一次主动的进攻机会,处理得好就能掌握主动。要提高接发球的质量,必须要有积极、主动的接法意识,在做好充分准备的状态下接球。

【动作方法】

(1)接发球的准备姿势:以右手握拍为例。单打接发球的准备姿势通常应是左脚在前,右脚在后,侧身对网,重心放在前脚上,膝关节微屈,后脚跟稍提起,收腹含胸,注视对方发球的动作(图 3-158);双打接发球准备姿势与单打基本相同,只是膝关节屈得多一些,以便能直接进行后蹬起跳(图 3-159),也有的接发球准备姿势以右脚在前,左脚在后。

(2)接发球的基本站位:单打接发球时,一般距发球线约 1.5 m 处,稍靠中线位置站位;双打接发球时,站位一般都前移,选择靠近发球线位置站位,争取高的击球点。

图 3-158　单打接发球准备姿势

图 3-159　双打接发球准备姿势

（3）接发球技巧：单打接发球时，接发后场球可用平高球、吊球或杀球进行还击；接发平快球可用快速抽杀球或吊网前小球来还击；接发网前球则可用放网前球、勾对角球或推后场球予以还击。双打接发球时，接发后场球要果断采用大力扣杀进攻；接发前场小球要快速抢网前的制高点，利用推、扑球，或是搓、拨半场球等方法进行还击。

【动作要领】接发球首先要争取高的击球点；其次击球动作要隐蔽，出手动作要快，出球线路要灵活多变。

（五）高手击球

高手击球又称上手击球。一般将击球点高于头部的击球称为高手击球，该技术适合于击对方飞向后场高于头顶的高球。它具有击球点高的特点，甚至可以跳起凌空击球，击出接近于平行地面或下行弧线的进攻性球。同时，它也具有速度快、力量大、主动性强、进攻威力大的优点。在双打比赛中，为了发挥其速度快和力量大的作用，采用半蹲式的击球方法，将拍子举得高些，其目的就是要争取更多的高手击球的机会。高手击球通常按其技术特点和飞行弧度可分为高远球、平高球、吊球、扣杀球等，按其技术动作又分为正手高手击球和反手高手击球。这里仅介绍基本的技术供同学们参考练习。

1. 正手击高远球

【动作方法】判断来球路线和高度，迅速移位使球下落于右肩稍前上空，侧身对网，左脚在前右脚在后，重心在右脚；右手屈臂将球拍举在右肩上，拍面对网，左手屈肘自然举起准备击球。当球下落至接近击球点高度时，胸部舒展，持拍手小臂向后移动，肘部自然抬起使球拍后引至头后，自然伸腕。击球时，右腿蹬地，转体收腹协调用力，大臂带动小臂送肘上举，小臂急速内旋带动手腕加速向前上方挥动。击球瞬间，手臂充分伸展，闪动手腕，用手臂、手腕和手指的力量将球击出。击球后，手臂顺惯性向右前下方挥摆收拍于上体前，重心由右脚移至左脚。（图 3-160）

【动作要领】击高远球时，击球点为手臂伸直的最高点，拍面向前上方；击平高球时，拍面稍向前上方。

图 3-160 正手击高远球

2.反手击高远球

【动作方法】判断来球路线和高度，迅速移位，最后一步右脚前交叉向左侧底线跨出，背部向网，重心在右脚，举拍于左胸前，双膝微屈准备击球。击球时，下肢由屈到伸用力，当球在右侧上空下落时，持拍手的肘关节举高，同时以肘关节为轴，大臂带动小臂，小臂伸直并外旋，以小臂带动手腕、手指力量闪动发力，在右侧上方向后击球。击球后迅速转体面向球网(图 3-161)。

【动作要领】击球点应选择体侧右肩上方，尽可能争取高点；击球瞬间，要注意拇指的侧压力与甩腕的配合，以及两腿蹬地转体的全身协调用力。

图 3-161 反手击高远球

（六）吊球

吊球也是高手击球的一种，其主要是通过把对方击来的后场高球还击到对方的网前区，以调动对方的站位，打乱对方的步法，便于自己组织进攻。在后场若将吊球与高球或杀球结合起来运用，就能给对方以很大的威胁。吊球可以用正手、反手或头顶击球技术来完成。

1.正手劈吊

【动作方法】劈吊(快吊)击球前期动作同正手击高远球。击球点在右肩的前上方,比高远球稍向前。击球时,拍面正面向内倾斜,手腕作快速切削下压动作(图3-162)。若劈吊斜线球,则球拍切削球托的右侧,并向左下方发力;若劈吊直线,则拍面正对前方,向前下方切削。头顶吊球除了击球点位置略靠后,其动作方法及原理与正手吊球完全一致(图3-163)。

【动作要领】击球时手腕由伸腕到屈收带动手指捻动发力,并以手指转动使球拍形成一定的旋转,以斜拍面快速向前下方切击,劈压击球;根据来球弧度高低不同,击球时的拍面也要做相应调整。

图3-162 正手劈吊

图3-163 头顶劈吊

2.正手轻吊

【动作方法】击球前期动作同正手击高远球。一种轻吊方法是击球时,拍面变化同劈吊基本一致,但用力要更轻些;另一种是击球时,拍面正击球托或借助于来球的反弹力用球拍轻挡,使球过网后贴网而下。后者多用于拦截对方击来的平高球和半场高球。

【动作要领】轻吊是以斜拍面切击球托后部右侧偏中位置,向前下方"包切"击球。

3.反手吊球

【动作方法】其击球前的动作同反手击高远球,不同处也在于触球时拍面的掌握和力量运用。吊直线球时,用球拍反面切削球托的后中部,向对方右网前发力;吊斜线球时,用球拍反面切削球托的左侧,朝对方左网前发力(图3-164)。

【动作要领】反手吊球的击球瞬间,拍面与水平面的夹角应大于90度;击球时稍带前推动作,使球不易下网。

图3-164 反手吊球

（七）扣杀球

扣杀球就是把对方击来的高球全力向下扣压。扣杀球的特点是力量大、速度快。它是主动进攻的重要技术。扣杀球分正手杀球、反手杀球和头顶杀球。

1. 正手杀球

【动作方法】其击球前的准备姿势和击球动作与正手击高远球基本一样。不同的是最后用力的方向朝下，击球时以肩为轴，上臂带动前臂快速向前下方压腕，而且要充分利用蹬地、转体、收腹以及手臂和手腕的爆发力全力地将球向下击出，击球的一刹那要紧握球拍（图3-165）。

【动作要领】选择合理的击球点是取得理想的杀球效果的关键，不能太前也不能太后，要确保较大的力臂距离；全身协调用力；击球时拍面正面击球不带任何切击动作。

图3-165 正手杀球

2. 反手杀球

【动作方法】其准备姿势和击球动作与反手击高远球一样，但最后用力的方向朝下。击球时，左脚蹬地，腰腹收缩发力，通过肩部，最后大臂带动小臂由外旋至内旋快速闪动，用反拍的正面击球托的后部。反手杀球虽然力量不大，但有其突然性。一般在实战中，趁对方不备，偶尔用反手杀球也会收到出奇制胜的效果（图3-166）。

图3-166 反手杀球

【动作要领】击球点应尽可能高一点、靠前一点，这样便于力量的发挥；持拍的手臂和腕部发力后随即制动，收回胸前。

3. 头顶杀球

头顶杀球是一种重要的进攻性技术，也是我国运动员在左后场区进攻的主要手段。它弥补了反手击球力量不足的弱点。初学者如能掌握好头顶杀球技术，便会使对方难以对付。

【动作方法】准备姿势和击球动作与正手杀球一样，不同的是击球点偏于头顶前上方，击球时利用右脚蹬地，左脚后摆交叉起跳击球（图3-167）。

【动作要领】击球时要充分利用起跳和腰腹的力量；击球后要迅速跟进回位，避免丢失身体重心。

图 3-167　头顶杀球

（八）前场击球

前场击球技术是羽毛球运动中的重要技术，因为羽毛球的前场区是双方力图取胜必须展开攻守争夺的重要场区。前场击球技术的击球力量和动作弧度较小，主要以肘为轴，在前臂的带动下靠手腕、手指发力击球，同后场击球技术相比，要求手法更灵活细腻。前场击球技术包括搓球、挑球、推球、网前勾对角小球、扑球、放网前球和挑高球等技术。

1. 搓球

搓球一般在对方来球较靠近网上时运用，可以同网前推后场球或网前勾对角线小球配合使用。

【动作方法】快速以上网步法上网，争取高的击球点。击球时，以肩、肘为轴心，小臂外旋带动手腕做半弧形回环引拍动作，在来球处于球网上半部位置时，以斜拍面"搓""切"等动作击球，使球在摩擦力的作用下旋转飞行，擦网而过（图 3-168）。正反手放网前球除握拍不同外，动作方法和要领基本相同。

【动作要领】击球时，拍面稍前倾，利用手腕和手指的力量向前"切削"球托底部或向后"提拉"，使球击出后旋转或翻滚过网；发力时运用食指、拇指捻动球拍，在另外 3 根手指的协作下，用食指发力击球。

图 3-168　正手搓球

2. 放网前球

将网前区域内低手位置且离球网又有一定距离的球轻轻一击，使球擦网而过，落至对方网前区域的球称为放网前球。

【动作方法】其击球前的准备姿势和击球前动作与搓球大致相同。不同之处是在击球时，拍面稍朝前下方倾斜，前臂带动手腕和手指用前送动作向上"抬击"球托底部，使球跃网而过，贴网下落（图3-169）。正反手放网前球除握拍不同外，动作方法和要领基本相同。

【动作要领】击球时，持拍手要完全放松，拍面相对于球托几乎呈仰平面。实战中，一般都是在身处极其被动的情况下采用放网前球。因此，"抬击"的动作要快而柔，充分借助来球的力量将球弹回。

图3-169　正手放网前球

3. 推球

在网上将来球以较平的弧线快速推到对方场区底线叫推球。

【动作方法】准备姿势同搓球。击球时，以肘为轴，小臂由外旋回环至内旋带动手腕由伸腕至展腕向前快速挥动发力击球，在击球的瞬间要充分发挥手指力量的作用（图3-170）。正手推球多用食指力量，反手推球多用拇指的力量（图3-171）。

图3-170　正手推球　　　　　　　　图3-171　反手推球

【动作要领】击球时，注意对方的站位，在击球瞬间变换拍面的角度，控制球的飞行弧度和角度。如对方站位靠前，则推平快的后场球；如对方站位处于中场，则推弧度较高的后场球，以越过对方头顶，无法拦击为准。

4. 网前勾对角小球

将靠近网前区域边线附近的球击向对手对角网前位置上的球称为网前勾对角小球。

【动作方法】准备姿势和击球前动作同推球。击球时，拍面斜向对方右（左）网前。正手勾对角小球时，靠前臂稍有内旋往左拉收，手腕由稍后伸至内收闪腕，拨击球托的右侧下部

（图 3-172）；反手勾对角小球时，肘部下沉，同时小臂稍外旋，手腕稍屈至后伸闪腕，拇指和中指把拍柄往右侧一拉，拨击球托的左侧。

【动作要领】击球时应根据不同的来球位置调整好击球的拍面角度，使球齐网飞过，贴网下落。在来球离网较近，我方击球点又抢得高的情况下，用斜拍面向前下方切击球托的角度可大一些；如来球离球网较远，且我方的击球点又低的情况下，拍面向前上方击球的力量要大些。

图 3-172　正手勾对角

5.扑球

当对方回击过网的球弧线较高时，抢高点将球从网上向对方场区下方扑压过去的球称为扑球，它是前场击球进攻时直接得分的重要手段。

【动作方法】迅速起动以上网步法上网，并依据来球的远近，调整身体与球之间距离。若是正手扑球，当右脚向前方蹬跨步或是腾空步迈出的同时，持拍手正手握拍，高举至头部的前上方，以肘为轴，前臂稍加一点外旋回环引拍，向来球方向伸出。击球时，前臂内旋，手腕由伸展姿势向前下方快速挥动发力，拍击球托正面。击球后，小臂和手腕以制动动作结束（图 3-173）。反手扑球如图 3-174 所示。

【动作要领】击球时，如果来球距离球网较近，为避免击球后控制不了球拍挥动的力量而触网，可采用从右向左顺球网平行方向的扑球挥拍动作击球，以免触网犯规。扑球时要求判断准、上步快、抢点高、动作小。

图 3-173　正手扑球

图 3-174　反手扑球

6.挑高球

挑高球是指把对方击来的吊球或网前球自下而上地挑高回击到对方后场底线上空的击球方法。它是在比较被动的情况下，或过渡局面中常常采用的一种防守性技术。挑高球的飞行弧度较高，下落时间较长，它可使挑球者摆脱不利情况，争取时间重新调整好身体重心和迅速回中心位置迎击来球。

【动作方法】判断来球，快速上网，屈肘引拍至左肩旁，向前顶肘关节，以肘关节为轴，握拍经体前由下往上，闪腕用力将球击出，发力动作同正手发高远球(图 3-175)。反手挑高球时，以肘关节为轴，小臂带动手腕、手指快速由左下方向前上方成半圆形挥拍击球(图 3-176)。

【动作要领】击球后注意手腕伴有一定的制动动作，击球手臂顺势收回胸前，准备下一拍击球；重心脚蹬地向中心位置移动，并恢复准备姿势。

图 3-175　正手挑球

图 3-176　反手挑高球

(九)中场击球

中场击球技术主要包括抽球和接杀球两种，都具有速度快的特点，被广泛用于单、双打比赛中。

1.抽球

抽球是指运动员把对方击来的低于肩高的球回击到对方底线场区的击球方法。抽球击球点低，其用力特点是以躯干为竖轴做半圆式的拍击球动作。它属于防守性技术，是应付对方的长杀、半场球和平球对攻的反攻性技术。如抽球技术发挥得当，往往也能起到守中有攻的效果。抽球有正手、反手抽底线球和正手、反手抽半场球以及半蹲式平抽球等。这里主要介绍中场正反手抽球和半蹲式平抽球技术，供同学们参考训练。

【动作方法】半蹲准备姿势站立，判断来球方向，根据来球距离远近调整身体位置，右脚

147

尖正对来球方向。击球时，右脚向来球方向跨出，同时持拍手以肩为轴，小臂向后摆动，经外旋回环带动手腕伸展引拍。击球瞬间，小臂向前内旋，食指向前发力，带动手腕，以手腕翻压动作击球(图 3-177)。反手平抽球如图 3-178 所示。半蹲式平抽球多用于网前封网，如图 3-179 所法。

图 3-177　中场正手抽球

【动作要领】击球时发力预摆动作要迅速，调整拍面角度与球网平行。

图 3-178　中场反手平抽球　　　　　　　　图 3-179　半蹲式平抽球

2.接杀球

接杀球是指运动员把对方杀过来的球还击到对方场区内的击球技术。由于扣杀球是羽毛球比赛中进攻的主要手段之一，因此，接杀球成了防守的主要技术之一。

接杀球有正手、反手接杀球，根据不同的战术需要，可分挡网前球、挑后场高球和平抽反击球三种。这里只介绍反手挡网前球和反手挑后场高球，供同学们参考训练。

【动作方法】两脚与肩同宽分立于中场偏后位置，重心降低。判断来球后，向来球方向蹬跨步起动，根据来球距离调整身体位置。击球时，右脚向前蹬跨的同时，持拍手屈臂于胸前，左手自然平举于身体对称的另一侧，以保持身体的平衡。挡网前球时，以肩、肘为轴心，前臂外旋，右手向前推出(图 3-180)。挑后场高球时，抬右肘，在身体的右前方由下至上引拍，发力击球(图 3-181)。

【动作要领】善于借助对方杀球的力量，运用手腕的屈收和手指控制拍面。

图 3-180　反手挡网前球　　　　　　　　图 3-181　反手挑后场高球

二、基本战术

(一)单打战术

1.平高球压底线战术

用快速、准确的平高球打到对方后场两角，在对方不能拦截的前提下尽量降低球的飞行弧线，把对方紧压在底线，当对方回击半场高球时，就可以扣杀进攻。使用平高球压底线时，如配合劈吊和劈杀可增加平高球的战术效果。一般情况下，平高球的落点和杀、吊的落点拉得越开，效果越好。

2.拉、吊结合杀球战术

此战术是把球准确地打到对方场区的四个角上，使对方每次击球都要在场上来回奔跑。使用这种战术时，对不同特点的对手要采用不同的拉、吊方法。对后退步法慢的可以多打前、后场；对盲目跑动满场飞的可使用重复球和假动作；对灵活性差的应多打对角线，尽量使对方多转身；对后场反手差的可通过拉开后攻反手；对体力不好的可用多拍拉、吊来消耗其体力。

3.过渡球战术

此战术的首要目的是争取时间调整好自己的位置和控制住身体的重心。当处于不停地跑动追球的状态时，或身体重心失去控制时，都可以打出高远球，以赢得时间，恢复身体重心，调整自己的处境。其次，利用球路变化打乱对方的进攻步骤。在接杀球或接吊球时要把球还击到远离对方的地方，以破坏对方吊、杀上网的连续快速进攻。如果对方吊、杀球后盲目上网，而自己的位置较好时，则可把球还击到对方底线。

4.逼反手战术

就所有的运动员而言，后场的反手击球总是或多或少地弱于正手击球，相对进攻性不强，球路也较简单(由于生理解剖结构的限制)，所以对于对方的反手要毫不放松地加以攻击。

5.防守反攻战术

这一战术的核心是"以逸待劳、后发制人"，主要是针对那种盲目进攻而体力又差的对手。比赛开始，先以高球诱使对方进攻，在对方只顾进攻而疏于自己的防守时，即可突击进攻，或者在对方体力下降、速度减慢时再发动进攻。

6.吊杀上网战术

先在后场以轻杀、点杀、劈杀配合吊球把球下压，落点要选择在场地两边，使对方被动回球。一旦出现机会，迅速上网采取搓球，或勾对角，或快速平推，或直接扣杀得分。

(二)双打战术

1.攻人战术(二打一战术)

这是一种在双打比赛中经常运用且行之有效的战术。当发现对方有一个人的防守能力或心理素质较差，失误率比较高或防守时球路单调，就可以用这种战术，把球进攻到这个较弱者的一边。这种战术可集中优势兵力以多打少，有利于打乱对方防守站位，另一个不被攻的人，由于要辅助队友，站位会偏向同伴，从而形成空当，使我方有机会突击另一线得分；还有利于造成对方战术思想上的分歧，从而影响其配合的默契。

2.攻中路战术

不论对方把球打到什么地方，我方攻球的落点都应集中在对方两人之间的结合部，并靠近防守能力较差者一侧，或在中线上。攻中路战术，可以造成对方抢球或漏球，可以限制对方挑出大角度的球路，有利于我方获得封网的机会。

3.攻直线战术

采用攻直线战术时，所有的杀球路线和落点均为直线，没有固定的目标和对象，只依靠杀球的力量和落点来取得得分效果。当对方的来球靠边线时，攻球的落点在边线上；当对方的来球在中间区时，就朝中路进攻。这个战术在实用上较易记住和贯彻。杀边线球虽然难度高一些，但效果不错，便于网前同伴的封网。

4.攻后场战术

遇到对方后场能力较差的对手，可采用平高球、推平球、接杀挑高球等，迫使对方一人在底线两角移动。一旦其还击被动时，便大力扑杀。如另一对手后退支援时，即可攻网前空当。

5.后攻前封战术

当本方取得主动攻势时，后场队员逢高必杀，前场队员积极移动封网扑杀。

6.守中反攻战术

防守时，对方攻直线球，我方挑对角平高球；对方攻对角球，我方挑直线平高球，以达到调动对方移动的目的，然后寻找机会采用挡或勾网前来逼近对攻的战术。这在对付网前扑、推、左右转体不灵的对手，可以很快获得由守转攻的主动权。

三、羽毛球竞赛规则简介

(一)场地器材

(1)场地设备：场地长 13.4 m，宽单打 5.18 m、双打 6.10 m，中间横隔长方形的球网(网高 1.524 m)，运动员各占半个场区，每个场区画有前、后发球线；中线把场区分成左、右发球区，两边网柱高 1.55 m(图 3-182)。

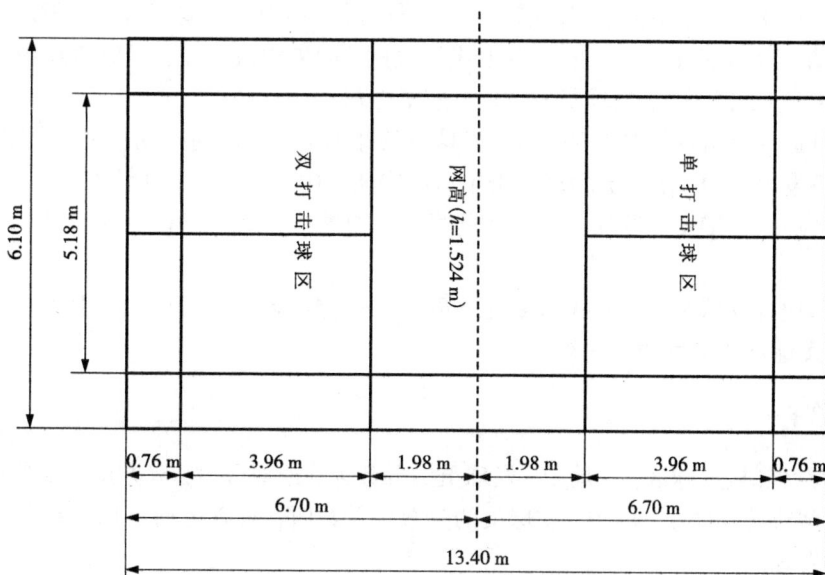

图 3-182　羽毛球比赛场地示意图

(2)器材：球重 4.74~5.5 g，由 16 根羽毛插在半球形软木托上组成；球拍框总长度不超过 68 cm，宽不超过 23 cm，拍面长不超过 28 cm，宽不超过 22 cm。

(二)计分方法

(1)除非另有规定，一场比赛应以三局两胜定胜负。
(2)除计分方法(4)和(5)的情况外，先得 21 分的一方胜一局。
(3)对方"违例"或球触及对方场区内的地面成死球，则该方胜这一回合并得 1 分。
(4)20 平后，连续得 2 分的一方胜该局。
(5)29 平后，先到 30 分的一方胜该局。

(6)一局的胜方在下一局首先发球。

(三)交换场区

(1)以下情况，运动员应交换场区：第一局结束；第三局中或只进行一局的比赛一方达到11分时；第二局结束(如果有第三局)。

(2)如果运动员未按交换场区(1)的规定交换场区，一经发现，在死球时立即交换。已有比分有效。

(四)发球

(1)合法发球：一旦发球员和接发球员做好准备，任何一方都不得延误发球，发球时发球员球拍的拍头做完后摆，任何迟滞都是延误发球；发球员和接发球员应站在斜对角的发球区内，脚不得触及发球区和接发球区的界线；从发球开始，至发球结束前，发球员和接发球员的两脚都必须有一部分与场地的地面接触，不得移动；发球员的球拍，应首先击中球托；发球员的球拍击中球的瞬间，整个球应低于发球员的腰部(腰指的是发球员最低肋骨下缘的水平切线)。发球员的球拍击中球的瞬间，球拍杆应指向下方；发球开始后，发球员必须连续向前挥拍，直至将球发出；发出的球向上飞行过网，如果未被拦截，球应落在规定的接发球区内(即落在线上或界内)；发球员发球时，应击中球。

(2)一旦运动员站好位置准备发球，发球员的球拍第一次向前挥动，即为发球开始。

(3)一旦发球开始，发球员的球拍击中球或未能击中球，均为发球结束。

(4)发球员应在接发球员准备好后才能发球，如果接发球员已试图接发球，即被视为已做好准备。

(5)双打比赛发球时，发球员和接发球员的同伴应在各自的场区内。其站位不限，但不得阻挡对方发球员或接发球员的视线。

(五)单打

(1)发球区和接发球区：一局中，发球员的分数为0或双数时，双方运动员均应在各自的右发球区发球或接发球；一局中，发球员的分数为单数时，双方运动员均应在各自的左发球区发球或接发球。

(2)击球顺序和位置：一回合中，球应由发球员和接发球员交替从各自所在场区一边的任何位置击出，直至成死球为止。

(3)得分和发球：发球员胜一回合则得一分，随后，发球员再从另一发球区发球；接发球员胜一回合则得一分，随后，接发球员成为新发球员。

(六)双打

(1)发球区和接发球区：一局中，发球方的分数为0或双数时，发球方均应从右发球区发球；一局中，发球方的分数为单数时，发球方均应从左发球区发球，接发球方上一回合最后一次发球的运动员应在原发球区接发球。他的同伴接发球的站位与其相反；接发球员应是站在发球员斜对角发球区的运动员；发球方每得一分后，原发球员则变换发球区再发球；除发球区错误的情况外，发球都应从与其得分相对应的发球区发出。

（2）击球顺序和位置：每一回合发球被回击后，由发球方的任何一人和接球方的任何一人，交替在各自场区的任何位置击球，如此往返直至死球。

（3）得分和发球：发球方胜一回合则得一分，随后发球员继续发球；接发球方胜一回合则得一分，随后接发球方成为新发球方。

（4）发球顺序：每局比赛的发球权必须如此传递：首先是发球员，从右发球区发球；其次是首先接发球员的同伴，从左发球区发球；然后是首先发球员的同伴；接着是首先接发球员；再接着是首先发球员，如此传递。

（5）运动员在比赛中不得有发球、接发球顺序错误或在一局比赛中连续两次接发球（发球区错误的情况除外）。

（6）一局胜方的任一运动员可在下一局先发球；一局负方的任一运动员可在下一局先接发球。

（七）发球区错误

（1）以下情况为发球区错误：发球或接发球顺序错误；在错误的发球区发球或接发球。
（2）如果发现发球区错误，应予以纠正，已得比分有效。

（八）违例

（1）不合法发球。

（2）发球时：球挂在网上或停在网顶；球过网后挂在网上；接发球员的同伴接到球或被球触及。

（3）比赛进行中，球落在场地界线外（即未落在界线上或界线内）；从网孔或网下穿过；不过网；触及天花板或四周墙壁；触及运动员的身体或衣服；触及场地外其他物体或人；被击时停滞在球拍上，紧接着被拖带抛出；被同一运动员两次挥拍连续两次击中（但一次击球动作中，球被拍框和拍弦面击中，不属违例）；被同方两名运动员连续击中；球触及运动员球拍，而没有飞向对方场区。

（4）比赛进行中，运动员、球拍、身体或衣服触及球网或球网的支撑物；球拍或身体，从网下侵入对方场区（击球时，球拍与球的最初接触点在击球者网这一方，击球后球拍随球过网的情况除外）；球拍或身体从网上侵入对方场区，妨碍对方或分散对方的注意力；妨碍对方，即阻挡对方紧靠球网的合法击球；故意分散对方注意力的任何举动，如喊叫、故作姿态等。

（5）严重违犯或屡犯比赛连续性、行为不端及管理的规定。

（九）重发球

（1）由裁判员或运动员（未设裁判员时）宣报"重发球"，用以中断比赛。

（2）以下情况为"重发球"：发球员在接发球员未做好准备时发球；在发球过程中，发球员和接发球员都被判违例；发球被回击后，球停在网顶，或球过网后挂在网上；比赛进行中，球托与球的其他部分完全分离；裁判员认为比赛被干扰或教练干扰了对方运动员的比赛；司线员未能看清，裁判员也不能做出裁判时；遇到不可预见的意外情况。

（3）"重发球"时，该次发球无效，原发球员重新发球。

(十)死球

以下情况为死球：

(1)球撞网或网柱后，开始向击球者网这方的地面落下。

(2)球触及地面。

(3)宣报了"违例"或"重发球"。

(十一)比赛连续性、行为不端及管理

(1)除比赛连续性、行为不端及管理中的(2)和(3)允许的情况外，比赛自第一次发球开始至该场结束应是连续的。

(2)间歇：每局比赛，当一方先得11分时，允许有不超过60秒的间歇；所有比赛中，每局之间允许有不超过120秒的间歇。

(3)比赛的暂停：遇非运动员所能控制的情况，裁判员可根据需要暂停比赛；遇特殊情况，裁判长可要求裁判员暂停比赛；如果比赛暂停，已得比分有效，续赛时由该比分算起。

(4)延误比赛：不允许运动员为恢复体力、喘息或接受指导而延误比赛；裁判员是"延误比赛"的唯一裁决者。

(5)指导和离开场地：在一场比赛中，死球时，允许运动员接受指导。在一场比赛中，运动员未经裁判员允许不得离开场地[比赛连续性、行为不端及管理(2)规定除外]。

(6)运动员不得有下列行为：故意延误或中断比赛；故意改变或损坏球，以此影响球的速度或飞行；举止无礼；规则未述的其他不端行为。

(7)对违犯者的处罚：对违犯比赛连续性、行为不端及管理(4)、(5)或(6)的运动员，裁判员应执行警告；对严重违犯、屡犯或违犯比赛连续性、行为不端及管理(2)的一方判违例，并立即报告裁判长，裁判长有权取消其该场比赛资格。

第四章

塑形减脂运动

第一节　形体训练

【微课学堂】

学习目标

1. 了解形体训练的功能和内容。
2. 了解人体的形体评价标准。
3. 掌握形体训练的基本动作和技术要领。
4. 掌握形体训练的基本组合套路

人文体育

从驼背女孩到维密天使

通过世界精英模特大赛脱颖而出的奚梦瑶，自出道以来就备受瞩目。她依靠自己的不懈努力，取得了非凡的成就，出道仅 3 年就登上了维密秀场。她是第 4 个登上维密秀的中国模特。更令人惊叹的是，在第 3 次走秀时，她就拥有了诸多维密超模梦寐以求的翅膀，成了维密天使。在成为模特之前，奚梦瑶是个努力、谦虚，但是有点自卑的小女生。从小她就对自己的外貌不太自信，还有点驼背。为了矫正身形，她特意报名参加模特班，进行专门的形体训练。也正是那时候，她才知道，模特是多么的不容易。台下 10 年功，台上 1 分钟，艰辛痛苦的训练只是为了在台上华彩绽放的那一瞬间更加夺目耀眼。辛苦的形体训练并没有将奚梦瑶打垮，反而刺激了她的斗志，让她更加坚信了自己的人生方向。于是，大三那年，她报名参加了模特大赛，并被经纪公司选中成为一名职业模特，自此开启了自己的模特生涯。奚梦瑶曾说过："美丽就是要坚持加自律，懂得控制欲望、管理自身形体的人，才能更好地把控人生。"这个世界从不缺乏有目标的人，缺的是立刻行动，并持之以恒、为之拼命的人。经年累月地控制饮食、坚持运动造就了今天奚梦瑶完美的身材，也正是令人羡慕的身材使得她能荣登顶峰，取得事业上的成功。

【人文体育】

维密天使的健身日记

一、形体姿态训练

(一)基本姿态

1.站立姿态

两脚跟并拢,脚尖打开成"小八字",两腿伸直夹紧,顶髋、立腰、臀部收提,收腹挺胸,两肩平沉,颈部伸直,头正,下巴微抬,平视前方,两臂自然伸直于体侧(图4-1)。

2.脚的基本脚位(图4-2)

一位:两脚尖外开,脚跟靠拢,两脚在一条直线上。
二位:两脚尖外开,脚跟相距一脚,两脚在一条直线上。
三位:两脚尖外开,脚跟相叠。
四位:两脚尖外开,前后脚相距一脚,脚跟与脚尖平行,重心在两脚之间。
五位:将四位脚靠拢,两脚重叠在一起,脚尖外开。

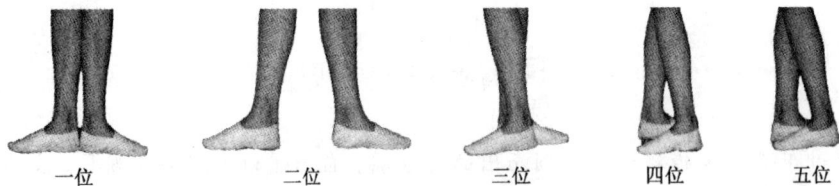

图4-1 站立姿态

一位　　二位　　三位　　四位　　五位

图4-2 五个基本脚位

3.手臂的基本手位(图4-3)

一位:两臂弧形下垂于体前,两手指尖相距约一拳,手心向上于小腹前。
二位:两臂保持一位姿态前举,胸腹之间,掌心相对。

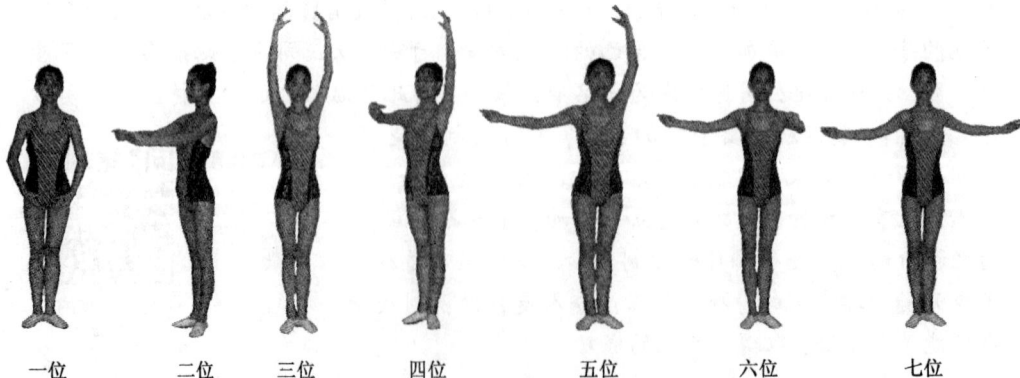

一位　　二位　　三位　　四位　　五位　　六位　　七位

图4-3 七个基本手位

三位：两臂上举至头的上方，两掌心向下，下巴微抬。

四位：一臂三位，另一臂至二位，下巴微抬。

五位：一臂三位，另一臂由二位向侧打开成七位，下巴微抬。

六位：一臂七位不动，另一臂至二位，下巴微抬。

七位：两臂弧形侧举，掌心向前，稍抬下颌，目视右手。

(二)基本姿态组合练习

第一个八拍		
动作说明	1~2 拍	身体右面，开右脚并弯曲成弓步，双手向前平伸，左手在上。
	3~4 拍	收左脚成四位蹲，双手向前伸直并手心朝上。
	5~8 拍	重心后移，左腿后弯曲，右脚前点地，双手向两边慢慢打开成七位。

第二个八拍		
动作说明	1~2 拍	左腿直立，右脚收成小腺步，右手上举，左手自然下垂，挺胸，右手先往后翻下来，左手摆向上，完成一个风火轮动作。
	3~4 拍	风火轮做完后变右手在上，保持 2 拍。
	5~6 拍	含胸，右手肘关节向腰间收回，腿随手动收成半蹲，然后右手肘关节往上翻。
	7~8 拍	重复 1~2 拍动作。

第三个八拍		 1~2　　　　3~4　　　　5~8	
动作说明	1~2拍	开右脚，重心在右脚，左脚尖点地，双手平肩向右外伸。	
	3~4拍	移重心在左脚，右脚尖点地，双手平肩向左外伸。	
	5~8拍	双手从右开始向上向左再下方绕一圈，然后向右上方送成右手高，左手平肩向外延伸，收左脚成五位半脚尖。	
第四个八拍		 1~2　　　　3~4　　　　5~8	
动作说明	1~2拍	开左脚，重心在左脚，右脚尖点地，双手平肩向左外伸。	
	3~4拍	移重心在右脚，左脚尖点地，双手平肩向右外伸。	
	5~8拍	双手从右开始向上向左再下方绕一圈，然后向右上方送成右手高，左手平肩向外延伸，收左脚成五位半脚尖。	
第五个八拍		 1~2　　　3~4　　　5~6　　　7~8	
动作说明	1~2拍	上左腿至右前方半蹲，右手抓住左手的手指压在左下方。	
	3~4拍	上身转右，双脚合并，双手往上推，下后腰。	
	5~6拍	上身转向正面，右脚在前，左脚在后并半蹲，双手在前下方。	
	7~8拍	双脚直立，挺胸，双手往上伸。	

(三)形体辅助练习

手臂练习	
	(1)　　　　　(2)　　　　　(3)
动作说明	(1)成弓步,一手握哑铃或矿泉水瓶,屈臂向后上方提拉,做完一组后再换另一手做。(15~20)次×(3~5)组。
	(2)两脚平行开立,一手握哑铃或矿泉水瓶上举于头侧,然后向头后屈肘再上举,上臂固定,做完一组后再换另一手做。(15~25)次×(3~5)组。
	(3)双手撑在桌边或床边,双脚并拢伸直,身体挺直,屈肘做反俯卧撑。(12~25)次×(3~5)组。
胸部练习	 (1) (2)
动作说明	(1)双手与肩同宽,跪在床上或垫上,小腿抬起,屈肘做俯卧撑,(20~30)次×(3~5)组。
	(2)仰卧,双手握哑铃或矿泉水瓶,双臂侧放平,向上相合(飞鸟)(15~25)次×(3~5)组。
背部练习	 (1) (2)
动作说明	(1)俯卧,两臂屈肘,两手叠放托在前额,两腿并拢,脚尖绷直,上身抬起,同时两臂向两侧伸展,抬头(收下颌)挺胸,抬上身时吸气,(15~25)次×(3~5)组。
	(2)双膝跪地,稍分开,双手撑地与肩宽。右臂前上举,同时左腿伸直后上举,还原,换左臂,右腿做,(15~25)次×(3~5)组。

腹部练习	 (1) (2)
动作说明	(1)仰卧，双手平放于身体两侧，双腿并拢伸直，向上抬起到45度时停3~5秒再轻放下(20~30)次×(3~5)组。
	(2)仰卧，双手放在头后，抬腿，缓慢进行自行车的动作；抬上体，右肘触左膝，停顿2~3秒，换左肘触右膝。(20~30)次×(3~5)组。
腰部练习	 (1)　　　　　　　　(2)
动作说明	(1)俯卧，双臂和双腿同时上举。(15~20)次×(3~5)组。
	(2)侧卧垫上，两臂撑垫，两腿并拢，伸直，上体抬起，腰背用力收缩，使身体挺直，一臂用力收缩，使身体挺直，臂用力伸直支撑全身，另一臂向上抬起，抬头挺胸，静力支撑5~10秒后还原，做完一组后换另一边。(15~30)次×(3~5)组。
臀部练习	 (1)　　　　　　　　(2)
动作说明	(1)仰卧，两腿屈膝，然后用力上抬臀部，同时臀部收紧，(20~35)次×(3~5)组。
	(2)两手撑地，一腿跪地，另一腿屈膝向后上方抬起，然后伸直停顿2~3秒，做完一组后换另一腿做。(15~25)次×(3~5)组。

腿部练习	
	(1)　　　　　　　　　　(2)
动作说明	(1)侧卧，右脚伸到左脚后方。右膝弯曲，脚掌着地，左腿慢慢上抬，收紧大腿内侧，静力支持3~5秒，做完一组后换另一腿做。(20~25)次×(3~5)组。
	(2)侧卧，两腿伸直，左腿直腿上抬，还原，做完一组后换另一腿做。(20~40)次×(3~5)组。

三、形体评价标准

(一)人体美的标准

(1)骨骼发育正常，关节不显粗大突出，身体各部位之间的比例匀称，两臂平伸的宽度等于身长，上下身的比例5∶8(黄金分割)。

(2)肌肉均衡发展，皮下脂肪适当，女子体态丰满而无肥胖臃肿感。

(3)五官端正，与头部配合协调，头长为身长的1/8。

(4)双肩对称，男宽女圆，无耸肩垂肩，肩宽为身高的1/4减4 cm。

(5)脊柱背视成直线，侧视具有正常的生理曲度，肩胛骨无翼状隆起和上翻。

(6)胸廓宽厚，比例协调，男子胸肌圆隆，背视呈倒三角，女子胸廓丰满有明显曲线。

(7)腰细而有力，微成圆柱形，腹部扁平，男子处于放松时也有明显肌肉垒块出现，女子腰部围度比臀部围度约小1/3。

(8)臀部圆鼓丰满，男子匀称，女子无明显下垂。

(9)下肢修长，无头重脚轻之感，大腿线条柔和，小腿较长，腓肠肌位置较高而突出，足弓高，两腿并拢时，正视和侧视均有曲线感。

(10)整体观是体格健壮，体态优美，体力充沛，热情奔放，举止大方，风度潇洒，无比例失调和形态差异的感觉。

(二)女生完美体重与围度比值换算法

表4-1　女生完美体重与围度比值换算法

换算内容	换算方法
体重(kg)	身高(cm)×(0.307)
胸围(cm)	身高(cm)×(0.544)
腰围(cm)	身高(cm)×(0.395)
臀围(cm)	身高(cm)×(0.545)
上臂围(cm)	身高(cm)×(0.150)
大腿围(cm)	身高(cm)×(0.324)

注：身高[±(0.05)]；其他各项[±(0.01)]。

第二节 健美运动

【微课学堂】

学习目标

1. 了解健美锻炼的动作名称及目标肌肉。
2. 掌握锻炼各部位肌群的动作方法和技术要领。
3. 掌握健美运动的训练方法和训练组合

人文体育

身体的完美源于坚持与克制

　　世界上的每一名运动员都必须具备出色的身体素质，尤其是欧美球员大多拥有一身健美的肌肉。强壮的肌肉让他们能够在对抗中占得先机，击败对手。在著名健美杂志《Men Health》评选的 50 名最强壮运动员名单中，C 罗和詹姆斯分列前两位。詹姆斯应该是世界上最强壮的篮球运动员之一。他的身躯近似电影中的未来战士，肌肉线条美感十足，没有一点多余的脂肪。那些在胸腹、背部与上臂隆起的肌肉，宛如机械战士的外罩护甲。据说，在当年的 NBA 新秀体测中，19 岁的詹姆斯最大卧推重量达到惊人的 190 公斤。而位居榜首的 C 罗则被称为"世界上肌肉线条最美的男运动员"，甚至连"终结者"施瓦辛格都自叹不如，这位前健美先生自认是 C 罗的粉丝，并盛赞 C 罗拥有不可思议的体型。当然，C 罗和詹姆斯过人的身体素质都不是天生就具备的，C 罗在小时候甚至还因为身体过于单薄常被队友欺负。他们能够拥有今天这样的完美身线，完全是靠持之以恒的力量训练和异常克制的饮食习惯炼成的。因此，只要你愿意，并拥有超强的毅力，且按照科学的方法执行，你也可以拥有健美的身材。

【人文体育】

詹姆斯的日常
力量训练

一、健美运动的基本锻炼方法

（一）健美锻炼的动作名称及目标肌肉

表4-2　健美锻炼动作名称及目标肌肉

动作名称	目标肌肉	动作名称	目标肌肉
俯卧撑	胸部肌群	站姿拉力器双臂下压	肱三头肌
平卧杠铃推举	胸部肌群	坐姿哑铃颈后双臂屈伸	肱三头肌
上斜杠铃推举	胸部肌群	窄握杠铃推举	肱三头肌
平卧哑铃飞鸟	胸部肌群	俯立哑铃双臂屈伸	肱三头肌
双杠臂屈伸	胸部肌群	站姿杠铃弯举	肱二头肌
站姿拉力器夹胸	胸部肌群	坐姿哑铃交替弯举	肱二头肌
引体向上	背部肌群	托臂哑铃弯举	肱二头肌
坐姿颈前下拉	背部肌群	站姿拉力器弯举	肱二头肌
坐姿拉力器划船	背部肌群	杠铃深蹲	大腿和臀部肌群
俯立杠铃划船	背部肌群	坐姿腿屈伸	大腿和臀部肌群
硬拉	背部肌群	俯卧腿弯举	大腿和臀部肌群
站姿杠铃推举	三角肌	哑铃原地剪蹲	大腿和臀部肌群
坐姿哑铃推举	三角肌	站姿负重提踵	小腿肌群
站姿哑铃侧平举	三角肌	坐姿负重提踵	小腿肌群
俯立哑铃飞鸟	三角肌	仰卧卷腹	腹部肌群
站姿杠铃划船	三角肌	悬垂举腿	腹部肌群
俯卧挺身	腰部肌群	仰卧举腿	腹部肌群

（二）各部位肌群的锻炼方法

1.胸部肌群的锻炼

平卧杠铃推举

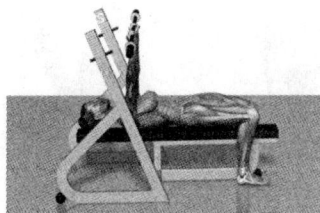 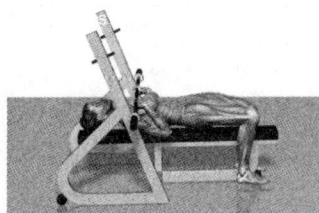

（1）　　　　　　　　（2）

锻炼部位	胸大肌、三角肌和肱三头肌。
动作说明	从器械架上抓取杠铃，屈肘，将杠铃下降至上胸部水平，向上推举杠铃至手臂伸直，还原，重复上述动作。
锻炼要点	上推杠铃时呼气，放下时吸气。
运动负荷	3组，每组8~12次，重量12~15RM（12~15RM表示最多能重复或连续试举12~15次的重量，下同）。

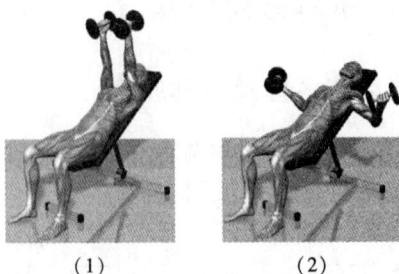

（1）　　　　　　（2）

上斜卧飞鸟

锻炼部位	胸大肌、三角肌和肱二头肌。
动作说明	手持哑铃向体侧下落，至胸部肌肉有拉伸感，还原。重复上述动作。
锻炼要点	避免肘关节过伸及肩部过紧；要挺胸，切忌弓背；上举哑铃时呼气，放下时吸气。
运动负荷	3组，每组8~12次，重量12~15RM。

2. 背部肌群的锻炼

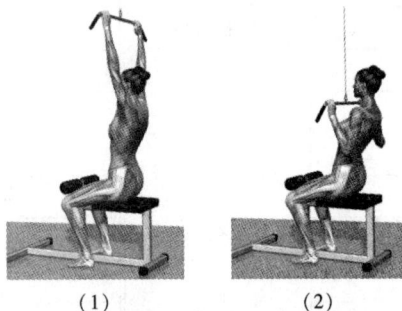

（1）　　　　　　（2）

坐姿颈前下拉

锻炼部位	三角肌前束、斜方肌、上背肌和上臂肌。
动作说明	抓握拉杆向下拉至上胸部，还原。重复上述动作。
锻炼要点	身体始终保持一个姿势，保持脊柱居中；避免耸肩弓背，要挺胸，两肩下沉；下拉拉杆时吸气，还原时呼气。
运动负荷	3组，每组8~12次，重量12~15RM。

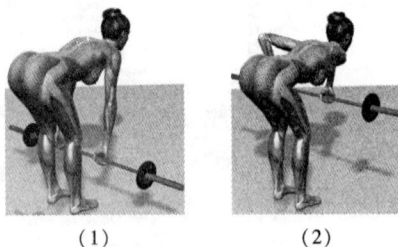

（1）　　　　　　（2）

俯立杠铃划船

锻炼部位	背阔肌、肱二头肌、斜方肌和三角肌。
动作说明	将横杠向上拉至上腰部，还原。重复上述动作。
锻炼要点	避免耸肩弓背，要挺胸，两肩下沉；保持身体平直，使骨盆和脊柱居中；上拉杠铃时吸气，还原时呼气。
运动负荷	3组，每组8~12次，重量12~15RM。

3. 肱二头肌的锻炼

站姿杆铃弯举

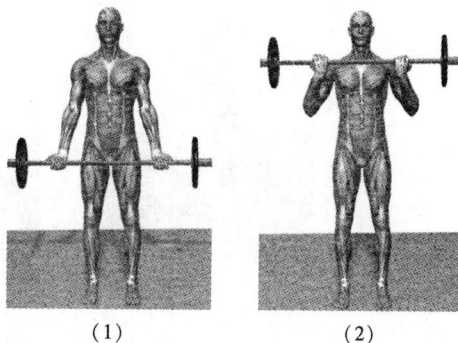

（1）　　　　（2）

锻炼部位	肱二头肌、肱肌、肱桡肌。
动作说明	通过屈肘关节上举杠铃，至前臂贴紧上臂，下降杠铃至臂完全伸展，还原。重复上述动作。
锻炼要点	保持脊柱居中；上臂的位置始终固定，当肘关节完全弯曲时，肘关节应该稍微前伸，使前臂不处于垂直位置；上抬杠铃时吸气，还原时呼气。
运动负荷	3组，每组8~12次，重量12~15RM。

站姿哑铃弯举

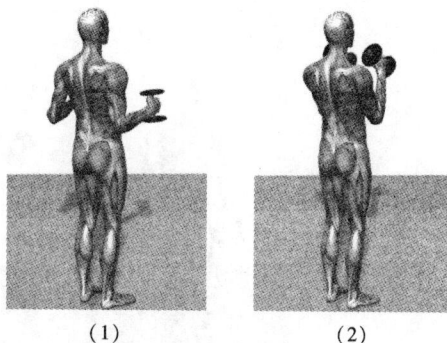

（1）　　　　（2）

锻炼部位	肱二头肌、肱肌、肱桡肌。
动作说明	通过屈肘关节上举哑铃，至前臂贴紧上臂，下降哑铃至臂与地面平行，还原。重复上述动作。
锻炼要点	保持脊柱居中；上臂的位置始终固定，当肘关节完全弯曲时，肘关节应该稍微前伸，使前臂处于与地面平行位置；上抬哑铃时吸气，还原时呼气。
运动负荷	3组，每组8~12次，重量12~15RM。

4.肱三头肌的锻炼

仰姿反屈伸

（1）　　　　　　　（2）

锻炼部位	肱三头肌、肘肌、三角肌和大圆肌。
动作说明	身体仰卧，双手背后撑在凳子上，屈肘，躯干下降至上臂与地面平行，还原。重复上述动作。
锻炼要点	尽量保持躯干挺直，脊柱居中；缓慢地进行可控制运动，避免躯干过度下降，保护肩关节囊，使躯干降至上臂与地面平行即可；下降身体时吸气，抬高身体时呼气。
运动负荷	3 组，每组 8~12 次，重量 12~15RM。

5.三角肌的锻炼

站姿哑铃前平举

（1）　　　　　　　（2）

锻炼部位	三角肌、胸大肌。
动作说明	自然站立，肘关节固定，两肘部稍弯曲，向前上抬手臂至与肩同宽，使腕、肘和肩位于一条直线上，还原。重复上述动作。
锻炼要点	在持铃提起和放下过程中，使肘和腕部始终稍微弯曲，对三角肌的收缩更为有效；上举哑铃时吸气，还原时呼气。
运动负荷	3 组，每组 8~12 次，重量 12~15RM。

6. 腹部肌群

转体仰卧卷腹

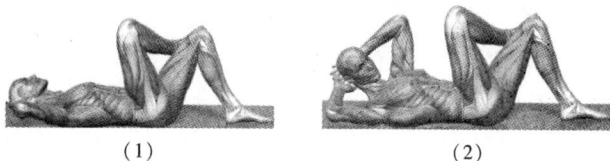

（1）　　　　　　　　　（2）

锻炼部位	腹直肌、腹外斜肌和腹内斜肌。
动作说明	上半身慢慢向上蜷曲，躯干屈曲并转向左侧，带动右侧肘关节转向左膝，弓背抬肩，下背部仍躺于垫子上，坚持片刻，还原。重复上述动作。左右侧交替进行。
锻炼要点	当身体向上蜷曲时，略收下颌，避免下颌和颈部前伸，维持脊柱颈部居中；向上屈身时呼气，还原时吸气。
运动负荷	左右各 3 组，每组 8~12 次，重量 12~15RM。

7. 大腿和臀部肌群的锻炼

杆铃颈后半蹲

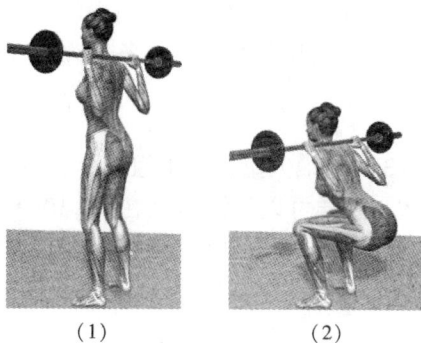

（1）　　　　　　　　　（2）

锻炼部位	臀大肌、股四头肌。
动作说明	把杠铃置于颈后肩上，两手握住横杠的两端，使杠铃重心两边平衡，缓慢下蹲，髋部向后移动好像坐椅子的动作，下蹲至屈膝大约 90 度，大腿与地面平行，还原。重复上述动作。
锻炼要点	保持身体平直，脊柱居中，要挺胸，避免弓背；保持膝部位于两脚尖连线的垂直线上；身体的重量通过足跟直接到达脚的中部，不要上提足跟；下蹲时吸气，起立时呼气。
运动负荷	3 组，每组 8~12 次，重量 12~15RM。

二、健美运动的练习方法

健美运动是通过科学的训练方法、合理的营养恢复、特殊的器材设计等共同实现的。根据水平程度的不同，健美运动的练习有初、中、高级之分，限于篇幅，在此仅介绍几种中、高级练习方法。

（一）训练方法

1.金字塔练习法

金字塔练习法又称极限训练法。先以一次所能举起最大重量的60%做15次，而后逐步增加重量、减少次数，直至用80%的最大重量做5~6次。此法可收到使用较大重量锻炼的效果，练习时应避免受伤。

2.充血练习法

充血练习法是一种局部锻炼的方法，即使大量的血液涌入某部位肌肉，并保持在那里，以促进此部位肌肉的增长。比如发达胸肌的练习，即可连续进行3~4个胸部动作练习，中间不做发展其他部位肌肉的动作，这样能让你的胸部肌肉在短时间内就涌入了大量的血液。当肌肉感觉发胀就达到了让肌肉充血的效果。

3.静力紧张训练法

静力紧张训练法需要对肌肉有一定的控制。当某个动作做到肌肉块收缩到最紧张的状态时，尽量保持这种紧张收缩状态3~6秒，而后再慢慢恢复到动作的开始位置。此法不仅能增加神经对肌肉的控制能力，还对增强肌肉的线条轮廓具有极其明显的作用。

4.停歇法

先用自己能举起2~3次的最大重量做1组动作，休息30~45秒后再做2~3次，接着休息60~90秒后做1~2次。这样可以保证自己在7？10次动作的大组练习中，每次都能举起接近最大限度的重量。此法既能增大体力，又能增大肌肉围度。

（二）训练组合

在健美训练中，将重量、次数、组数、间歇时间等训练元素进行不同的组合，可以得到不同的效果。

1.训练元素

【重量（W）】

极限重量——MW

大重量——HW（MW85%以上）

中大重量——MHW（MW70%~90%）

中重量——MdW（MW60%~80%）

中小重量——MLW（MW50%~70%）

小重量——LW（MW50%以上）

【组数（S）】

低组数——LS（1~3组）

中组数——MS（4~6组）

高组数——HS（6组以上）

复合组数——CS（多个动作组合）

【次数(R)】

不限次数——NR

低次数——LR(1~5 次)

中次数——MR(6~12 次)

高次数——HR(13~25 次)

很高次数——VHR(25~100 次)

超高次数——SHR(100 次以上)

【间歇(P)】

极短间歇——VPS(10 秒以内)

短间歇——SP(10~30 秒)

中间歇——MP(30~60 秒)

长间歇——LP(60~180 秒)

(180 秒以上就界定为停止练习)

2.不同组合的效果

(1)大重量,低次数,中高组数,长间歇(用于提高绝对力量)。

(2)中大重量,中次数,中组数,中间歇(用于增大肌肉维度)。

(3)中重量,中高次数,中高组数,短间歇(用于增强肌肉线条)。

(4)中小重量,高次数,中高组数,短中间歇(用于减肥)。

(5)不负重,很高次数,中低组数,中长间歇(增强心血管功能)。

第三节　瑜　伽

【微课学堂】

学习目标

1. 了解瑜伽的起源与发展历史。
2. 掌握瑜伽基本功法的动作方法、技术要领和健身功效。
3. 掌握瑜伽的基本组合套路。
4. 了解瑜伽练习的注意事项

人文体育

瑜伽

瑜伽体位的修炼不仅需要完善体式，更重要的是理解体式，这样才能在身心上互相配合，更好地修炼精神层面。在瑜伽的体位练习中，每一种体式都充分地展现了练习者的优美姿态，散发着一股柔中带刚的美。而这些优美的体式中都蕴藏着一个美丽的传说故事。相传战士第一式就是为了纪念由湿婆的头发生成的强壮英雄维拉巴德纳。

据说，达刹曾经举行了一次盛大的祭典。他邀请了所有的神，但唯独没有邀请自己的女儿萨蒂和她的丈夫——"毁灭之神"湿婆。因为湿婆主管毁灭，达刹觉得很不吉利。得知消息的萨蒂非常生气，执意要去和父亲理论。湿婆苦劝无果，刚烈的萨蒂还是去了盛典想让父亲收回成命，可是得到的却是更大的侮辱，受辱的萨蒂为了尊严跳进祭火自焚而死。听说了这一切后，湿婆被彻底地激怒了，他拔下一根头发扔到地上，变成强壮的武士维拉巴德纳，并命令维拉巴德纳率领大军去讨伐达刹。维拉巴德纳的大军如一阵旋风般出现在达刹的祭典上，捣毁了祭典，轰走了众神和祭司，然后砍下了达刹的头颅。复仇后，湿婆怀着丧妻之痛到冈仁波齐隐居，陷入深深的冥想之中。这个故事被记载于迦梨陀娑伟大的史诗《战神重生》中。

【人文体育】

挑战不可能：
突破体式的极限

一、瑜伽基本功法

(一)冥想法

瑜伽冥想法是指把注意力集中到某一特定对象之上的深思方法(一般会把注意力集中到一个特定的物体、图像、词语、短语或情绪上),它是一种清醒而又警觉、平静而又专注的状态,是一种思想方式,通过冥想可与潜意识沟通,是现代人减压和心理美容的方式。在冥想时,人过度的思虑会镇静下来,从而提高精神力量,提高集中意志的能力。

在练习冥想和呼吸时,基本上都是采用坐立的姿势,再结合相应的手印,以帮助练习者达到内心的平和与宁静。

1.手印

动作名称	智慧手印	祈祷手印	能量手印
动作图示			
动作方法	手掌向上,大拇指与食指相扣,其他三指自然伸展。	双手合十,放在胸前,手掌之间要留下一些空间。	无名指、中指和大拇指自然相加,其他手指自然伸展。
动作含义	此手印代表把小宇宙能量和大宇宙能量合一,即人与自然合一,可以让人很快进入平静的状态。	此手印代表着身体和心灵的合一,可以增加人的专注能力。	此手印代表着新的开始,包含着把握未来的力量和愿望的含义,可以排除体内的毒素,消除泌尿系统的疾病;帮助肝脏完好;调节大脑平衡;让人更有耐心,充满自信。

2.坐姿

简易坐	
动作方法	坐于地面或垫子上,先两脚向前伸直,然后将右脚弯曲收回放于左大腿根侧,再将左侧小腿弯曲放于右大腿下方,双手掌心向下,轻放在两膝之上。头、颈和躯干保持同一条直线,保持肩膀和手臂的放松,呼吸匀畅。
动作要领	尽量将脚心向上;脊柱向上伸展。
健身功效	可让股、踝等关节变得灵活,减轻和消除风湿和关节炎;平衡整个身体的气息,增强自我健康的感觉,有助于身心的安宁。

示范者:高吟,亚洲瑜伽协会高级导师,湖南省线上一流课程"大学体育——瑜伽"主持人。

雷电坐

动作方法	两膝跪地，将小腿分开到稍大于一肩宽的位置，膝盖靠拢，再将臀部坐于两腿之间的地面上，脚背部伸直，双手可放于大腿之上，背部保持直立，肩部放松，保持均匀呼吸。
动作要领	坐姿要舒适；背部保持直立的同时要自然放松。
健身功效	有利于加强整个消化系统的功能；有助于预防疝气和生殖器官疾病。

半莲花坐

动作方法	坐于垫上，双腿并拢，挺直腰背，向前伸直双腿。屈左膝，外旋左髋，让左脚的脚跟抵放在会阴处；屈右膝，借助双手的帮助，让右脚跟抵在脐下，脚心向上，放在左大腿上；两手可保持智慧手印放于两膝上或保持祈祷手印置于胸前。左右脚交换练习。
动作要领	坐姿要舒适稳固；尽量使双膝贴放在地面上；背部保持直立的同时要自然放松。
健身功效	增加上半身的血液循环，对于哮喘和支气管炎的患者有益处。

莲花坐

动作方法	坐于垫上，双腿并拢，挺直腰背，向前伸直双腿。屈右膝，髋部外旋，把右脚放在左大腿上，脚心朝上；屈左膝，把左脚放在右大腿上面，脚心朝上。练习过程中要保持肩背平直，下颌微微内收，两手结智慧手印或祈祷手印均可，保持呼吸均匀。
动作要领	坐姿要舒适稳固；尽量使双膝贴放在地面上；背部保持直立的同时要自然放松。
健身功效	增加上半身的血液循环，对于哮喘和支气管炎的患者有益处。

至善坐

动作方法	坐于垫上，双腿并拢，挺直腰背，向前伸直双腿。屈左膝，左脚跟抵会阴，脚底抵右大腿；屈右膝，让右脚的四个脚趾插入左大腿和小腿间，右脚跟和左脚跟在一条直线上，右脚踝尽量抵着趾骨。练习过程中要保持肩背平直，下颌微微内收，两手结智慧手印或祈祷手印均可，保持呼吸均匀。
动作要领	注意两脚跟相抵，可循序渐进地慢慢接近，切不可过于勉强。
健身功效	有助于保持身体机能的充分平衡，以及身体和精神的稳定性；可缓解膝关节僵硬，预防风湿。

(二)呼吸法

瑜伽呼吸法的目的，是通过各种不同的呼吸方法有效地按摩内脏，刺激各生理腺体的良性分泌，促进心脏血液循环，增强其功能，使身体和心灵得到充分的放松，对身心健康有明显的裨益。正确的瑜伽练习必须先从呼吸的练习开始，而不是先从体位法开始。正确的瑜伽呼吸主要有以下几种方法：

胸式呼吸法

动作方法	伸直背坐着，将双手放在肋骨处，注意力集中于肺部。缓缓吸气，感觉自己的肋骨向外扩张，气息充满胸腔，保持腹部的平坦；缓缓呼气放松胸腔，将气呼尽。
动作要领	在吸与呼的过程中始终收缩腹部，感觉肋骨架像一架手风琴那样向两侧扩张和向内收缩。
健身功效	胸式呼吸能加强腹肌肌力，镇静心脏，净化血液，改善循环。

腹式呼吸法

动作方法	仰卧，将双手放在腹部的位置，不要施加压力。吸气时，感觉空气被吸向腹部，小腹慢慢鼓起；呼气时，小腹渐回落，当气将呼尽时双手微向下施压，感觉肚脐内收并上提，彻底呼尽肺底残留气体。
动作要领	呼气、吸气时，最大限度地向内或向外扩张腹部，胸部保持不动；循环往复，保持每一次呼吸的节奏一致。
健身功效	调节压力系统，为身心减压，还有助于调节循环和呼吸系统的紊乱。所有的腹部器官得以按摩，促使各内脏腺体以正常的方式分泌激素。

完全呼吸法

动作方法	盘腿正坐，一手放在腹部，一手放在肋骨处。慢慢吸气，小腹起涨，在保持小腹起涨的前提下继续吸气至肋骨扩张，保持现在的体征，放松肺上部吸气，锁骨上推，肩稍耸。慢慢呼气，肩放平，锁骨下移，肋骨回缩，小腹内收上提，用收缩腹部肌肉的方法结束呼气。
动作要领	注意吸气、屏息、呼气之间的时间长短，完整的"吸气-屏息-呼气"的比例应该是1：4：2。
健身功效	氧气充满整个肺部，供身体需要；将二氧化碳呼出体外，清除体内毒素，净化血液；按摩内脏器官，促进脏腑血液循环，增强其功能。

(三)体位法

瑜伽体位练习是独特而缓慢的有氧运动。印度瑜伽先哲帕坦加利所著《瑜伽经》将瑜伽体位法定义为"将身体置于一种平稳、安静、舒适的姿势"。其意义是指让肢体在某一个舒适的动作或姿势上能够维持一段时间，在舒缓的动作中，身体保持放松和做深沉的呼吸，使得血液很自然地能够携带大量氧气并且吸收。这些扭转弯曲伸展的静态动作及动作间的止息时间，影响身体各个层面，能刺激腺体、按摩内脏，有松弛神经、伸展肌肉、强化身体、镇静心灵的功效。

1.站姿

树式

(1)　　　(2)　　　(3)

动作方法	自然而立，两脚稍分开，双手扶髋，曲右膝，右手抓右脚的脚踝，置于左大腿内侧。吸气，两手胸前合十，双臂向上伸直。呼气，双肩向后放松，眼望前方。练习3~6组，还原放松，换边。
动作要领	保持骨盆中正；腿部用力，肋骨往内，脊柱向上延伸。
健身功效	加强身体平衡，强化膝关节；使人安宁，平静；使人拥有挺拔，优雅的体态。

（1）　　　　（2）　　　　（3）　　　　（4）

战士第一式	
动作方法	自然而立，左脚向后跨一大步，两腿前后站立，保持髋关节朝前。吸气，两手经体侧头上合掌。呼气，弓步向下，重心始终在两脚之间，直到前腿与地面成水平，保持30秒。吸气时膝盖伸张，呼气时左脚收回。练习3~6组，还原放松，换边。
动作要领	弓步时注意前小腿与地面垂直，重心保持在两脚之间，两腿均匀受力；吸气时手臂尽量向下拉长脊柱，呼气时重心下压。
健身功效	使髋、膝、踝和肩等关节得到强化；加强腿部肌肉，减少臀部及髋部周围的脂肪。

（1）　　　　（2）

三角伸展式	
动作方法	自然而立，双腿分开略比肩宽。吸气，双手体侧平举与肩齐，掌心向下，右脚尖外展90度，左脚尖向内扣60度，右脚跟对着左足弓。呼气，右手带动上身向右弯下，右手放脚踝或脚外侧的地面，眼望上举大拇指或地面，保持手臂、腿部的伸展数秒。吸气，还原站立姿势。练习3~6组，还原放松，换边。
动作要领	保持骨盆中正；后腿用力，肋骨往内，扩胸，脊背延伸，双肩向后放松，保持肩与髋在一个平面上，同时保持双手在一条直线上。
健身功效	加强腿部机能，消除腿部的僵硬感，增强脊柱柔韧性，扩张胸部；消除身体侧面多余脂肪；减轻背疼，缓和生理期的不适。

2.坐姿

（1）　　　　（2）　　　　（3）　　　　（4）

脊柱扭动式	
动作方法	挺身坐于垫上，两腿前伸，脊柱上提，肩膀放松。吸气，将左脚放在右膝外侧。转身将左手放于右臀后垫子上，右手肘抵左膝外侧，右小臂贴于左大腿外侧。呼气，向左后方扭转身体。保持这个姿势做深长而舒适地呼吸3~6次，每次呼吸可增加身体扭转的幅度。练习3~6组，还原放松，换边。
动作要领	整个过程要保持后背平直。
健身功效	缓解腰椎疲劳；防治和治愈便秘；预防背部和腰部风湿病的发生。

单腿交换伸展式

(1)　　　　(2)　　　　(3)

动作方法	挺身坐于垫上，两腿前伸，脊柱上提，两手放于臀部两侧。吸气，双臂自体前高举过头，脊柱挺直，双臂、背部成一条直线。呼气，双臂带动上身平直下压，双手抓住左脚，腹部、胸部、额头尽量贴向左腿，注意左膝伸直。保持这个姿势做深长而舒适地呼吸 3~6 次，每次呼吸双手不动，交替抬起和低下头部，感觉颈部前侧和大腿后侧韧带的拉伸。练习 3~6 组，还原放松，换边。
动作要领	背部保持平直，避免向后弓起；脚尖应向后勾起，充分拉伸。
健身功效	伸展和放松背部，拉伸腘膀腱的肌肉，放松髋关节；滋养脊柱神经；消除腰围多余的脂肪；促进消化与排泄；增强生殖器官功能。

3.跪姿

骆驼式

(1)　　　　(2)　　　　(3)　　　　(4)

动作方法	跪立，脚背放平贴在垫子上，大腿与地面垂直，双手扶髋，双腿打开与臀同宽。吸气，腰背立直，扩胸。呼气，髋向前推，上身后弯，双手依次置于两脚后跟上，大腿与髋垂直于地面，头往后放松。保持这个姿势自然呼吸 3~6 次，还原放松。练习 3~6 组。
动作要领	上身抬起时，胸向上挺，肩向下沉，双腿、腹部注意保持贴地。
健身功效	纠正驼背，美化胸部线条，伸展腹部器官，消除便秘；刺激脊神经，对所有的内脏器官都有益处。

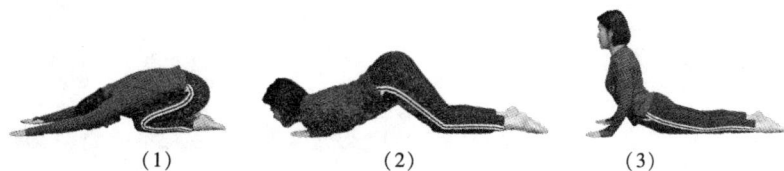

蛇击式	(1)　　　　　　(2)　　　　　　(3)
动作方法	跪坐在垫子的尾端，上身前弯，胸腹贴向大腿，额头触地，双臂向前伸展，成大拜式。吸气，屈手肘，头部、颈部带动上身向前向下移动，翘臀塌腰，胸部滑过双手之间的地面，上身继续向前向上抬起，头部后仰，成眼镜蛇式。呼气，屈手肘，上身落向地面，面部朝下，双手推动身体向后，臀部坐回脚跟，额头触地，还原成大拜式。练习3~6组。
动作要领	上身抬起时，胸向上挺，肩向下沉，双腿、腹部注意保持贴地。
健身功效	加强全身柔韧性，增强脊椎力量；伸展颈项，扩张胸部，收紧腹部；治疗坐骨神经痛和普通背部疾病，有助于消除月经不调。

4. 仰卧

蹬自行车式	(1)　　　　(2)　　　　(3)　　　　(4)
动作方法	仰卧在垫子上，双腿并拢，双手掌心向下摊放体侧，头部、身体一条直线。吸气，双腿并拢，同时向上抬起，垂直地面，绷直脚尖。自然呼吸，屈双膝，双脚轮流向前作蹬车状，想象自己正在蹬一辆自行车。双腿伸直，还原，反向练习。呼气，双腿缓慢有控制地落回地面，双手轻拍腹部和大腿，放松身体。练习3~6组。
动作要领	向前蹬出时膝盖伸直，大腿与地面成30度；注意膝盖尽量不要向外分开。
健身功效	加强两大腿和双膝；增加血液循环，对腹部器官和双膝有温和的强壮作用。

肩倒立式

(1)　　　　(2)　　　　(3)

动作方法	仰卧在垫子上，双脚并拢，绷直脚尖。吸气，双腿向上抬起90度或者弯曲膝盖，双手按压地面，背部抬离地面，双腿缓慢向头顶方向伸展。呼气，双手扶髋，抬起双腿向上伸直，使背部，臀部，双腿垂直于地面，肩部，头部，上臂和双肘撑地，保持自然呼吸3~6次，还原。练习3~6组。
动作要领	双手扶髋时，要放在脊柱中央，和两肘成三角形；双腿落地时注意保持平衡，通过调整重心，让腿缓慢地落下，此时重点保护腰颈部。
健身功效	活动手臂关节，减轻腿、脚浮肿及盆腔充血；收缩腹肌，消减腹部脂肪；刺激甲状腺和消化系统，促进排毒，增进人体的脏器功能；促进血液循环至头部，颈部及大脑，消除紧张、失眠、头痛等。

二、瑜伽动作创编

拜日式是瑜伽体位练习的初级入门方法，一般由12个姿势组成，可用于热身，有利于舒展身体，平和内心。本套动作是根据经典的拜日式，结合大学生的生理特点，按照合理科学的顺序创编的。同学们可每天练习3~6组。

拜日式

(1)　　　(2)　　　　(3)　　　(4)

(5)　　　(6)　　　　(7)　　　　(8)

（9）　　　　　（10）　　　　　（11）　　　　　（12）

动作方法	(1)按基本姿势站立，双手结祈祷手印，置于胸前，深呼吸； (2)吸气，双手慢慢上举，举至头顶后，以腰部为支点，上身后仰； (3)呼气，上身前弯，逐渐将身体贴腿，越紧越好； (4)吸气，双手着地，左腿向后伸。呼气，膝盖伸直，同时抬头，上身后仰； (5)~(6)呼气，右腿伸向后方，紧贴左腿，慢慢抬高臀部；吸气，慢慢放低身体，屈肘； (7)呼气，将腿、腹部放于地面，仰起头，伸展颈部；吸气，再次抬高臀部； (8)~(9)呼气，左腿收回到两手间；吸气，右腿收回到左腿旁； (10)呼气，抬高臀部； (11)吸气，两手慢慢上举，上身躯干慢慢抬起，略向后倾斜； (12)呼气，双手合十，落于胸前，回到起始姿势。
动作要领	在此套动作中，练习者要根据个人能力来调整姿势保持静止的时间，切不可过于勉强。在姿势保持静止时，练习者应保持舒畅的自然呼吸到下一个姿势。如无法保证按上述步骤衔接呼吸，则把握"用力紧张时吸气，放松舒缓时呼气"的原则。
健身功效	此套动作对身体各个不同系统均产生良好的影响，如消化系统、神经系统、肌肉系统等。

三、瑜伽练习的注意事项

（一）注意事项

(1)准备一块瑜伽专用垫子。

(2)要穿透气性好的宽松纯棉质衣服，赤脚练习，以增强脚掌的感知力。

(3)练瑜伽前的一个半小时和练后半小时不要进食，尤其是主食，可少量饮水；最好练完 15 分钟以后再进行洗浴。

(4)动作一定要缓慢，保持一个均匀的速率，并配合有规律的深呼吸来帮助身体放松。

(5)练瑜伽不要强迫自己，更不要和别人攀比。女性在经期可以根据自己的体能做适当练习，但是要注意避免倒立、伸展腹部的动作和反转性动作。

(6)练习中出现肌肉痉挛或其他身体不适，应将动作停止，加以按摩放松后才可再练。

(7)当日完成所有的瑜伽练习后，做瑜伽休息术 10~15 分钟来松弛瑜伽动作造成的紧张感，彻底放松身心。

(二)饮食原则

饮食在瑜伽体系中有决定性的作用,这主要是因为食物的品种和质量直接影响人体的机体和精神状况。瑜伽练习者一贯遵从一个饮食原则,即提倡食物适量、适度和营养的平衡,在吃东西时保持平静和放松的心情。

传统的瑜伽饮食观提倡素食,在瑜伽体系中将食物分为三种:惰性食物、悦性食物以及变性食物。惰性食物包括油腻、炸烤食物以及一切肉食;悦性食物包括一切新鲜可口的蔬菜、水果、含极少味精的食品、谷物以及豆类制品、牛奶;变性食物则是加入过量调味品的食物。瑜伽主张人们"多吃悦性食物,少吃变性食物,不吃惰性食物"。

第五章

时尚健身运动

第一节 健美操

学习目标

1. 了解健美操运动的起源与发展历史。
2. 掌握健美操运动的基本手形和手臂动作。
3. 掌握健美操运动的基本步伐。
4. 掌握《全国健美操大众锻炼标准》第三套二级动作。

人文体育

"健美皇后"简·方达

奥斯卡金像奖颁奖典礼可以说是女星们的斗艳场，你方唱罢我登场。然而在第90届奥斯卡金像奖颁奖典礼的红毯上，最让人挪不开眼睛的却是年逾80岁的两届奥斯卡影后简·方达。她身着一件简简单单的白礼服，不急不慢地走过红毯，显得仪态万千、气质超群，让人完全忽略了她的年龄。

女演员有很多，但像简·方达这样活成传奇的就没有几个了。她是标准的"星二代"，父亲是拿过AFI终身成就奖的演员亨利·方达。这样的出身在很多人眼里算得上是优越了，仿佛好莱坞的星光大道一开始就已经给简·方达铺好了。但她的原生家庭却是她一生很多痛苦的根源。她的母亲因为精神问题，在42岁时就自杀身亡了。那一年，简·方达才12岁。童年时期，父亲总是说她太胖，甚至给她灌输了这样的观点："如果你看上去不完美，你就不配被爱。"于是简·方达总是觉得自己太胖，觉得自己不够好，陷入了很深的自卑情绪，为了减肥甚至不肯吃饭。母爱的缺失和童年时期的自卑情绪从此如影随形地跟着她，甚至影响了她的整个前半生。在经历了三次不太幸福的婚姻之后，她开始审视自身，逐渐从自卑焦虑走向自我强大。在这个过程里，她学会了正视一切，不再迎合他人的要求和审美，而是开始关注自己的健康，自我治愈了困扰她多年的贪食症。同时，她结合芭蕾舞技、体操和音乐创编了一套《简·方达健身操》，在全美国引发了一场健身革命。老一辈的美国人，很多都有跟着电视上的简·方达学跳健身操的经历。她的健身操视频风靡全球，销量高达惊人的1700万张。简·方达也因此获得了"健美皇后"的美称。

一、健美操基本动作

健美操基本动作是健美操的核心，各种动作都是在此基础上产生和发展的。健美操的组合动作都是以健美操的基本动作为基本元素进行编排的。因此，练习和掌握健美操的基本动作是学习健美操成套动作的基础。健美操基本动作的分类，如图5-1所示。

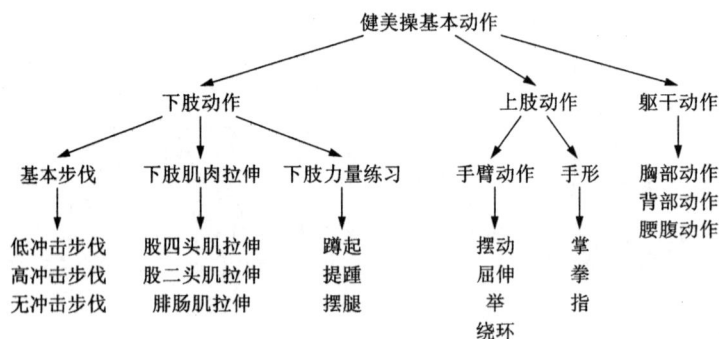

图 5-1　健美操基本动作分类

（一）下肢基本动作

健美操下肢基本动作包括基本步伐、下肢肌肉拉伸和下肢力量练习。下肢力量对完成健美操有极其重要的作用，可通过做蹲起、提踵和摆腿等动作，结合基本步伐来锻炼腓肠肌、股四头肌、股二头肌等。基本步伐是健美操动作的最小单位，是练习的基本元素，通过基本步伐的练习能培养练习者的协调性和韵律感。这里仅着重介绍健美操的基本步伐。

健美操基本步伐，根据人体运动时对地面的冲击力大小，可分为低冲击步伐、高冲击步伐和无冲击步伐三大类（表5-1）。

表 5-1　健美操基本步伐

低冲击步伐			
类别	踏步类	点地类	迈步类	单脚抬起类
动作描述	两脚依次抬起，踝关节有弹性地着地	两脚有弹性地屈伸，点地时，支撑腿稍屈，另一腿脚尖或脚跟点地	一脚先迈出一步，同时移动身体重心，另一脚点地、并步或抬起	支撑腿有控制地屈膝弹动，另一腿以各种姿势抬起，同时收腹、立腰
动作及其变化	踏步 走步 一字步 V字步 漫步	脚尖前点地 脚跟前点地 脚尖侧点地 脚尖后点地	并步 迈步点地 迈步屈腿 迈步吸腿 迈步弹腿 侧交叉步	吸腿 踢腿 弹腿 后屈腿

高冲击步伐			
类别	迈步起跳类	双脚起跳类	单腿起跳类	后踢腿跑类
动作描述	一脚迈出，同时跳起，单脚或双脚落地	双脚起跳、双脚落地	抬起一腿，同时另一腿跳起	两腿依次蹬离地面，向后踢小腿
动作及其变化	并步跳 迈步吸腿跳 迈步后屈腿跳	并腿纵跳 分腿半蹲跳 开合跳 弓步跳	吸腿跳 后屈腿跳 弹踢腿跳 摆腿跳	后踢腿跑 侧并步小跳(小马跳)

无冲击步伐	
类别	并腿	分腿
动作描述	两腿始终接触地面的动作	两脚前后分开，平行站立，下蹲
动作及其变化	半蹲 弹动 提踵	弓步

(二)上肢基本动作

上肢基本动作由手臂的摆动、屈伸以及基本体操中的徒手动作和舞蹈组成。

(1)基本手形：健美操的基本手形包括拳、掌和指，具体如图 5-2 所示。

(2)手臂动作：健美操的常用手臂动作包括摆动、举、屈伸、绕环等。

摆动：屈肘前后摆动，两手握拳。

屈伸：上臂固定，以肘关节为轴，肘关节由弯曲到伸直或由伸直到弯曲的动作。屈臂时肱二头肌收缩，伸臂时肱三头肌收缩。

举：以肩关节为轴，臂伸直抬起，臂的活动范围不超过180度，并停止在某一部位。

绕环：两臂或单臂以肩或肘关节为轴做弧线运动。

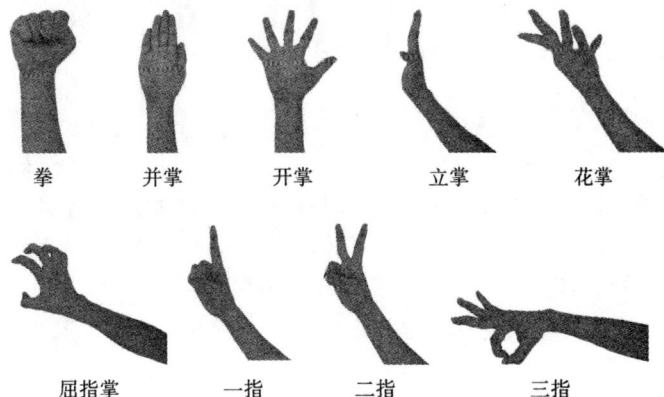

拳　　并掌　　开掌　　立掌　　花掌

屈指掌　　一指　　二指　　三指

图 5-2　健美操的基本手形

（三）躯干动作

在健美操运动中，躯干主要起连接、保护和固定作用。躯干部位的练习通常是为了发展和平衡躯干前后肌肉。在躯干中部脊柱和腰腹部周围的肌肉、软组织连接并支撑身体的上下部分，有些人由于前后肌肉发展不平衡、力量不足造成损伤和形成不良姿态。因此，在健美操练习中发展和平衡躯干各部位肌肉力量是非常重要的。

（1）胸部动作：含胸、扩胸等。

（2）肩部动作：展肩、提肩、沉肩等。

（3）腰腹部动作：体转、侧屈、提髋、顶髋等。

二、《全国健美操大众锻炼标准》第三套二级动作

为适应我国大众健身发展的需要，自1998年起中国健美操协会对《全国健美操大众锻炼标准》一至六级动作进行了三次创编。从2009年8月起，在全国执行的是《全国健美操大众锻炼标准》第三套动作，我们给同学们介绍的是二级动作。

二级动作是《全国健美操大众锻炼标准》的初级套路动作。二级动作的练习目的是进行中低强度的有氧练习、简单的腰腹和身体核心部位的稳固性练习。二级动作分为有氧操练习部分和力量练习部分，一共包括5个组合，每个组合均由4~5个基本步伐组成，并出现了45~90度的方向变化，路线以简单的前后和左右动作为主；大部分的手臂动作为对称性的，个别动作出现了依次的手臂动作。

（一）有氧操练习部分

组合一		

1　2　3　4　5　6　7　8

节拍		下肢步伐	上肢动作
预备姿势		站立	手臂自然放体侧
1×8	1~4拍	1拍右脚十字步；2拍左脚十字步；3~4拍开腿站立。	1拍右臂侧举；2拍左臂侧举；3拍双臂上举；4拍下举。
	5~8拍	向后走4步。	屈臂自然摆动。
2×8	1~8拍	动作同第1个八拍，但向前走4步。	

| 1~2 | 3 | 4~5 | 6 | 7~8 |

节拍		下肢步伐	上肢动作
3×8	1~6拍	右脚开始6拍漫步。	1~2拍右手前举；3拍双手叉腰；4~5拍左手前举；6拍双手胸前交叉。
	7~8拍	右脚向后做1/2后漫步。	双臂侧后下举。

| 1 | ~ | 2 | 3 | ~ | 4 | 5~6 | 7~8 |

节拍		下肢步伐	上肢动作
4×8	1~2拍	右脚向右前方并步跳。	屈左臂自然摆动。
	3~8拍	左脚向右前方做前、侧、后6拍漫步。	3~4拍前平举弹动2次；5~6拍双臂侧平举；7~8拍后斜下举。
5×8至8×8		第5至8个八拍与上述4个八拍动作相同，但方向相反。	

组合二			

| 1~2 | 3~4 | 5 | 6 | 7 | 8 |

节拍		下肢步伐	上肢动作
1×8	1~2拍	右脚向右侧滑步。	右臂侧上举，左臂侧平举。
	3~4拍	1/2后漫步。	双臂屈臂后摆。
	5~6拍	左脚向左前方做并步。	击掌3次。
	7~8拍	右脚向右后方做并步。	双手叉腰。

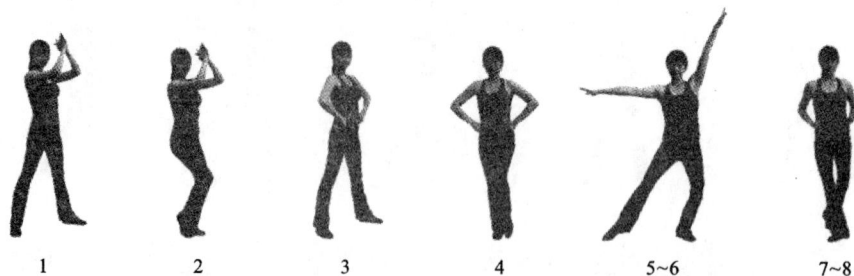

节拍		下肢步伐	上肢动作
2×8	1~2拍	左脚向左后方做并步。	击掌3次。
	3~4拍	右脚向右前方做并步。	双手叉腰。
	5~6拍	左脚向左侧滑步。	左臂侧上举，右臂侧平举。
	7~8拍	1/2后漫步。	双臂屈臂后摆。

节拍		下肢步伐	上肢动作
3×8	1~4拍	右转90度，右脚上步吸腿2次。	1、3拍双臂向前冲拳；2、4拍向后下冲拳。
	5~8拍	左脚V字步左转90度。	双臂由右向左水平摆动。

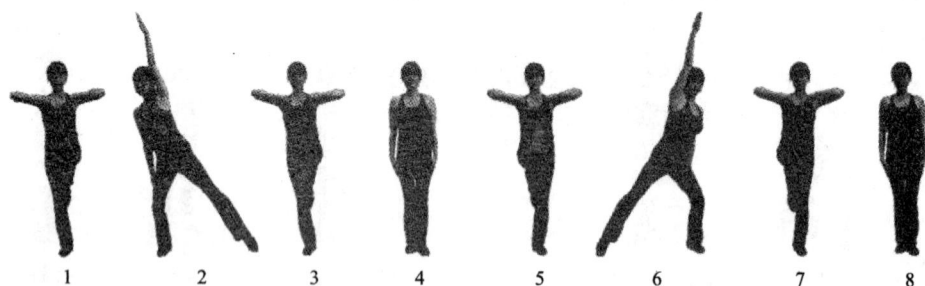

节拍		下肢步伐	上肢动作
4×8	1~4拍	左腿吸腿(侧点地)2次。	1拍双臂胸前平屈；2拍左臂上举；3拍同1拍动作；4拍还原。
	5~8拍	动作同1~4拍，但方向相反。	
5×8至 8×8		第5至8个八拍与上述4个八拍动作相同，但方向相反。	

组合三

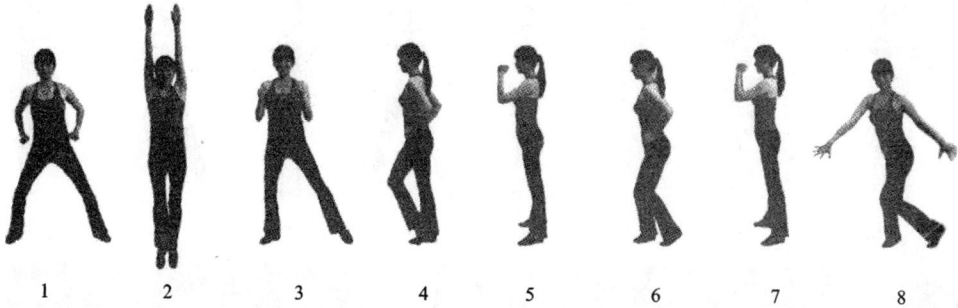

节拍		下肢步伐	上肢动作
1×8	1~4 拍	右脚侧并步跳，4 拍时右转 90 度。	双臂上举、下拉。
	5~8 拍	左脚侧交叉步。	5~7 拍双臂屈臂前后摆动；8 拍时，上体向左扭转 90 度，朝正前方，双臂侧下举。

节拍		下肢步伐	上肢动作
2×8	1~4 拍	向右侧并步跳，4 拍时左转 90 度。	双臂上举、下拉。
	5~8 拍	左脚开始侧并步 2 次。	第 5 拍右臂前下举；第 7 拍左臂体侧斜下举。

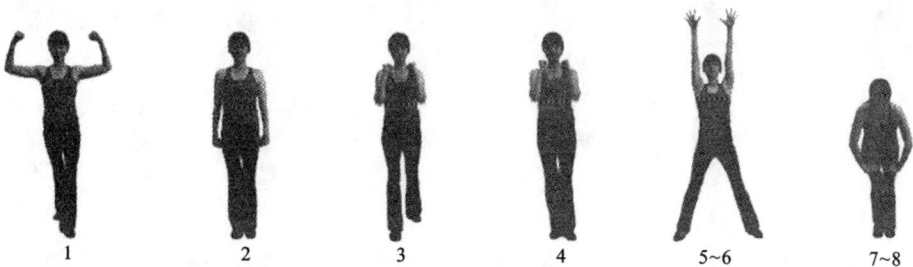

节拍		下肢步伐	上肢动作
3×8	1~4 拍	左脚向前一字步。	1 拍双臂肩上屈；2 拍双臂下举；3~4 拍双臂胸前屈。
	5~8 拍	5~6 拍左、右依次分腿跳。7~8 拍并腿屈膝。	5~6 拍双臂上举掌心朝前；7~8 拍双手放膝上。

节拍		下肢步伐	上肢动作
4×8	1~4拍	左脚向后一字步。	1~2拍手侧下举，3~4拍胸前交叉。
	5~8拍	左、右依次分并腿2次。	双臂经胸前交叉侧上举1次，侧下举1次。
5×8 至 8×8		第5至8个八拍与上述4个八拍动作相同，但方向相反。	

组合四

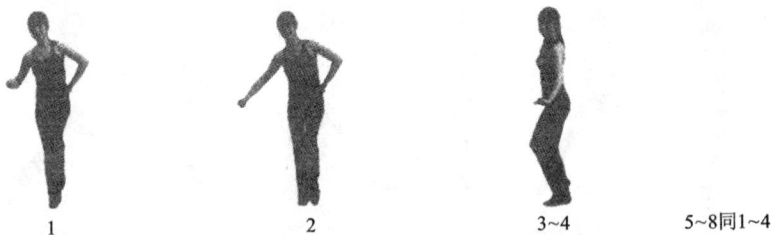

节拍		下肢步伐	上肢动作
1×8	1~8拍	右脚开始小马跳4次，向侧向前呈梯形。	1~2拍右臂体侧向内绕环；3~4拍换左臂；5~8拍重复1~4拍动作。

节拍		下肢步伐	上肢动作
2×8	1~4拍	右脚开始向右后弧形跑4步，右转270度。	屈臂自然摆动。
	5~8拍	开合跳1次。	5~6拍双手放腿上；7拍击掌；8拍放于体侧。

1　　　2　　　3　　　4　　　5　　　6　　　7　　　8

节拍		下肢步伐	上肢动作
3×8	1~4 拍	右脚向右前上步，左脚后吸腿。	1 拍双臂胸前交叉，握拳；2 拍右臂侧举、左臂上举，花掌；3 拍同 1 拍动作；4 拍双手叉腰。
	5~8 拍	动作同 1~4 拍，但方向相反。	动作同 1~4 拍，但方向相反。

1　　　2　　　3　　　4　　　5　　　6　　　7　　　8

节拍		下肢步伐	上肢动作
4×8	1~4 拍	右、左侧点地各一次。	1 拍右手左前下举；2 拍双手叉腰；3~4 拍动作同 1~2 拍，但方向相反。
	5~8 拍	右脚上步向前转髋，还原。	5 拍双臂胸前平屈；6 拍前推；7 拍同 5 拍动作；8 拍还原。
5×8 至 8×8	第 5 至 8 个八拍与上述 4 个八拍动作相同，但方向相反。		

(二) 力量练习部分

组合五

节拍		动作描述
开始动作	1~2拍	右脚向右迈步，左臂前平举，右臂上举。
	3~4拍	左脚向后交叉步，双臂胸前交叉。
过渡动作 1×8	1~2拍	1拍右脚向右侧迈步，右手左下冲拳；2拍双腿同时屈膝内扣，再打开分成腿半蹲，右手侧下冲拳。
	3~4拍	身体右转90度成弓步，双手撑地。
	5~8拍	成俯撑。

节拍		动作描述
核心力量练习	2×8 1~8拍	1~2拍左、右脚依次点地，3~8拍保持俯撑。
	3×8 1~8拍	1~2拍左、右脚依次屈膝着地，3~8拍保持跪撑。
	4×8 1~8拍	1~2拍屈肘依次撑地，3~8拍保持肘撑。
	5×8 1~8拍	1~2拍左、右脚依次伸直，3~8拍保持肘撑。

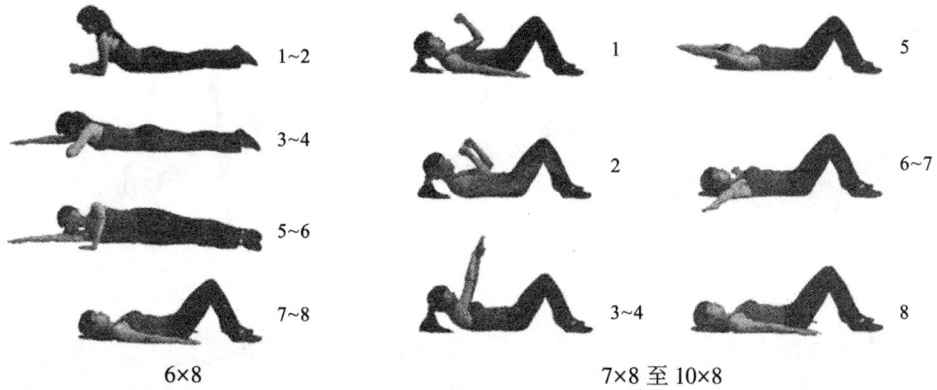

1~2

3~4

5~6

7~8

6×8

1

2

3~4

5

6~7

8

7×8 至 10×8

节拍			动作描述
过渡动作	6×8	1~8拍	向左转体180度成仰卧，分腿屈膝，双臂放于体侧。
腹肌练习	7×8 至 10×8	1~4拍	收腹抬上体，1拍屈左臂，2拍屈右臂，3~4拍双臂伸直，双手重叠。
		5~8拍	双臂经上举至体侧，还原。

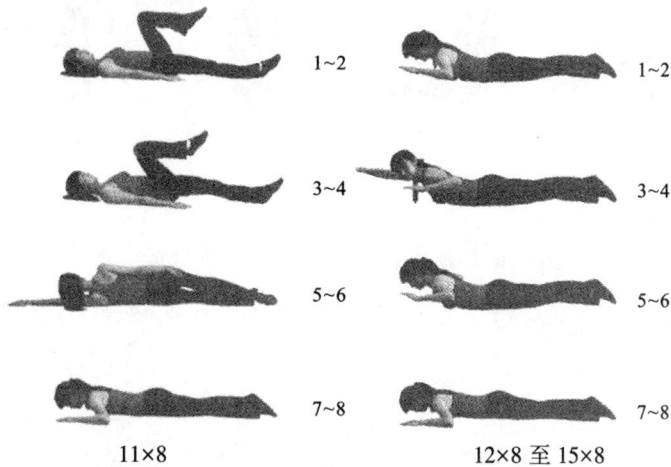

1~2

3~4

5~6

7~8

11×8

1~2

3~4

5~6

7~8

12×8 至 15×8

节拍			动作描述
过渡动作	11×8	1~8拍	1~4拍依次吸左、右腿；5~8拍向左转体180度成俯卧，双臂屈臂放于肩侧。
背肌练习	12×8	1~8拍	1~2拍抬起上体和手臂；3~4拍伸直右臂，转头向左看；5~8拍还原。
	13×8	1~8拍	动作同第12个八拍，但方向相反。
	14×8 至 15×8	1~8拍	第14至15个八拍的动作与第12至13个八拍相同。

| 1~2 | 3~4 | 5~8 |

节拍			动作描述
过渡动作	16×8	1~4 拍	撑起成俯卧撑。
		5~8 拍	左转 90 度, 左脚放到右脚后, 右手支撑, 左手上举, 保持身体平衡。

| 1~2 | 3~4 | 5 | 6~7 | 8 |

节拍			动作描述
过渡动作	17×8	1~2 拍	双手撑地, 左腿屈膝。
		3~8 拍	3~4 拍向右转体 270 度, 5~8 拍左脚向前迈步站起。

节拍		动作描述
结束动作	1 拍	右脚向侧迈步, 左脚屈膝侧点地, 同时右臂侧上举, 左臂扶右髋。

第二节　啦啦操

【微课学堂】

学习目标

1. 了解啦啦操运动的起源与发展历史。
2. 掌握啦啦操运动的 32 个基本手位动作。
3. 掌握啦啦操运动的基本步伐。
4. 掌握全国一级花球啦啦操规定套路动作。

人文体育

啦啦操的起源

　　啦啦操来源于美国早期部落社会的仪式。为激励外出打仗或打猎的战士们，部落通常会举行一种仪式，希望通过族人的欢呼和手舞足蹈的表演来为战士们祈祷。19 世纪 90 年代，美国的部分高校在体育比赛中已经开始指定"啦啦队队长"，他们也被称作"呼喊王""呐喊领袖"。1898 年，在美国明尼苏达大学的一次橄榄球比赛中，学生约翰尼·坎贝尔非常兴奋，站在前面带领人们喊起了加油助威的口号。这次呐喊在啦啦操运动的发展进程中具有里程碑般的意义，它被记载在明尼苏达大学由学生发行的 Ariel 的刊物上，标志着啦啦操运动的正式诞生，约翰尼·坎贝尔也因此成为第一位正式的啦啦操队员。

　　有组织的呐喊助威成为了加强观众参与的一种途径，随着体育竞赛组织的日益严密化，它也进一步加强了运动员与观众之间的良好互动。20 世纪 60 年代，美式足球联盟（NFL）的队伍开始各自筹组织专属的舞蹈啦啦队。NFL 的达拉斯牛仔队的舞蹈啦啦队于 1972—1973 年赛季进行了赛季首演，啦啦操队员优美的舞蹈动作使她们成为关注的焦点。当前，不仅 NBA 与 NFL 等职业赛事中的啦啦操表演为人们熟知，随着我国足球、篮球、羽毛球等运动步入职业化，啦啦操表演也成为这些赛事的组成部分，啦啦操表演更是成为球迷们津津乐道的焦点话题。

【人文体育】

啦啦操的
惊人技巧

一、啦啦操 32 个基本手位

啦啦操 32 个基本手位如图 5-3 所示。

上 M（up M）

下 M（hands on hip）

W（muscle man）

高 V（high V）

下 V（low V）

T

斜举 T

小 T（half T）

直臂平举 X（front X）

高举 X（high X）

下举 X（low X）

屈臂 X（bend X）

X

上举 A（up A）

下举 A（down A）

加油（applauding）

上举 H（touch down）

下举 H（low touch down）

小 H（little H）

L

倒 L（low L）

K

侧 K（Side K）

R

大弓箭

小弓箭（bow）

高冲拳

侧下冲拳

斜下冲拳

斜上冲拳

短剑

侧上冲拳

图 5-3　啦啦操的基本手位

二、全国一级花球啦啦操规定套路

预备
第一、二个八拍

| 预备 | 哒 | 1~4 | 哒 | 5~7 | 8 |

动作说明	预备 (1~8拍)	两膝微屈，右脚侧点地，左手叉腰，右臂侧平举。
	1~4拍	右脚上前锁步，屈膝半蹲，双臂成下V；锁步直立，手臂成加油手位。
	5~8拍	5~7拍双脚开立，手臂成上V；8拍跳成并步，手臂成加油手位。
	手形	握花球。
	面向	1点

第三个八拍

| 1~3 | 1~3侧面示范 | 4 | 5~6 | 7~8 |

动作说明	1~4拍	1~3拍右、左、右脚依次前上步，手臂成下H；4拍并步提踵，手臂成上H。
	5~8拍	5~6拍上左脚成弓步，屈膝，脚跟提起，手臂成加油手位；7~8拍脚步动作不变，手臂成上V。
	手形	握花球。
	面向	1点。

第四个八拍

| 1~3 | 1~3侧面示范 | 4 | 5~6 | 7~8 |

动作说明	1~4拍	1~3拍左、右、左脚依次后退步，手臂成下H；4拍并步提踵，手臂成上H。
	5~8拍	5~6拍左脚后退成弓步，左膝微屈，脚跟提起，手臂成加油手位；7~8拍脚步动作不变，手臂成下V。
	手形	握花球。
	面向	1点。

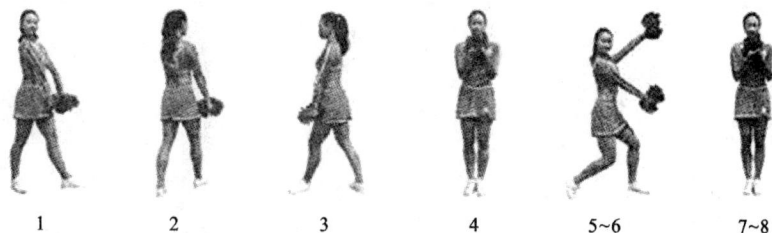

| 1 | 2 | 3 | 4 | 5~6 | 7~8 |

第五个八拍		
动作说明	1~4拍	1~3拍左、右、左脚依次踏步，同时向左转体360度，双臂成下H；4拍成并步，手臂成加油手位。
	5~8拍	5~6拍迈左脚成屈腿弓步，手臂成K，面向3点；7~8拍收左脚，并腿站立，手臂成加油手位。
	手形	握花球。
	面向	1~3拍向7点转360度；4拍面向1点；5~6拍身体向7点，头部面向1点；7~8拍转向1点。

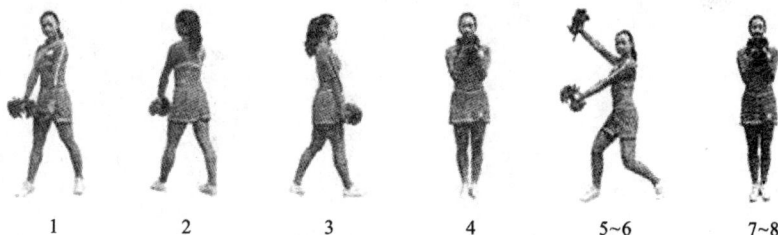

| 1 | 2 | 3 | 4 | 5~6 | 7~8 |

第六个八拍		
动作说明	1~4拍	1~3拍右、左、右脚依次踏步，同时向右转体360度，双臂成下H；4拍成并步，双手持花球于胸前成加油手位。
	5~8拍	5~6拍迈右脚成屈腿弓步，手臂成K，面向3点；7~8拍收右腿，并腿站立，双手持花球于胸前成加油手位。
	手形	握花球。
	面向	1~3拍向3点转360度；4拍面向1点；5~6拍身体向3点，头部面向1点；7~8拍转向1点。

| 1 | 2 | 3 | 4 | 5 | 6 | 7 | 8 |

第七个八拍		
动作说明	1~4拍	1拍左脚向左侧迈步同时半蹲，手臂成右上L；2拍收左脚成并步，手臂成加油手位；3~4拍与1~2拍动作相同，但方向相反。
	5~8拍	5拍左脚上步成前弓步，右臂成前L；6拍并步双脚提踵，手臂成上H；7拍左脚向左侧迈步同时半蹲，左臂成前L；8拍双脚跳成并步，手臂成下H。
	手形	握花球。
	面向	1点。

第八个八拍

| 1~2 | 3~4 | 5~6 | 7~8 | 5~6侧面示范 | 7~8侧面示范 |

动作说明	1~4拍	1~2拍迈右脚成侧点步，手臂成右上斜线；3~4拍与1~2拍动作相同，但方向相反。
	5~8拍	5~6拍跳成屈膝并步，向前弯腰低头含胸，双手收于胸前；7~8拍左脚前迈，成屈膝弓步，右脚跟提起，两手并拢，手臂成前X手位。
	手形	握花球。
	面向	1点。

第九个八拍

| 1~2 | 3 | 4 | 5 | 6 | 7 | 8 |

动作说明	1~4拍	左脚向后左侧方迈出成分腿站立，1~2拍右臂成高冲拳，3~4拍低头抬头一次。
	5~8拍	两腿保持不动，5拍手臂成右斜下冲拳，6拍由右下方摆置左上方成左侧上冲拳；7~8拍与5~6拍动作相同，但方向相反。
	手形	握花球。
	面向	1点。

第十个八拍

| 1、3、5 | 2、4、6 | 7~8 |

动作说明	1~6拍	左右脚依次踏步，双臂成下H。
	7~8拍	双脚成并步，手臂成加油手位。
	手形	握花球。
	面向	1点。

动作说明	1~4拍	1~2拍双脚大分腿站立，双手上举成上A；3~4拍屈膝俯身，双手向下成H，眼随手走。
	5~8拍	5拍身体右转后靠，两腿分立半蹲，重心移至左脚同时左脚跟起，双臂平行向右上方斜冲拳，眼随手走；6拍保持体位重心移至两腿之间，双手下压扶右膝；7拍跳成并步直立，面向7点，双臂垂于大腿前方；8拍右脚在前成锁步，屈臂收于腰间。
	手形	握花球。
	面向	5~6拍2点；7拍7点；1~4拍、8拍1点。

第十二个八拍

动作说明	1~7拍	1拍右脚支撑左腿向内侧摆腿，双手上举成上H；2拍左脚前锁步，手臂成下V，面向2点；3~7拍身体右转前俯身，两腿分立半蹲，重心于两脚之间同时左脚跟提起，双手扶右膝，面向3点，低头。
	8拍	双腿并立，双臂成下H。
	手形	握花球。
	面向	1拍1点；2拍身体向2点，头向1点；3~7拍3点；8拍1点。

第十三个八拍
（依次动作）

动作说明	1~7拍	1~3拍分腿站立，双臂成H上举分别于右前、正前、左前三个方向各敲击一次，面向依次是2点、1点、8点，眼随手走；4-7拍身体左转前俯身，两腿分立半蹲，重心于两脚之间，同时右脚跟提起，手从左前上方垂直下压扶膝，低头，面向8点，眼随手走。
	8拍	8拍双腿并步直立，手臂成下H。
	手形	握花球。
	面向	1拍2点；2拍1点；3拍10点；4-7拍8点；8拍1点。

第十四个八拍

1、3　　2、4　　5　　6　　7~8

动作说明	1~6拍	1~6拍左右脚依次踏步；1~4拍两臂成加油手位，5~6拍成短T。
	7~8拍	双腿并步直立，手臂成下H。
	手形	握花球。
	面向	1点。

第十五个八拍

1　　哒　　2　　3　　4

5　　6　　7　　哒　　8

动作说明	1~5拍	1拍右腿经地面向前踹，两臂由体侧摆至腹前；哒拍屈膝收腿，两臂收于腰侧；2拍成马步，两臂向前冲；3~5拍保持马步小跳三次，3拍手臂成短T，4拍成右斜上冲拳，左手叉腰，身体稍向左倾斜，5拍成左斜上冲拳。
	6~8拍	6-8拍步伐一直保持两腿分立半蹲，重心于两脚之间同时左脚跟提起，6~8拍手臂成下V，同时身体右转前俯低头，7~8拍向前振胸两次，同时抬起上体，面向2点。
	手形	握花球。
	面向	1~5拍1点；6~8拍身体向2点，头向1点（6拍低头）。

第十六个八拍

动作说明	1~4拍	1拍分腿半蹲，左脚尖点地，右手扶臀，左臂侧平举；2拍分腿半蹲，右脚尖点地，双手叉腰；3拍腿部动作与1拍相同，手臂成下V，头向右侧屈；4拍两腿分立，右脚屈膝起踵，两臂交叉于胸前成屈臂X，头向左侧屈。
	5~8拍	5~6拍身体左转向前俯身低头，两腿分立半蹲，重心置于两脚之间同时右脚跟提起，两臂分开于身体两侧，面向8点；7~8拍分腿开立，双臂前平举移于胸前，面向经过8点、1点最后到达2点，8拍身体直立，双手胸前平举成屈臂X。
	手形	握花球。
	面向	1~4拍1点；5~6拍8点；7~8拍经过8点、1点最后到达2点。

第十七个八拍

动作说明	1~4拍	1拍双腿分立重心移至右脚，右臂下伸，左臂屈肘于胸前，面向2点；哒拍左臂下伸，右臂屈肘于胸前；2拍重心置于两脚之间分腿站立，双臂成加油手位，面向1点；哒拍成H；3拍双腿分立重心移至左脚，手臂动作同1拍，方向相反，面向8点；4拍重心置于两脚之间分腿站立，手臂动作同2拍，面向1点。
	5~8拍	5~6拍分腿站立，小臂上举内绕环，经右侧平移至左侧，5拍面向2点，6拍面向8点；7拍屈膝前俯身，含胸低头双臂屈于胸前，面向1点，低头；8拍跳成并步，双臂成上举A，眼随手走。
	手形	握花球。
	面向	1拍2点；2拍1点；3拍8点；4拍1点；5拍2点；6拍8点；7~8拍1点。

第十八个八拍

动作说明	1~4拍	左、右脚依次前走锁步，1、3、4拍右手屈肘扶于右胯，左手屈肘外摆于体侧；2拍和哒拍同1、3拍，方向相反。
	5~8拍	5~7拍右、左、右脚依次上步成下M；8拍并步，手臂成加油手位。
	手形	握花球。
	面向	1点。

第十九个八拍

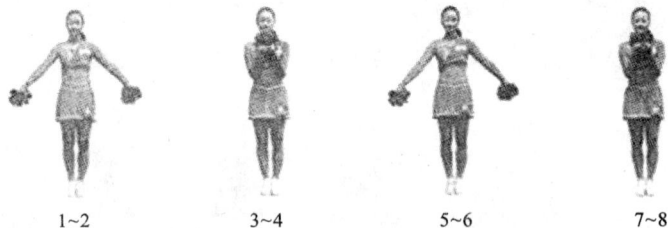

动作说明	1~4拍	1~4拍身体直立，1~2拍手臂成下V；3~4拍屈肘于胸前成加油手位。
	5~8拍	重复1~4拍动作。
	手形	握花球。
	面向	1点。

第二十个八拍

动作说明	1~7拍	1~4拍屈膝并腿弹动，一拍一动，1拍左臂上举，右臂下垂；2~7拍左臂带动右臂做风火轮。
	8拍	8拍并腿站立，手臂成胸前屈臂重叠。
	手形	握花球。
	面向	1点。

第二十一个八拍

| | 1 | 2 | 3 | 4 | 5 | 6 | 7~8 |

动作说明	1~4拍	1~4拍左、右脚依次踏步向左转体270度，双臂成下H，面向逆时针转270度。
	5~8拍	5~6拍左、右脚依次踏步向左转体90度，双臂成下H，面向逆时针转90度；7~8拍双脚并立，双臂侧平举成T，面向1点。
	手形	握花球。
	面向	1~6拍逆时针转360度；7~8拍1点。

第二十二个八拍

| | 1 | 2 | 3 | 4 | 5 | 6 | 7 | 8 |

动作说明	1~4拍	1拍左侧膝腿跳，2拍并腿跳，3拍左踢腿跳，4拍并腿跳；1~4拍手臂保持侧平举；面向都朝向1点。
	5~8拍	5拍右踢腿跳，6拍并腿跳，7拍左踢腿跳，8拍双脚并立；5~6拍手臂保持侧平举；面向都朝向1点。
	手形	握花球。
	面向	1点。

注：这是一组双人配合动作。

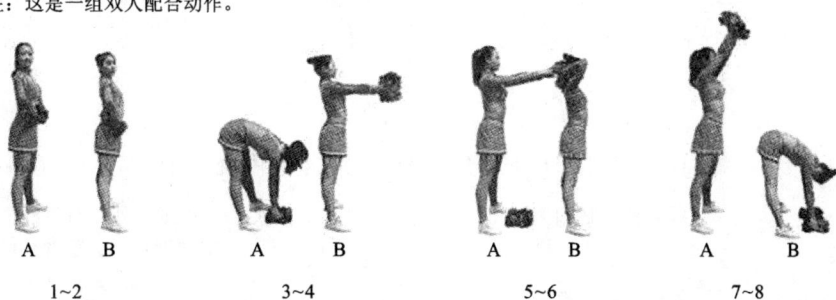

第二十三个八拍

| | A B | A B | A B | A B |
| | 1~2 | 3~4 | 5~6 | 7~8 |

动作说明	1~4拍	A：1~2拍左转体90度，分腿站立，手臂成下M；3~4拍分腿站立，手臂成前H，弯腰，低头，放花球。 B：1~2拍左转体90度，分腿站立，手臂成下M；3~4拍分腿站立，两臂成前H。
	5~8拍	A：5~6拍分腿站立，接花球；7~8拍分腿站立，手臂成上A。 B：5~6拍分腿站立，屈肘肩上向后递花球；7~8拍分腿站立，俯身拾花球，低头。
	手形	握花球，递花球。
	面向	1~2拍身体朝向7点，头向1点；3~8拍朝向7点。

第二十四个八拍

| | 1、3 | 2、4 | 5 | 6 | 7 | 8 |

动作说明	1~4拍	1拍左脚上步，2拍右脚上步，3拍左脚上步，4拍右脚上步；1~4拍手位保持右臂高冲拳；面向都是1点。
	5~8拍	5拍左脚向左移动成开立，双腿屈膝，右脚点地，6~8拍脚跟随髋部左、右依次摆动(一拍一动)；5~8拍左手叉腰，右手随胯左、右依次摆动(一拍一动)。
	手形	握花球。
	面向	1点。

第二十五个八拍

| | 1 | 2 | 3 | 4 | 5 |

| | 哒 | 6 | 7 | 8 |

动作说明	1~4拍	1~4拍左脚迈出十字步，双臂依次向左斜下、右斜下、左斜上、右斜上推动。
	5~8拍	5~6拍左侧身并步走，5拍双臂侧平举，哒拍双臂屈肘外绕环，面向1点；7拍迈右脚，向后转体180度，双臂垂于体侧，面向6点；8拍双臂成X，左脚在前成弓步，面向7点。
	手形	握花球。
	面向	1~2拍面向1点；3拍面向8点，眼随手动；4拍面向2点，眼随手动；5~6拍1点；7拍6点；8拍7点。

第二十六个八拍

| 1 | 哒 | 2 | 3 |

| 4 | 5 | 6 | 7 | 8 |

动作说明	1~2拍	右脚侧并步走，1拍双臂上举成高 V，哒拍手臂成加油手位，2拍双臂下举成下 V。
	3~4拍	向左后方迈步转体180度，转向5点，手臂成下 V。
	5~8拍	5~6拍向前迈步走，手臂成下 H；7拍并步团身半蹲，双手握持花球于胸前，低头；8拍并步提踵，手臂成上举 A。
	手形	握花球。
	面向	1~2拍1点；3拍身体朝向5点，头向1点；4-8拍5点。

结束

结束动作

动作说明	手臂	右臂于斜下方，左臂屈肘于头部后方。
	步伐	分腿站立并屈膝，左脚后撤于身后。
	手形	握花球。
	面向	身体朝向7点，头向1点。

第三节　花样跳绳

【微课学堂】

学习目标

1. 了解花样跳绳运动的发展历史。
2. 掌握花样跳绳基本动作的练习目的和技术要领。
3. 掌握花样跳绳等级锻炼标准一级、二级动作。
4. 了解跳绳运动的注意事项。

人文体育

不一样的跳绳

　　跳绳是很多人学生时代的记忆，体育课上总有这样一个必不可少的环节。无论是对专业运动员还是普通学生，跳绳都是一项很好的强化身体协调性与节奏感的运动，能提高人体在快速运动中的身体平衡能力和协调能力。众所周知，美国职业搏击拳王梅威瑟的步伐敏捷流畅、进退自如，他曾自曝训练步伐的秘密武器就是跳绳。跳绳这项古老的运动在我国已有1600多年的历史，但真正的花样跳绳在国内尚不多见。花样跳绳不仅要有各种高难度的技术动作，还需要有追求真善美和艺术创意的表演成分。随意一根简单的绳子可以舞动出各种花样，旋转、跳跃、翻腾，这早已不是我们记忆中简单的跳绳游戏，而是融合了舞蹈、体操、武术、杂技等各项运动精髓的花样跳绳。世界跳绳锦标赛个人花样冠军薇薇安是这样描述这项运动的："热爱花样跳绳是因为它是一项很具挑战性的运动，需要很多的创意。它教会了我如何去生活，教会我努力去工作，激励自己不到最后一刻都不要放弃。尽管过程非常困难和艰辛，但是通过花样跳绳我不仅周游了世界、结识了许多朋友，还使自己变得更加出色。"

【人文体育】

最棒的跳跃者
薇薇安

一、花样跳绳的基本技术

花样跳绳运动虽有几百种花样，但归纳起来可分为四大类：速度、体力、行进、花样。而练好基本动作又是学好跳绳的关键。其四个基本动作为：

1.双踏锣

练习目的：主要练姿势、跳法、速度。

技术要领：屈腿收腹、抬头挺胸、两眼直视前方；两臂紧靠身体，两手外侧旋转绳；前脚掌着地，后脚跟抬起，跳起约 3 cm，脚掌落地，脚尖点地，全身像个弹簧，两脚交换跳起。如此长期坚持练习，一分钟可连跳三百多次。

2.双脚一股两响

练习目的：主要练弹跳、体力。

技术要领：双脚前掌弹起，直上直下，两臂紧靠身体，以肘关节、手关节分别为轴，加快按节拍旋转绳子，每跳一次绳过两次。长期练习，一分钟可连跳二百多次。注意不要屈腿、伸腿，屈腿容易勾绳，速度慢，浪费体力；伸腿重心向后，容易后倒。

3.前后打

练习目的：主要练抢绳法和花样。

技术要领：两拍三个动作——打、分绳、打。绳从头上左右过，不从脚下过，即绳从前身右边抢左边，立即两手分开，绳到头顶，向后移动，手心始终向上，绳从身后右边抢动到左边，前后抢绳方向一致，然后又将绳从身后左边翻抢到身前右边，以此类推，连续完成动作。

4.蹲下式

练习目的：主要练蹲下动作。

技术要领：蹲下后，两脚前掌着地，两腿两脚并拢，抬头挺胸，两眼直视前方，上身垂直地面，两臂分开，手腕抢绳，下弹上跃，可跳多种花样。

二、花样跳绳等级锻炼标准规定动作

（一）一级动作

一级动作的锻炼宗旨是使跳绳者能够完成基本单摇，掌握多种单摇的步伐变换以及简单的手上变化动作。

左右甩绳

节拍		动作描述
1×8	1~8 拍	两手臂向前摇绳至一边体侧甩绳，绳子不过脚，接着甩绳至另外一边体侧；一拍一动，左右边各四次，完成左右甩绳。

教学提示

(1)先学会单手前摇绳或后摇绳，再接着进行左右甩绳。
(2)左右甩绳时，注意两手腕自然放松、柔和地摇绳。
(3)膝盖与手部节奏一致，富有弹性。
(4)身体保持直立姿态，眼视前方，面带微笑。

并脚跳

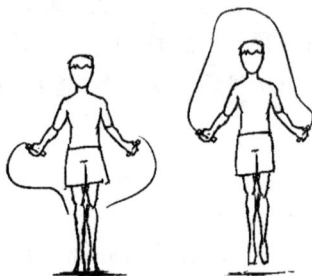

节拍		动作描述
2×8	1~8 拍	两手持绳向前摇绳，双脚并拢跳跃过绳，绳子绕过身体一周，一摇一跳，连续完成并脚跳，即为并脚单摇跳。

教学提示

(1)先进行徒手摇绳练习，再接着单手带绳摇，并跳动。
(2)并脚跳绳时，注意手腕自然放松、柔和地进行摇绳。
(3)膝盖与手部放松、节奏一致，踝关节与膝关节富有弹性，做到前脚掌着地。
(4)身体保持直立姿态，眼视前方，面带微笑。

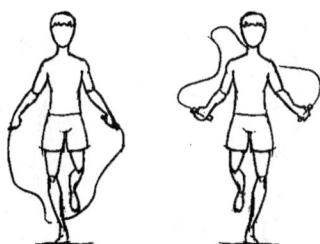

双脚交换跳

节拍		动作描述
3×8	1~8 拍	两手持绳向前摇绳,双脚分先后依次向前抬起跳跃过绳;一摇一跳,左右各四次,连续完成双脚交换跳。

教学提示

(1)先进行徒手练习,再接着单手带绳摇,并双脚交换跳动。
(2)做双脚交换跳时,手部动作应注意两手腕自然放松、柔和地摇绳,手与脚的节奏做到一摇一跳,一摇一抬腿。
(3)腿部动作,做抬脚时,踝关节与膝关节自然下垂,轻松抬腿,控制好高度,做到前脚掌着地,富有弹性。
(4)身体保持直立姿态,眼视前方,面带微笑。

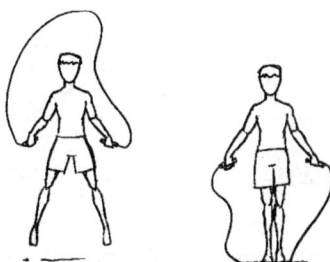

开合跳

节拍		动作描述
4×8	1~8 拍	两手持绳向前摇,当绳子过脚置于空中时,两脚跳跃成开,膝盖微弯曲状态,当绳子快打地时,两脚成合并跳绳过绳;一拍一动,完成开合跳。

教学提示

(1)先进行徒手练习,再接着单手带绳摇,并双脚开合跳动。
(2)做开合跳时,注意两手腕自然放松、柔和地摇绳,手与脚的节奏注意做到一摇一跳,一开一合。
(3)做开合跳时,踝关节与膝关节注意放松,控制好节奏与过绳时机,做到前脚掌着地,富有弹性。
(4)身体保持直立姿态,眼视前方,面带微笑。

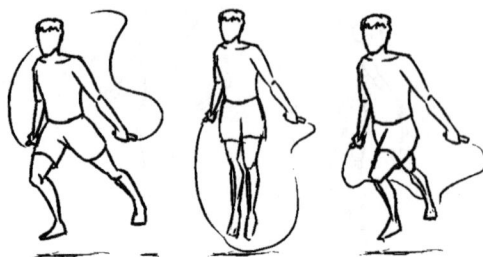

弓步跳

节拍		动作描述
5×8	1~8拍	两手持绳向前摇, 当绳子过脚置于空中时, 两脚分开成前后弓步动作, 当绳子打地快过脚时, 双脚并拢跳过绳; 一拍一动, 左右边各四次, 完成弓步跳。

教学提示

(1) 先进行徒手练习, 再接着单手带绳摇, 并双脚成弓步跳动。
(2) 做弓步跳时, 注意两手腕自然放松、柔和地摇绳, 手与脚的节奏注意做到一摇一跳, 一弓一并。
(3) 做弓步跳时, 踝关节与膝关节注意放松, 控制好节奏与时机, 做到前脚掌着地, 富有弹性。
(4) 身体保持直立姿态, 眼视前方, 面带微笑。

并脚左右跳

节拍		动作描述
6×8	1~8拍	两手持绳向前摇, 当绳子过脚置于空中时, 双脚并拢向右、左边跳; 一拍一动, 左右各四次, 完成并脚左右跳。

教学提示

(1) 先进行徒手练习, 再接着单手带绳摇, 并双脚左右跳动。
(2) 做左右跳时, 注意两手腕自然放松、柔和地摇绳, 手与脚的节奏注意做到一摇一跳, 一左一右。
(3) 做左右跳时, 踝关节与膝关节注意放松, 控制好节奏与时机, 做到前脚掌着地, 富有弹性。
(4) 身体保持直立姿态, 眼视前方, 面带微笑。

基本交叉跳

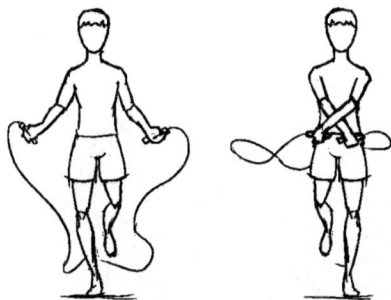

节拍		动作描述
7×8	1~8拍	两手持绳摇，此动作分成两拍完成，第一拍两手为直摇绳，第二拍两手为交叉摇绳；一拍一动，开与合各四次，完成基本交叉跳。
教学提示		

(1)先进行徒手练习，原地静止练习手部动作做交叉摇绳，再接着带绳做交叉跳动。
(2)做间隔交叉单摇跳时，两手腕自然放松、柔和地摇绳，注意摇绳时手部交叉的位置，另外手与脚的节奏要做到一摇一跳，一开一合。
(3)下肢部位踝关节与膝关节放松，控制好节奏，注意绳过脚的时机，做到前脚掌着地，富有弹性。
(4)身体保持直立姿态，眼视前方，面带微笑。

勾脚点地跳

节拍		动作描述
8×8	1~8拍	两手臂向前摇绳，其中一只脚勾脚同时向前点地，另外一只脚直立跳跃过绳，接着交换另外一只脚做同样的动作；一拍一动，左右各四次，完成勾脚点地跳。
教学提示		

(1)先进行徒手练习，再接着单手摇绳配合脚前勾脚点地跳一起练习。
(2)做勾脚点地跳时，注意两手腕自然放松、柔和地摇绳，手与脚的节奏注意做到一摇一跳，一勾点一并跳。
(3)做勾脚点地跳时，下肢部位踝关节与膝关节注意放松，控制好节奏与时机，做到前脚掌着地，富有弹性。
(4)身体保持直立姿态，眼视前方，面带微笑。

（二）二级动作

弹踢腿跳

节拍		动作描述
1×8	1~8拍	两手持绳向前摇，踝关节绷直，小腿向前方弹踢，左右脚交替进行；一拍一动，左右各四次，完成弹踢腿跳。
教学提示		

(1)先进行徒手练习，再接着单手摇绳与腿部弹踢腿跳一起配合。
(2)做弹踢腿跳时，注意两手腕自然放松、柔和地摇绳，手与脚的节奏注意做到一摇一跳，一吸一踢。
(3)下肢部位踝关节与膝关节注意放松弹踢，力到脚尖，控制好跳绳节奏以及绳子过脚的时机，做到前脚掌着地，富有弹性。
(4)身体保持直立姿态，眼视前方，面带微笑。

后屈腿跳

节拍		动作描述
2×8	1~8拍	两手持绳向前摇，当绳子过脚置于空中时，一脚向后折叠后踢，另外一脚直立跳跃过绳，反之为另外一脚折叠后踢，一脚直立跳跃过绳；一拍一动，左右边各四次，完成后屈腿跳。
教学提示		

(1)先进行徒手练习，再接着做单手摇绳与脚部后屈腿跳一起配合。
(2)做后屈腿跳时，注意两手腕自然放松、柔和地摇绳，手与脚的节奏注意做到一摇一跳，一吸一跳。
(3)下肢部位踝关节与膝关节注意放松，控制好跳绳节奏以及绳子过脚的时机，做到前脚掌着地，富有弹性。
(4)身体保持直立姿态，眼视前方，面带微笑。

吸腿跳

节拍		动作描述
3×8	1~8 拍	两手持绳向前摇，当绳子过脚置于空中时，一脚向前上方提膝，另外一脚直立跳跃过绳，反之为另外一脚动作；一拍一动，左右边各四次，完成吸腿跳。

教学提示

(1)先进行徒手练习，再接着单手摇绳与脚部吸腿跳一起配合。

(2)做吸腿跳时，注意两手腕自然放松、柔和地摇绳，手与脚的节奏注意做到一摇一跳，一提一跳。

(3)下肢部位踝关节绷直与膝关节垂直，大腿与地面平行，控制好跳绳节奏以及绳子过脚的时机，做到前脚掌着地，富有弹性。

(4)身体保持直立姿态，眼视前方，面带微笑。

钟摆跳

节拍		动作描述
4×8	1~8 拍	两手持绳向前摇，当绳子过脚置于空中时，一脚向同一侧摆动，另外一脚直立跳跃过绳，反之为另外一脚动作；一拍一动，左右边各四次，完成钟摆跳。

教学提示

(1)先进行徒手练习，再接着单手摇绳与脚部左右钟摆跳一起配合。

(2)做左右钟摆跳时，注意两手腕自然放松、柔和地摇绳，手与脚的节奏注意做到一摇一跳，一左一右。

(3)下肢部位踝关节与膝关节注意绷直摆动，控制好跳绳节奏以及绳子过脚的时机，做到前脚掌着地，富有弹性。

(4)身体保持直立姿态，眼视前方，面带微笑。

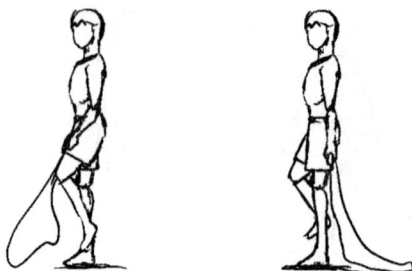

踏步跳

节拍		动作描述
5×8	1~8拍	两手持绳向前摇，双脚做踏步跳跃；一摇一跳，完成踏跳步。

教学提示

(1)先进行徒手练习，分手部摇绳、脚部踏步跳，再接着手脚一起配合。

(2)做踏步跳时，注意两手腕自然放松、柔和地摇绳，手与脚的节奏注意做到一摇一跳。

(3)下肢部位踝关节与膝关节注意放松，控制好跳绳节奏以及绳子过脚的时机，做到前脚掌着地，富有弹性。

(4)身体保持直立姿态，眼视前方，面带微笑。

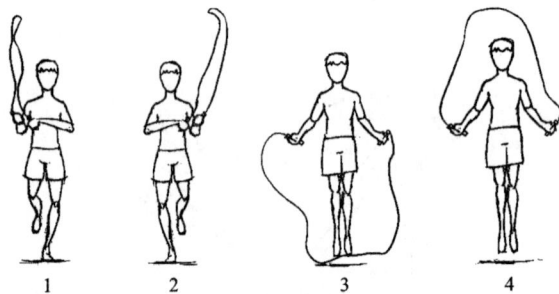

左右侧摆直摇跳

1　　2　　3　　4

节拍		动作描述
6×8	1~8拍	1拍两手持绳向前摇绳至左边体侧甩绳；2拍向右边甩绳；3拍两手打开成直摇姿态，双脚并拢跳跃过绳；4拍重复3拍动作；5~8拍重复1~4拍动作。

教学提示

(1)先进行徒手练习，再接着两手做左右侧摆绳。

(2)做左右侧摆直摇跳时，注意两手腕自然放松、柔和地摇绳，手与脚的节奏注意做到协调。

(3)下肢部位踝关节与膝关节注意放松，控制好跳绳节奏以及绳子过脚的时机，做到前脚掌着地，富有弹性。

(4)身体保持直立姿态，眼视前方，面带微笑。

手臂缠绕

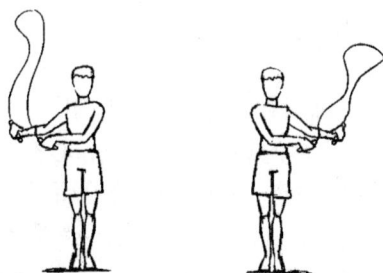

节拍		动作描述
7×8	1~8拍	1~4拍两手持绳向体侧甩绳缠绕同侧手腕一圈，再稍转体摆至另一侧反向打开所缠绕的绳子；5~8拍相同动作反向再做一遍，完成一个八拍。

教学提示

(1)学会此动作，先学会同一方向的缠绕，如一边向前缠绕后接着向后打开，再接着左右手一起配合。

(2)做手臂缠绕时，注意两手腕自然放松、柔和地摇绳，控制摆动的弧度。手的节奏做到一摇一绕，一摇一打地。

(3)下肢部位踝关节与膝关节注意放松，控制好绳子与身体节奏，膝关节富有弹性。

(4)身体保持直立姿态，眼视前方，面带微笑。

前后转换跳

1　　　　2　　　　3　　　　4

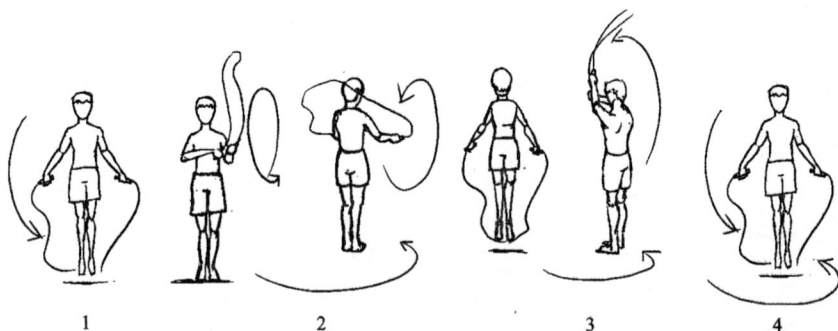

节拍		动作描述
8×8	1~8拍	1拍两手持绳向前摇绳，双脚并拢跳跃过绳一周；2拍双手持绳从身体的一侧随身体转动180度，成后摇绳动姿态；3~4拍转成正面180度直摇绳；5~8拍相同动作反向再做一遍，完成一个八拍。动作总共三个面(即正反正面)。

教学提示

(1)此动作最主要是学会手控制绳的能力，首先学会手控制绳子的方向，再学会绳随身体转动而摆动。

(2)做前后转换跳时，注意两手腕自然放松、柔和地摇绳，手与脚的节奏注意做到一摇一跳。

(3)下肢部位踝关节与膝关节注意放松，控制好节奏与绳过脚的时机，做到前脚掌着地，富有弹性。

(4)身体保持直立姿态，眼视前方，面带微笑。

三、跳绳运动的注意事项

医学专家们认为,跳绳对心脏机能有良好的促进作用。连续跳绳可以使呼吸加深,心跳加快,加速新陈代谢,使血液获得更多的氧气,使呼吸和心血管系统得到充分锻炼。

跳绳时,可以先用双腿同时跳(注意:要用脚尖着地而不是全脚掌或脚后跟),然后再过渡到两只脚轮流跳,就像在绳子上小跑似的。跳绳时不必跳得过高,以能让绳子通过为限,在跳绳的过程中不要急于求成,由于各人的体质不同,所以运动坚持的时间也不同。进行锻炼应该循序渐进,耐力小的可以先跳 5 分钟,第二天跳 10 分钟,第三天跳 15 分钟,经过一段时间的磨合和训练,坚持的时间就可以越来越长。

需要注意的是,跳绳应该采取单脚交换点地的方法,尽量少用双脚一起点地的方法,而且不应该把脚抬得太高。采取单脚交换点地的方法不但可以减少我们在运动过程中的疲劳感,而且可以避免小腿因过分承担重量而肌肉酸痛并长出难看的"萝卜腿"。同时,在跳绳前后还应注意做好充分的准备和拉伸。

【小贴士】

准备与拉伸的方法

第六章

搏击格斗运动

第一节 武 术

【微课学堂】

学习目标

1. 了解武术的起源与发展历史。
2. 掌握武术基本手型和基本步型的动作方法和要领。
3. 掌握初级长拳(第三路)的套路动作。
4. 掌握二十四简化太极拳的套路动作。

人文体育

百拳之母

　　长拳是中国传统拳派之一,属于一种北派武术。长拳的动作特点为套路严谨,架势大而开朗,整套拳路演练起来豪迈奔放,优美中不失威猛气势。长拳相传为宋太祖赵匡胤创编并以此训练士兵,于是人们便将这套拳法称为"太祖长拳"。由于太祖长拳形成较早且体系完整,对其他拳种甚至中国传统文化都有着较大的影响,故享有"百拳之母"的美誉。明朝抗倭名将戚继光对太祖长拳评价很高,在《纪效新书》中把太祖长拳列在首位。由此可见,长拳在中国传统武术中的地位和影响力。在金庸的小说《天龙八部》中,作者更是刻意设计了乔峰使太祖长拳战尽天下英雄而不败的故事情节。如今,长拳已经成为传承与发展中国传统文化的一个重要的文化符号。

【人文体育】

"功夫皇帝"李小龙

一、武术套路

套路运动是以技击动作为素材,以攻守进退、动静疾徐、刚柔虚实等矛盾运动的变化规律编成的整套练习形式。拳术是武术套路中的主要内容,在我国流派众多、拳种各异。其中开展比较广泛的有五步拳、少年拳、初级长拳等。

(一)基本技术

1.基本手型

武术套路中常用的基本手型包括拳、掌、勾(图6-1)。
(1)拳:四指并拢卷握,拇指紧扣食指和中指的第二指关节处。
(2)掌:四指并拢伸直,拇指弯曲紧扣于虎口处。
(3)勾:五指第一指关节捏拢在一起,屈腕。

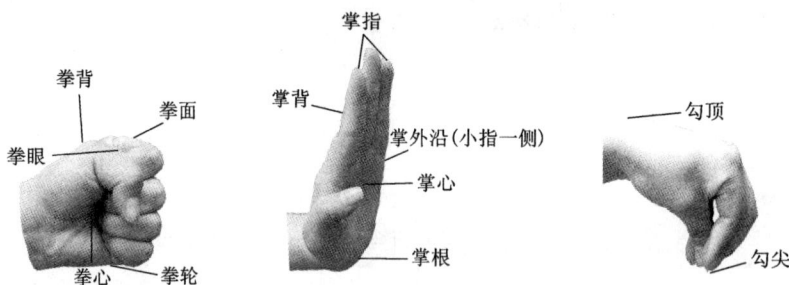

图6-1　基本手型

2.基本步型(图6-2)

(1)弓步:以左弓步为例。左脚向前一大步(4~5倍脚长),脚尖微内扣,屈膝半蹲,膝与脚尖垂直,右腿挺膝伸直,脚尖斜向前,两脚全脚掌着地,两脚成一直线;上体正对前方,挺胸、塌腰、沉髋。

(2)马步:两脚平行开立(约为本人脚长3倍),两脚尖平行正对前方,屈膝半蹲,膝不过脚尖,大腿接近水平,上体正直、塌腰。目视前方,两手抱拳于腰间。

(3)仆步:以左仆步为例。右脚屈膝全蹲,大小腿重叠,臀部靠近小腿,脚尖稍外展;左脚挺直平仆,脚尖内扣两脚,全脚掌着地。目视左方,两手抱拳于腰间。

(4)虚步:以左虚步为例。两脚前后开立,右脚外展45度,屈膝半蹲,左脚跟离地,脚面绷平,脚尖稍内扣虚点地,膝微屈,重心落于后腿上,两手抱拳于腰间,眼平视前方。

(5)歇步:以右歇步为例。两腿交叉靠拢全蹲,左脚全脚掌着地,脚尖外展;右脚前掌着地,臀部坐于左小腿上。挺胸、塌腰、两腿靠拢并贴紧;目视左方,两手抱拳于腰间。

(6)丁步:两腿半蹲并拢,一脚全脚掌着地支撑,另一脚停在支撑脚内侧相靠,脚尖点地。

| 弓步 | 马步 | 仆步 | 虚步 | 歇步 | 丁步 |

图 6-2　基本步型

（二）初级长拳（第三路）

1.动作名称

预备势

起势：虚步亮掌，并步对拳。

第一段：弓步冲拳，弹腿冲拳，马步冲拳，弓步冲拳，弹腿冲拳，大跃步前穿，弓步击掌，马步架掌。

第二段：虚步栽拳，提膝穿掌，仆步穿掌，虚步挑掌，马步击掌，叉步双摆掌，弓步击掌，转身踢腿马步盘肘。

第三段：歇步抢砸拳，仆步亮掌，弓步劈拳，换跳步弓步冲拳，马步冲拳，弓步下冲拳，叉步亮掌侧踹腿，虚步挑拳。

第四段：弓步顶肘，转身左拍脚，右拍脚，腾空飞脚，歇步下冲拳，仆步抢劈拳，提膝挑掌，提膝劈掌弓步冲拳

结束动作：虚步亮掌，并步对掌，还原。

2.动作说明

预备

预备势

动作描述
两脚并步站立。两臂垂于身体两侧，五指并拢贴靠腿外侧。目视前方。

225

起势

虚步亮掌

①　　②　　③　　④

动作描述

①右脚向右后方撤步成左弓步。右掌向右、向上、向前画弧，掌心向上；左臂屈肘，左掌提至腰侧，掌心向上。目视右掌。
②右腿微屈，重心后移。左掌经胸前从右臂上向前穿出伸直。
③右臂屈肘，右掌收至腰侧，掌心向上。目视左掌。
④重心继续后移，左脚稍向右移，脚尖点地，成左虚步。左臂内旋向左、向后画弧成勾手，勾尖向上；右手继续向后、向右、向前上画弧，屈肘抖腕，在头部上方成亮掌（即横掌），掌心向前，掌指向左。目视左方。

并步对拳

①　　②　　③

动作描述

①右腿蹬直，左腿提膝，脚尖里扣，上肢姿势不变。
②左脚向前落步，重心前移。左臂屈肘，左勾手变掌经左肋前伸；右臂外旋向前下落于左掌右侧，两掌同高，掌心均向上。
③右脚向前上一步，两臂下垂后摆。左脚向右脚并步，两臂向外向上经胸前屈肘下按，两掌变拳，拳心向下，停于小腹前。目视左侧。

第一段

弓步冲拳

①　　②

动作描述

①左脚向左上一步，脚尖向斜前方；右腿微屈，成半马步。左臂向上向左格打，拳眼向后，拳与肩同高；右拳收至腰侧，拳心向上。目视左拳。
②右腿蹬直成左弓步。左拳收至腰侧，拳心向上；右拳向前冲出，高与肩平，拳眼向上。目视右拳。

弹腿冲拳

动作描述
重心前移至左腿，右腿屈膝提起，脚面绷直，猛力向前弹出伸直，高与腰平。右拳收至腰侧；左拳向前冲出。目视前方。

马步冲拳

动作描述
右脚向前落步，脚尖里扣，上体左转。左拳收至腰侧，两腿下蹲成马步；右拳向前冲出。目视右拳。

①　　　　　　②

弓步冲拳

动作描述
①上体右转90度，右脚尖外撇向斜前方，成半马步。右臂屈肘向右格打，拳眼向后。目视右拳。 ②左腿蹬直成右弓步。右拳收至腰侧；左拳向前冲出。目视左拳。

弹腿冲拳

动作描述
重心前移至右腿，左腿屈膝提起，脚面绷直，猛力向前弹出伸直，高与腰平。左拳收至腰侧，右拳向前冲出。目视前方。

大跃步前穿

① ② ③ ④

动作描述
①左腿屈膝。右拳变掌内旋，以手背向下挂至左膝外侧，上体前倾。目视右手。 ②左脚向前落步，两腿微屈。右掌继续向后挂，左拳变掌，向后向下伸直。目视右掌。 ③右腿屈膝向前提起，左腿立即猛力蹬地向前跃出。两掌向前向上画弧摆起。目视左掌。 ④右腿落地全蹲，左腿随即落地向前铲出成仆步。右掌变拳抱于腰侧，左掌由上向右向下画弧成立掌，停于右胸前。目视左脚。

弓步击掌

动作描述
右腿猛力蹬直成左弓步。左掌经左脚面向后画弧至身后成勾手，左臂伸直，勾尖向上，右拳由腰侧变掌向前推出，掌指向上，掌外侧向前，目视右掌。

马步架掌

① ②

动作描述
①重心移至两腿中间，左脚脚尖里扣成马步，上体右转。右臂向左侧平摆，稍屈肘；同时左勾手变掌由后经左腰侧从右臂内向前上穿出，掌心均朝上。目视左手。 ②右掌立于左胸前；左臂向左上屈肘抖腕亮掌于头部左上方，掌心向前。目右转视。

第二段

虚步栽拳

①　　　　　　②

动作描述

①右脚蹬地，屈膝提起；左腿伸直，以前脚掌为轴向右后转体 180 度。右掌由左胸前向下经右腿外侧向后画弧成勾手；左臂随体转动并外旋，使掌心朝右。目视右手。
②右脚向右落地，重心移至右腿上，下蹲成左虚步。左掌变拳下落于左膝上，拳眼向里，拳心向后；右勾手变拳，屈肘向上架于头右上方，拳心向前。目视左方。

提膝穿掌

①　　　　　　②

动作描述

①右腿稍伸直。右拳变掌收至腰侧、掌心向上，左拳变掌由下向左向上画弧盖压于头上方，掌心向前。
②右腿蹬直，左腿屈膝提起，脚尖内扣。右掌从腰侧经左臂内向右前上方穿出，掌心向上，左掌收至右胸前成立掌。目视右掌。

仆步穿掌

动作描述

右腿全蹲，左腿向左后方铲出成左仆步。右臂不动，左掌由右胸前向下经左腿内侧，向左脚面穿出。目随左掌转视。

虚步挑掌

①　　　　　　②

动作描述

①右腿蹬直，重心前移至左腿，成左弓步。右掌稍下降，左掌随重心前移向前挑起。

②右脚向左前方上步，左腿半蹲，成右虚步。身体随上步左转180度。在右脚上步的同时，左掌由前向上向后画弧成立掌，右掌由后向下向前上挑起成立掌，指尖与眼平。目视右掌。

马步击掌

①　　　　　②

动作描述

①右脚落实，脚尖外撇，重心稍升高并右移，左掌变拳收至腰侧；右掌俯掌向外捋手。

②左脚向前上一步，以右脚为轴向右后转体180度，两腿下蹲成马步。左掌从右臂上成立掌向左侧击出；右掌变拳收至腰侧。目视左掌。

叉步双摆掌

①　　　　　②

动作描述

①重心稍右移，同时两掌向下向右摆，掌指均向上。目视右掌。

②脚向左腿后插步，前脚掌着地。两臂继续由右向上向左摆，停于身体左侧，均成立掌，右掌停于左肘窝处。目随双掌转视。

弓步击掌

①　　　　　②

动作描述

①两腿不动。左掌收至腰侧，掌心向上；右掌向上向右画弧，掌心向下。

②左腿后撤一步，成右弓步。右掌向下向后伸直摆动，成勾手，勾尖向上；左掌成立掌向前推出。目视左掌。

转身踢腿马步盘肘

①　　　②　　　③　　　④　　　⑤

动作描述

①两脚以前脚掌为轴向左后转体180度。在转体的同时，左臂向上向前划半立圆，右臂向下向后划半圆。

②上动不停，两脚不动，右臂由后向上向前划半立圆，左臂由前向下向后划半立圆。

③上动不停，右劈向下成反臂勾手，勾尖向上；左臂向上成亮掌，掌心向前上方。右腿伸直，脚尖勾起，向额前踢。

④右脚向前落地，脚尖里扣。右手不动，左臂屈肘下落至胸前，左掌心向下。目视左掌。

⑤上体左转90度，两腿下蹲成马步。同时左掌向前向左平掳变拳收至腰侧，右勾手变拳，右臂伸直，由体后向右向前平摆，至体前时屈肘，肘尖向前，高与肩平，拳心向下。目视肘尖。

第三段

歇步抡砸拳

①　　　　　②　　　　　③

动作描述

①重心稍升高，右脚尖外撇。右臂由胸前向上向右抡直；左拳向下向左，使臂抡直。目视右拳。

②上动不停，两脚以前脚掌为轴，向右后转体180度。右臂向下向后抡摆，左臂向上向前随身体转动。

③紧接上动，两腿全蹲成歇步。左臂随身体下蹲向下平砸，拳心向上，臂部微屈；右臂伸直向上举起。目视左拳。

仆步亮拳

①　②　③

动作描述

①左脚由右腿后抽出前上一步，左腿蹬直，右腿半蹲，成右弓步。上体微向右转。左拳收至腰侧，右拳变掌向下经胸前向右横击掌。目视右掌。

②右脚蹬地屈膝提起，上体右转。左拳变掌从右掌上向前穿出，掌心向上，右掌平收至左肘下。

③右脚向右落步，屈膝全蹲，左腿伸直，成仆步。左掌向下向后画弧成勾手，勾尖向上，右掌向右向上画弧微屈，抖腕成亮掌，掌心向前。头随右手转动，至亮掌时，目视左方。

弓步劈拳

①　②　③

动作描述

①右腿蹬地立起；左腿收回并向左前方上步。右掌变拳收至腰侧，左勾手变掌由下向前上经胸前向左做搂手。

②右腿经左腿前方向左绕上一步，左腿蹬直成右弓步。左手向左平搂后再向前挥摆，虎口朝前。

③在左手平搂的同时，右拳向后平摆，然后再向前向上做抡劈拳，拳高与耳平，拳心向上，左掌外旋接扶右前臂。目视右拳。

换跳步弓步冲拳

①　②　③　④

动作描述

①重心后移，右脚稍向后移动。右拳变掌臂内旋以掌背向下画弧挂至右膝内侧；左掌背贴靠右肘外侧，掌指向前。目视右掌。

②右腿自然上抬，上体稍向左扭转。右掌挂至体左侧，左掌伸向右腋下。目随右掌转视。

③右脚以全脚掌用力向下振跺，与此同时，左脚急速离地抬起。右手由左向上向前搂盖而后变拳收至腰侧，左掌伸直向下、向上、向前屈肘下按，掌心向下。上体右转，目视左掌。

④左脚向前落步，右腿蹬直成左弓步。右拳向前冲出，拳高与肩平；左掌藏于右腋下，掌背贴靠腋窝。目视右拳。

马步冲拳

动作描述
上体右转90度，重心移至两腿中间，成马步。右拳收至腰侧，左掌变拳向左冲出，拳眼向上。目视左拳。

弓步下冲拳

动作描述
右脚蹬直，左腿弯屈，上体稍向左转，成左弓步。左拳变掌向下经体前向上架于头左上方，掌心向上，右拳自腰侧向左前斜下方冲出。目视右拳。

叉步亮掌侧踹腿

①　　　　②　　　　③

动作描述
①上体稍右转。左掌由头上下落于右手腕上，右拳变掌，两手交叉成十字。目视双手。 ②右脚蹬地并向左腿后插步，以前脚掌着地。左掌由体前向下向后画弧成勾手，勾尖向上，右掌由前向右向上画弧抖腕亮掌，掌心向前。目视左侧。 ③在重心移至右腿，左腿屈膝提起，向左上方猛力蹬出。上肢姿势不变，目视左侧。

虚步挑掌

① ② ③

动作描述
①左脚在左侧落地。右掌变拳稍后移，左勾手变拳由体后向左上挑，拳背向上。
②上体左转180度，微含胸前俯。左拳继续向前向上画弧上挑，右拳向下向前画弧挂至右膝外侧，同时右膝提起。目视右拳。
③右脚向左前方上步，脚尖点地，重心落于左脚，左腿下蹲成右虚步。左拳向后画弧收至腰侧，拳心向上，右拳向前屈臂挑出，拳眼斜向上，拳与肩同高。目视右拳。

第四段

弓步顶肘

① ② ③ ④

动作描述
①重心升高，左腿蹬直，右腿屈膝上抬。右臂内旋向下直臂画弧以拳背下挂至右膝内侧，随即左拳变掌，右拳不变，两臂向前向上画弧摆起。目随右拳转视。
②左脚蹬地起跳，身体腾空，两臂继续画弧至头上方。
③右脚先落地，右腿屈膝，左脚向前落步，以前脚掌着地。同时两臂向右向下屈肘停于右胸前，右拳变掌，左掌变拳。右掌心贴靠左拳面。
④左脚向左上一步，左腿屈膝，右腿蹬直成左弓步。右掌推左拳，以左肘尖向左顶出，高与肩平。目视前方。

转身左拍脚

① ②

动作描述
①以两脚前脚掌为轴向右后转体180度。随着转体，右臂向上、向右向下画弧抡摆，同时左拳变掌由掌心朝下，由后向前上抡摆。
②左腿伸直向前上踢起，脚面绷平。左掌变拳收至腰侧，右掌由体后向上向前拍击左脚面。

右拍脚

①　　　　　②

动作描述
①左脚向前落地，左拳变掌向下向后摆，右掌变拳收至腰侧。 ②右腿伸直向前上踢起，脚面绷平。左拳变掌由后向上向前拍击右脚面。

腾空飞脚

①　　　　　②　　　　　③

动作描述
①右脚向前下压落地，身体重心移至右腿，上肢姿势保持不变。 ②左脚向前摆起，右脚猛力蹬地跳起，左腿屈膝继续前上摆。同时右拳变掌向前向上摆起，左掌先上摆而后下降拍击右掌背。 ③右腿继续上摆，脚面绷平。右手拍击右脚面，左掌由体前向后上举。

歇步下冲拳

①　　　　　②

动作描述
①左、右脚先后相继落地。左掌变拳收至腰侧。 ②身体右转90度，两腿全蹲成歇步。右掌抓握、外旋变拳收至腰侧；左拳由腰侧向前下方冲出，拳心向下。目视左拳。

仆步抡劈拳

① ② ③

动作描述
①重心升高，右臂由腰侧向体后伸直，左臂随身体重心升高向上摆起。
②以右脚前脚掌为轴，左腿屈膝提起，上体左转270度。左拳由前向后下划立圆一周；右拳由后向下向前上划立圆一周。
③左腿向后落一步，屈膝全蹲，右腿伸直，脚尖里扣成右仆步。右拳由上向下抡劈，拳眼向上；左拳后上举，拳眼向上。目视右拳。

提膝挑掌

① ②

动作描述
①重心前移成右弓步。同时右拳变掌由下向上抡摆，左拳变掌稍下落，右掌心向左，左掌心向右。
②左、右臂在垂直面上由前向后各划立圆一周。右臂伸直停于头上，掌心向左，掌指向上，左臂伸直停于身后成反勾手。同时右腿屈膝提起，左腿挺膝伸直独立。目视前方。

提膝劈掌弓步冲拳

① ② ③

动作描述
①下肢不动。右掌由上向下猛劈伸直，停于右小腿内侧，用力点在小指一侧；左勾手变掌，屈臂向前停于右上臂内侧，掌心向左。目视右掌。
②右脚向右后落地；身体右转90度。同时左掌变拳收至腰侧，右臂内旋向右画弧做劈掌。
③上动不停，左腿蹬直成右弓步。右手抓握变拳收至腰侧，左拳由腰侧向左前方冲出。目视左拳。

结束动作

虚步亮掌

① ② ③

动作描述

①右脚扣于左膝后，两拳变掌，两臂右上左下屈肘交叉于体左前。目视右掌。
②右脚向右后落步，重心后移，右腿半蹲，上体稍右转。同时右掌向上、向右、向下画弧停于左腋下；左掌向左、向上画弧停于右臂上与左胸前，两掌心左下右上。目视左掌。
③左脚尖稍向右移，右腿下蹲成左虚步。左臂伸直向左、向后画弧成反勾手；右臂伸直向下、向右、向上画弧抖腕亮掌，掌心向前。目视左方。

并步对掌

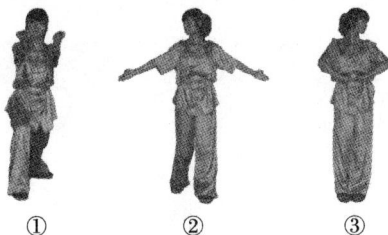

① ② ③

动作描述

①左腿后撤一步，同时两掌从两腰侧向前穿出伸直，掌心向上。
②右腿后撤一步，同时两臂分别向体后下摆。
③左脚后退半步向右脚并拢。两臂由后向上经体前屈臂下按，两掌变拳，停于腹前，拳心向下，拳面相对。目视左方。

还原

动作描述

两臂自然下垂，目视正前方。

二、简化太极拳

"简化太极拳"又称"二十四式太极拳"，是按照由简到繁、由易到难的原则，对已在群众中流行的太极拳进行改编、整理的。"简化太极拳"改变了过去那种先难后易的锻炼顺序，去掉了原有套路中过多的重复动作，集中了过去套路中的主要结构和技术内容，便于学习和掌握。练习者可连贯演练，也可单式或分组练习。

1.动作名称

这套拳共分四段，包括"起势""收势"等共 24 个姿势动作。
预备势；
第一段：起势，左右野马分鬃，白鹤亮翅，左右搂膝拗步，手挥琵琶；
第二段：左右倒卷肱，左揽雀尾，右揽雀尾，单鞭，云手，单鞭；
第三段：高探马，右蹬脚，双峰贯耳，转身左蹬脚，左下势独立，右下势独立；
第四段：左右穿梭，海底针，闪通臂，转身搬拦捶，如封似闭，十字手，收势。

2.动作说明

预备

预备势

动作描述
身体自然站立，两脚并拢；双臂垂于体侧。

第一段

**第一式
起势**

①   ②

动作描述
①身体自然直立，两脚开立，与肩同宽，脚尖向前；两臂上抬与肩同高，手心向下；目视前方。
②上体保持正直，屈膝下蹲；同时两掌轻轻下按至腹前；目视前方。

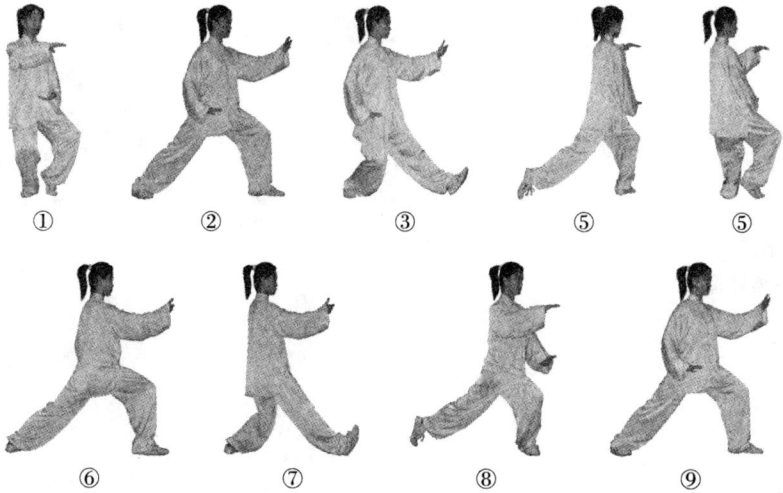

第二式
左右野马分鬃

| ① | ② | ③ | ⑤ | ⑤ |

| ⑥ | ⑦ | ⑧ | ⑨ |

动作描述
①上体稍向右转，重心右移；同时，两手心相对成抱球状，右臂与胸同高，左臂与腹同高；左脚尖收至右脚内侧；目视左侧。 ②迈左脚，右膝自然伸直，成左弓步；同时，两手分别向左上右下分开，左手与肩同高，掌心斜向上；右手落于右胯旁，掌心朝下，指尖朝前；目视前方。 ③上体后坐，屈右膝，左腿伸直，左脚尖翘起外展45~60度。 ④左腿前弓，上体左转，重心移至左腿，同时左上右下两手心相对抱成球状。 ⑤右脚收至左脚内侧，脚尖着地，目视右侧。 ⑥上体右转，迈右脚，成右弓步；右上左下分开，右手与肩平(手心斜向上)，肘微屈；左手落在左胯旁肘微屈，手心朝下，指尖朝前；眼看右手。 ⑦⑧与③④动作相同，左右相反。⑨与②动作相同。

第三式
白鹤亮翅

| ① | ② |

动作描述
①左脚不动，右脚跟步至左脚跟后侧，左上右下手心相对呈抱球状；目视前方。 ②上体后坐，重心移至右腿，左脚尖前移点地成左虚步；同时两手随转体，右手上提，手心朝左后方，左手落在左胯前，手心向下，指尖朝前；目视前方。

① ② ③ ④

第四式
左右搂膝拗步

⑤ ⑥

动作描述
①右手经体前下落，由下向后上方画弧至右肩外侧，与耳同高，手心斜向上；左手由左下向上，向右下方画弧至胸前，手心斜向下；同时，左脚尖点地收至右脚内侧，目视右手。 ②上体左转，迈左脚成左弓步，同时右手屈肘经右耳侧向前推出，左手向下由左膝前搂过落于左胯旁，指尖朝前；目视右手。 ③上体后坐，重心右移，左脚尖外撇，重心移至左腿，右脚尖点地收至左脚内侧；同时左手展臂，与耳高；右手画弧落于左胸前，手心斜向下；眼看左手。 ④与②动作相同，但左右相反。 ⑤与③动作相同，但左右相反。 ⑥与②动作相同。

第五式
手挥琵琶

① ②

动作描述
右脚跟进半步，上体后坐，重心右移，左脚微提起向前移，变成左虚步，脚跟着地；同时左手由左下向上挑举，高与鼻尖平，掌心向右；右手收回左肘里侧，掌心向左；目视左手。

第二段

第六式
左右倒卷肱

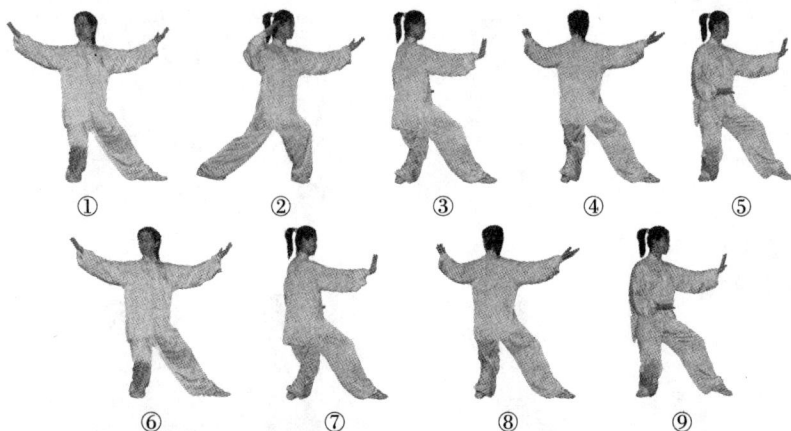

① ② ③ ④ ⑤

⑥ ⑦ ⑧ ⑨

动作描述

①上体右转，右手翻掌(手心朝上)经腹前由下向后上方平举。
②左手翻掌向上，眼随手走。
③右掌屈肘由耳侧向前推出，掌心向前；左臂屈肘收至左肋外侧，手心朝上；同时左腿后退，重心移至左腿，成右虚步；目视右手。
④上体微向左转，左手随转体向后展臂，右手掌心朝上；眼随手走。
⑤⑥与③④动作相同，但左右相反。
⑦⑧⑨与③④⑤动作相同。

第七式
左揽雀尾

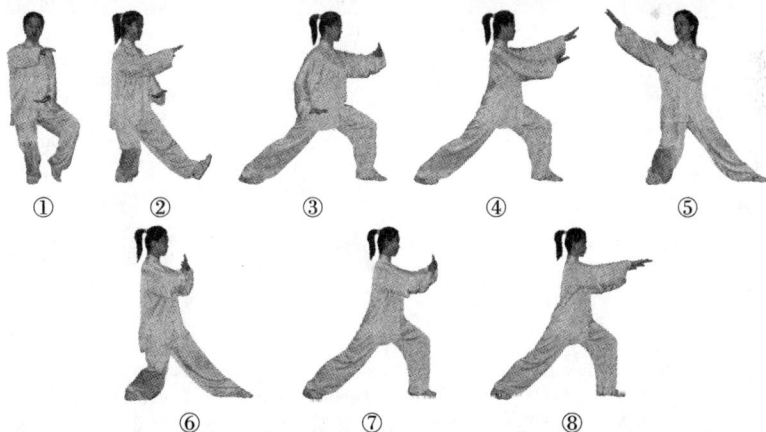

① ② ③ ④ ⑤

⑥ ⑦ ⑧

动作描述

①上体稍向右转，重心左移；同时，两手心相对成抱球状，右臂与胸同高；左脚尖收至右脚内侧，目视前方。
②左腿伸直，左脚尖翘起外展约45~60度。
③重心左移成左弓步；同时左臂向左前方绷出(即左臂平屈成弓形，用前臂外侧和手背向前方推出)，屈肘于右胸前，手心向后；右手下落于胯旁，手心向下，指尖向前；目视前方。
④~⑤重心右移，左掌向下翻掌向前伸直，右掌翻掌前伸，至左前臂下方；两手下捋(即上体向右转，两手经腹前向右画弧)，直至右臂高于肩齐，左臂平屈于胸前；眼随手走。
⑥~⑦上体左转，右臂屈肘手附于左腕内侧；重心前移成左弓步，双手同时向前挤出，目视前方。
⑧重心后坐，右手经左腕上方向前伸出，两手左右分开，屈肘回收至胸前，两掌手心向下按；重心前移成左弓步，两手继续向前按出；目视前方。

① ② ③ ④

**第八式
右揽雀尾**

⑤ ⑥ ⑦ ⑧

动作描述
①②上体后坐并向右转，身体重心移至右腿，左脚尖里扣；收右脚，右手在下抱球；目视前方。 ③~⑧与第七式"左揽雀尾"③~⑧动作相同，但左右相反。

**第九式
单鞭**

① ②

动作描述
①重心左移，扣右脚尖，两手左上右下向左弧形运转，左臂平举于体侧，手心向左；右手心向后下方；眼随手走。 ②收左脚；同时两手左下右上，向右转体，右手至右侧时变勾手；迈左脚成左弓步；左掌随上体左转经右肩前向前推出；眼随手走。

第十式
云手

①②③④

⑤⑥

动作描述

①重心右移，扣左脚尖，两手(右上左下)向右弧形运转，右臂平举于体侧，手心向左；左手经腹前至右肋前，手心向后下方；眼随手走。
②重心左移，右脚靠近左脚，成小开立步；两手(左上右下)向左弧形运转，左臂平举于体侧，手心向左；右手心向后下方；眼随手走。
③~⑥重复①②动作。

第十一式
单鞭

①②

动作描述

动作与第九式相同。

第三段

第十二式
高探马

①②

动作描述

①右脚踏实，左脚跟微离地；右手变掌，两手心翻转向上，两肘微屈；眼看左前方。
②左脚微向前移，脚尖点地，成左虚步；右掌经右耳旁向前推出；左手收至左侧腰前，手心向上；目视右掌。

第十三式
右蹬腿

①   ②

动作描述

①左手前伸至右腕上，随即向两侧分开并向下，由外圈向内向上画弧，两手交叉合抱于胸前；重心移至左腿，提右膝，绷脚尖，目视前方。
②两臂左右画弧分开平举，肘部微屈，手心均向外；同时右脚向右前方蹬出；目视右前方。

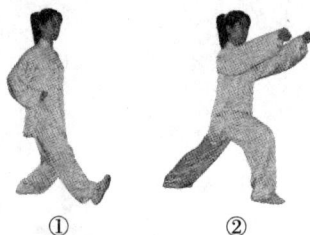

第十四式
双峰贯耳

①   ②

动作描述

①屈左膝，右腿收回向右前方落下，脚跟着地；两手均由外向内向下变拳收于腰间；目视前方。
②重心前移成右弓步；同时两手分别从两侧向上、向前画弧至面部前方成钳状；目视前方。

第十五式
转身左蹬脚

①   ②

动作描述

①屈左膝，扣右脚，向后转180度；重心右移，提左膝；同时两拳变掌，由上向左右画弧分开平举，由下向上交叉合抱于胸前；目视前方。
②两臂左右画弧分开平举，肘部微屈，手心均向外；同时左腿屈膝提起，缓缓向前蹬直；目视左前方。

**第十六式
左下势独立**

①　②　③

动作描述
①左腿收回平屈，上体右转；右掌变成勾手，左掌向上、向右画弧下落，立于右肩前，掌心斜向后；眼看右手。 ②右腿屈膝下蹲，左腿由内向左侧(偏后)伸出，成左仆步；左手下落顺左腿内侧向前穿出；眼看左手。 ③左脚尖向外撇，重心前移，右腿提膝，成左独立式；右手变掌，由后下方前画弧立掌前挑，手心向左；左手落于胯旁，掌心向下，指尖向前；目视前方。

**第十七式
右下势独立**

①　②　③

动作描述
与第十六式"左下势独立"动作相同，左右相反。
第四段

**第十八式
左右穿梭**

①　②　③

动作描述
①落左脚，右脚尖点地收至左脚内侧，两腿屈膝成半蹲式；同时两手左上右下在左胸前成抱球状；然后右脚，目视左前方。 ②迈右脚成右弓步；右手上举至额前上方，手心斜向上；左手由腰间向前推出；目视左手。 ③收左脚经右脚内侧向左斜前迈成左弓步；左手自腹前向上抬至额前上方，手心斜向上；右手由腰间向前推出；目视右手。

第十九式
海底针

动作描述

右脚向前跟步，左脚稍前移，脚掌着地成虚步；右手下落向后经耳旁向前下方斜插；左手经右肩向下画弧至左胯旁；眼随右手走。

第二十式
闪通臂

动作描述

上体恢复中正，左脚向右收回再向左迈出成左弓步；右手上抬至额前，掌心向外；左手经右腕内侧向前握掌。

第二十一式
转身搬拦捶

① ② ③ ④

动作描述

①屈右膝，扣左脚，右脚跟收至左脚内侧，身体右转；右手握拳向右上方画弧下落收至腹前，拳心向内；左掌经面前画弧收至右肩前；目视右前方。

②右脚向前迈步，脚跟着地；右拳经胸前向前搬压，拳心向上；左掌经右前臂外侧按于左胯旁；目视右拳。

③重心前移至右腿，左脚向前上步，脚跟着地；右拳向右画弧经体侧收至腰间；左掌经左侧向体前画弧至体前；目视左掌。

④重心前移，左腿屈膝成左弓步；右拳向前打出，拳眼转向上，左手微收，掌指附于右前臂内侧，掌心向右；目视右拳。

第二十二式
如封似闭

① ②

动作描述
①左手右臂下方向前穿出，右拳变掌，两手心向上，分开与肩同宽；右腿屈坐，两掌收至胸前，手心向内；目视前方。 ②重心前移成左弓步；两掌经胸前弧线向前推出，掌心朝前；目视前方。

第二十三式
十字手

动作描述
重心右移，左脚尖内扣；同时右手经面前向右画弧；提右脚向左收半步成开立步，两手画弧下落，经腹前交叉上举抱于胸前，成十字形；目视前方。

第二十四式
收势

① ②

动作描述
①两臂内旋分开与肩同宽，掌心向下，缓缓下按，同时直膝直立，两手落于大腿外侧；目视前方。 ②左脚轻轻收回，与右脚并拢，恢复成预备姿势。

第二节 散 打

【微课学堂】

学习目标

1. 了解散打运动的起源与发展历史。
2. 了解散打运动的竞赛规则。
3. 掌握散打基本步法、拳法、腿法和摔法的动作方法和技术要领。
4. 掌握散打基本技术的实战运用。

人文体育

"嘎子哥"李景亮

2017 年 11 月 25 日，UFC 格斗之夜上海站，现场观众座无虚席，李景亮作为 UFC 中国力量的代表迎战美国选手扎克·奥托。在现场观众的呐喊助威声中，气势十足的他仅用了 2 分 50 秒就 TKO(技术性击倒)了对手。UFC，即无限制格斗冠军赛，是目前世界上最顶级和规模最庞大的职业 MMA(综合格斗)赛事。李景亮是目前 UFC 中战绩最佳的中国选手，也是近年来最受拳迷认可的拳手之一。李景亮出生于新疆塔城的一个普通农村家庭，生活并不富裕。他 13 岁时，塔城市业余体校招生，李景亮母亲对他说："去吧，男孩子要多出去走一走，闯荡一番。"从此，他开始学习摔跤，走上了运动员的道路。2007 年，李景亮师从"散打王"宝力高开始练习散打。同年 7 月，他参加"散打之王"争霸赛，获得了 84 公斤级的冠军。两个月后，他初登 MMA 擂台"英雄榜"，在首回合不利的情况下，翻盘逆转终结对手，取得首胜。由于李景亮出色的比赛成绩，并获得"武林传奇"次中量级冠军，引起了 UFC 的注意。在他之前，中国只有两名拳手(张铁泉和居马别克)登上过这个舞台。

2014 年，李景亮正式签约 UFC，踏上了梦想的"武台"。李景亮在国内比赛时擅用"断头台"技术，就像吸血魔一样紧紧吸住对方的脖子，因此获得了"吸血魔"的绰号。但是，由于他长得很像电视剧《小兵张嘎》中的嘎子，国内拳迷都喜欢叫他"嘎子哥"。同年 5 月，李景亮迎来 UFC 首战，不负众望斩获 UFC 首胜。代表 UFC 中国力量，为梦想、为家人、为队友而战的李景亮，在 UFC 收入并不高，他也曾受到其他赛事的高薪邀请，但他表示要在最顶尖的赛事展现最好的自己，MMA 运动员的运动寿命是有限的，要把握好机会去冲击 UFC 冠军，创造中国的历史！

【人文体育】

"吸血魔"绰号的由来

一、基本技术

散打技术主要包括拳法、腿法和摔法，在实战中对远、中、近距离分别进行进攻和防守。腿法是散打中最具威力和特点的技术之一，用于较远距离进攻及防守反击；拳法是搏击中最常用的技术之一，用于中等距离进攻及防守反击；摔法是散打运动中的主要技术之一，在近身中经常使用，它具有快摔及与拳腿巧妙配合的特点，摔法也是散打和其他搏击类项目的主要技术区别。踢、打、摔共同组成了散打技术体系。

散打拳法主要包括直拳、摆拳、勾拳、劈拳、扣拳、鞭拳、弹拳七种，其中直拳、摆拳、勾拳为主体。

散打腿法主要包括蹬腿、踹腿、鞭腿、勾腿等技法。

散打摔法可分为主动贴身摔和防守反击摔(接招摔)两类。贴身抱摔包括夹颈、抱腰、抱腿的各种贴身摔法，接招摔包括接住对方的进攻的各种拳法和腿法之后运用夹臂和抱腿的摔法。

针对高校散打普修课的特点及要求，本章只对散打的实战姿势、基本步法、拳法、腿法及摔法等的部分内容向大家作简要介绍，希望对高校散打运动的开展起到推动作用。

(一)实战姿势(预备姿势)

【动作方法】散打的实战姿势一般分为左手在前的"正架"(图6-3)和右手在前的"反架"两种。练习者可以根据自己的习惯和爱好，选择合适的一种实战姿势作为最初学习散打的定势。本书均以正架为例。

图6-3　实战姿势"正架"

【动作要领】

(1)步型：两脚前后开立，距离稍大于肩。前脚掌稍内扣，后脚跟微离地。两膝微屈，身体重心在两腿之间。

(2)躯干：身体侧向前方，含胸收腹。

(3)手型和头部：手型要求四指内屈，并拢握拳，大拇指横压于食指和中指的第二节指节上。前臂的肘关节夹角为90~110度，拳与鼻同高，肘下垂；后臂的拳在颌下，屈臂贴靠手胸肋，下颌微收。目平视，合齿闭唇。

(二)基本步法

1.前进步

【动作方法】后脚蹬地,前脚先向前进半步,后腿紧接跟进半步(图6-4)。

【动作要领】

(1)进步幅度不宜过大,前脚和后脚进步时衔接得越快越好,后脚跟进后的身体姿势不变。

(2)前脚进步和后脚跟步的距离要相等,以保持身体的平衡稳定。

图6-4　前进步

2.后退步

【动作方法】前脚蹬地,后脚先后退半步,前脚再回收半步(图6-5)。

【动作要领】退后脚时,前脚掌用力向前下方蹬地,前脚与后脚后退距离相等。

3.上步

【动作方法】后脚向前一步,同时左、右拳前后交换成反架姿势(图6-6)。

【动作要领】上步时身体不能前后摆动,上步与两手同时交换,协调。

图6-5　后退步

图6-6　上步

4.撤步

【动作方法】左脚向后撤一步,脚跟离地,成右脚在前、左脚在后的姿势。右脚脚尖外展,重心偏于右腿(图6-7)。

【动作要领】撤步时步子不要太大,重心移动不要过多,速度要快。

5.交叉步

【动作方法】

(1)前交叉步:后脚跟提起,以脚掌擦地,从前脚前向左迈步,落脚于左脚前侧,两腿交叉(图6-8)。

(2)后交叉步:后脚跟提起,以脚掌擦地,从前脚向后插步,落脚于前脚左后侧,两腿交叉(图6-9)。

【动作要领】使用交叉步时,要降低重心,身体移动须保持平衡,动作要连贯迅速。同时注意保持侧面与对方相对，目视对方。

图 6-7　撤步　　　　图 6-8　前交叉步　　　　图 6-9　后交叉步

6.垫步

【动作方法】后脚蹬地向前脚内侧并拢，同时前腿屈膝提起(图 6-10)。

【动作要领】后脚向前脚并拢要迅速、突然，垫步与提膝不要脱节、停顿，身体向前平衡移动，不要向上腾空或上体向后倾倒。

7.闪步

【动作方法】左(右)脚向左(右)侧移半步，右(左)脚随之向左(右)滑步，同时身体向右转动约 90 度(图 6-11)。跳闪步则是双脚同时蹬地跳起，快速轻灵地向前后、左右闪躲。

图 6-10　垫步　　　　　　　　图 6-11　闪步

【动作要领】此步法属于防守性步法，动作要协调，左侧闪步的同时要转体，以躲闪对主的正面进攻，一次完成。

8.侧跨步

【动作方法】左(右)脚向左(右)侧跨半步，右(左)脚略向左(右)脚靠近，两膝弯曲，左拳回收至左腮旁(图 6-12)。

【动作要领】此步法在格斗中，多用于侧闪防守。跨步后身体重心下降，以利于反击。两腿要一虚一实，两臂分别上、下防守，形成较大的防守面。

图 6-12　侧跨步

二、散打拳法

1. 直拳

【动作方法】

(1)左直拳：由实战姿势的正架势开始，右脚微蹬地，重心微向前脚移动，同时向右转髋、拧腰、送肩，左拳直线向前击出，右拳收于右下颌旁(图6-13)。蹬转、拧腰、送肩要快速连贯，发力于腰，力达拳面。

(2)右直拳：由实战姿势的正架势开始，右脚蹬地，同时向左转髋、拧腰、送肩(幅度略大于左直拳)，右臂由屈到伸并内旋90度，直线向前击出，力达拳面，左拳自然收回于左下颌旁(图6-14)。

图6-13 左直拳 　　　　　　　图6-14 右直拳

【易犯错误及纠正方法】

(1)撩拳。由于直拳前肘先于拳而动，形成拳往下撩的错误。纠正时，强调以拳领先，勿先动肘；或由同伴帮助以一手拉拳，一手按肘，慢慢体会要领。

(2)翻肘撩拳。直拳时前臂、肘关节先动并外翻，形成撩拳的错误动作。纠正时由教练员或同伴帮助，或面对镜子做慢动作练习。

(3)只动前臂。直拳时不是以肩催臂，而是前臂屈伸。纠正时，强调肩先动，催肘送拳。

(4)上体过于前倾。直拳时，上体向前移动过多，腰没有向左拧转。纠正时，多体会腰绕纵轴方向拧转的要领，克服向前俯身的毛病。

(5)先后引拳，预兆明显。这是学习拳法的常见错误。纠正时，面对镜子或由同伴监督，用慢速放松练习，以体会出拳路线。

2. 摆拳

【动作方法】

(1)左摆拳：由实战姿势的正架势开始，左脚微蹬地并以前脚掌向内转，转胯并向右拧腰，同时左拳向前、由外(约45度)至内成平面弧形横击，臂微屈，拳心朝下。注意转腰发力，蹬地、转胯、拧腰与摆击要协调一致，在击中目标的瞬间身体制动，以便力达拳面(图6-15)。

（2）右摆拳：由实战姿势的正架势开始，右脚微蹬地并以前脚掌向内转，转胯并向左拧腰，右拳向前、由外（约45度）至内成平面弧形横击（图6-16）。

【易犯错误及纠正方法】

（1）出拳向外绕行。纠正时，面对镜子，不追求用力，重点体会拳的运行路线。

（2）出拳发力时上体后仰、挺腹。纠正时，重点体会蹬地转腰的要领以及内力的运用。

（3）重心上提、歪胯。纠正时，由同伴帮助，一手按头，一手扶胯，边练习边提示改进。

图6-15　左摆拳

图6-16　右摆拳

3. 勾拳

【动作方法】

（1）左勾拳：上体微左转，重心略下沉，腰迅速向右转，发力于腰，左拳由下向前上方勾击，上臂夹角与前臂为90~100度，拳心朝里，力达拳面（图6-17）。

（2）右勾拳：右脚蹬地，扣膝合胯，腰微右转。同时右拳向下、向前、向上勾击，上臂与前臂夹角为90~110度，拳心朝里，力达拳面（图6-18）。

图6-17　左勾拳

图6-18　右勾拳

【易犯错误及纠正方法】

（1）左拳向外绕行。纠正时，面对镜子，不追求用力，重点体会拳的运行路线。

（2）抄拳发力时上体后仰、挺腹。纠正时，重点体会蹬地转腰的要领以及内力的运用。

（3）右拳后拉。练习者想加大动作力度，以致右拳先后拉再上勾，出现严重预兆。纠正时，应消除单纯用劲心理，着重体会用劲路线和全身协调配合。

（4）身体向上立起。练习者没有体会合胯转腰的用力方法，过分追求蹬地身随。纠正时，由同伴协助控制重心的起伏，如一手按头，一手给靶（保持正确的高度），体会力从腰发的要领。

三、散打腿法

1. 蹬腿

【动作方法】

(1)左蹬腿:实战姿势站立,右腿微屈支撑,左腿提膝抬起,脚尖回勾,当膝稍高于髋时,以脚领先向前蹬出,髋微前送,力达脚掌(图6-19)。

(2)右蹬腿:实战姿势站立,身体重心前移至左腿,左腿微屈支撑,身体稍左转;右腿屈膝前抬,脚尖回勾,以脚领先向前蹬出,髋微前送,力达脚掌(图6-20)。

【易犯错误及纠正方法】

提膝不过腰,髋、踝关节放松,力不顺达。纠正时,上体直立,多做提膝靠胸练习和左右转换的蹬腿练习,注意挺髋并稍前送。

图6-19 左蹬腿

图6-20 右蹬腿

2. 踹腿

【动作方法】

(1)左踹腿:实战姿势站立,身体重心移向右腿,右腿微屈支撑;左腿屈膝抬起与髋同高,小腿外翻,脚尖回勾,由屈到伸展髋、挺膝向前踹出,上体微侧倾,力达脚掌(图6-21)。

(2)右踹腿:实战姿势站立,身体左转180度,左脚尖外摆,重心移至左腿,左腿微屈支撑;同时右腿屈膝抬起与髋同高,大腿内收,脚尖回勾,脚掌正对攻击目标,随后由屈到伸向前踹出,上体微侧倾,力达脚掌(图6-22)。

图 6-21　左踹腿

图 6-22　右踹腿

【易犯错误及纠正方法】

(1)收腹、屈髋、撅臀。纠正时,提膝要快,踹击要挺髋。

(2)上体与腿不能成一条直线,打击距离短、速度慢、力量小。纠正时,手扶肋木架或其他支撑物,一腿抬起,脚不落地,严格按动作要求,由慢到快反复练习踹腿。练习之初,踹腿的高度可适当低些,以后逐渐提高高度。

3.鞭腿

【动作方法】

(1)左鞭腿:实战姿势站立,右腿微屈支撑,上体稍向右侧倾;左腿屈膝抬起,向右转髋、扣膝,脚面绷直,随即向前挺膝鞭甩小腿,力达小腿下端脚背(图 6-23)。鞭腿根据所踢高度可分为低、中、高鞭腿。

图 6-23　左鞭腿

（2）右鞭腿：实战姿势站立，身体左转90度，重心移至左腿；同时右腿以大腿带动小腿屈膝前摆，扣膝绷脚，随即向前挺膝鞭甩小腿，力达小腿下端脚背，右腿屈膝落地成反架（图6-24）。

图6-24 右鞭腿

【易犯错误及纠正方法】

脚背放松，膝没内扣，力点不准，容易受损伤。纠正时，按动作要领多做绷脚背，鞭腿击打沙包、脚靶等物，体会击打时脚背的肌肉感觉和力点。击打时，攻击腿要以髋带大腿，大腿带小腿；支撑腿要以前脚掌为轴，脚跟向内侧拧转。

4.勾腿

【动作方法】

（1）左勾腿：实战姿势站立，右腿弯曲，膝稍外展，上体稍右转，收腹合胯；左腿以大腿带动小腿，直腿向前、向右画弧线擦地勾踢，挺膝勾脚，力达脚弓内侧（图6-25）。

（2）右勾腿：实战姿势站立，重心移至左腿，左腿弯曲，左脚外展，右脚回勾，以右侧胯部带动右腿，直腿向前、向左画弧线擦地勾踢，挺膝勾脚，力达脚弓内侧（图6-26）。

【易犯错误及纠正方法】

有预摆，幅度大，向前上方用力，脚踝放松。纠正时，做勾踢木桩或两人相互勾踢的配合练习，互相检查，体会动作运行路线、用力方向和力点。

图6-25 左勾腿

图6-26 右勾腿

四、主动贴身摔法

1. 抱腿前顶

【动作方法】

双方由实战姿势开始。练习者上左步，身体下潜闪躲，然后两手抱对方双腿膝窝下部，两手用力回拉，同时用左肩前顶对方大腿根部或腹部，将对方摔倒(图6-27)。

图6-27 抱腿前顶

【易犯错误及纠正方法】

(1)抱不住双腿。纠正时，注意下潜接近对手。

(2)摔不倒对手。纠正时，应注意抱腿位置要精确，两臂后拉与肩顶配合要协调一致。

2. 抱腿旋压

【动作方法】

双方由实战姿势开始。练习者右脚蹬地，上左步，身体下潜，重心移至左腿，同时左手抄抱对方大腿内侧，右手抱住对方小腿，然后以左脚掌为轴，身体向右后方旋转，以右手提、左肩压的合力，将对方摔倒(图6-28)。

图6-28 抱腿旋压

【易犯错误及纠正方法】

(1)抱腿不紧。纠正时，注意将胸腹部贴紧对方腿部内侧。

(2)摔不倒对手。纠正时，应强调提、拉、顶与转腰配合一致，快速连贯。

3. 抱腿搂腿

【动作方法】

双方由实战姿势开始。练习者上步左手抱对方后腰，右手抱左膝窝用力回拉，使对方的左腿离地。然后左腿抬起前伸，由前向后搂挂对方的支撑腿，并用左肩向前顶靠对方肋部将其摔倒(图6-29)。

图6-29 抱腿搂腿

【易犯错误及纠正方法】

(1)抱腿不紧。纠正时，注意近身应立即破坏对方的重心，抱起对方的前腿使其单腿支撑。

(2)摔不倒对方。纠正时，应强调搂腿、手拉和肩顶用力一致。

4. 折腰搂腿

【动作方法】

双方由实战姿势开始。练习者下闪，两臂抱住对方腰部，右腿抬起，并以小腿由前向后搂挂对方左小腿。同时双手抱紧对方腰部，上体前压其胸，使其后倒(图6-30)。

图6-30 折腰搂腿

【易犯错误及纠正方法】

搂不倒对方。纠正时，强调抱腰要紧并向回拉，上体前倾压胸和搂腿动作要协调一致。

5. 压颈搂腿

【动作方法】

双方由实战姿势开始。当双腿被对方抱住后，练习者立即俯身屈髋并向左转腰，以左手压推对方后颈部,右手向上搂托对方左膝关节,将对方向前扳倒(图6-31)。

图 6-31　压颈搂腿

【易犯错误及纠正方法】

不能使对手倒地。纠正时,注意下蹲要及时,压推颈与搂托膝要用力一致。

五、防守反击摔法

1.抱腰过背

【动作方法】

双方由实战姿势开始。对方用左摆拳攻击头部时,练习者立即向左闪身,右手挂挡对方左拳后迅速夹握对方左前臂,同时左脚向前上半步,左臂由对方右下腋下穿过,搂抱对方后腰。然后身体右转,右脚向后插半步,双腿屈膝,臀部抵住对方小腹。继而两腿蹬伸,弓腰,头向右转,将对方背起后摔倒(图6-32)。

图 6-32　抱腰过背

【易犯错误及纠正方法】

摔不倒对方。纠正时，应强调上步、转身、屈膝、低头、弓腰、伸腿、转头等动作快速连贯，用力协调一致。

2.夹颈过背

【动作方法】

双方由实战姿势开始。对方用左摆拳攻击头部时，练习者立即以右手挂挡对方左拳并迅速夹握对方左前臂，同时左臂由对方右肩穿过后，屈臂夹住对方颈部。右脚向后插半步与左脚平行，两腿屈膝，臀部抵住对方小腹。然后身体右转，两腿蹬伸，弓腰，头向右转，将对方背起后摔倒(图6-33)。

图6-33 夹颈过背

【易犯错误及纠正方法】

(1)夹颈不牢。纠正时，注意身体贴住对方，屈臂夹颈要夹紧。

(2)背不起对方。纠正时，注意以背部横贴对方胸腹部，插步、转身、低头、弓腰、蹬伸要快速、协调、连贯。

3.接腿前切

【动作方法】

双方由实战姿势开始。当对方以左踹腿或左鞭腿进攻时，练习者立即用里抄抱其小腿，左脚向前上步，换右臂掀抱其小腿，以左前臂下端外侧为力点向前切压对方的胸部或面部，使其摔倒(图6-34)。

图6-34 接腿前切

【易犯错误及纠正方法】

摔不倒对方。纠正时，应注意上步与前臂切压、后手上掀相配合，充分破坏对方的重心，使其向后倒地。

4. 接腿下压

【动作方法】

双方由实战姿势开始。当对方用左鞭腿进攻时，练习者以里抄抱其腿，右腿立即向后撤步，上体右转，左手回拉。同时躯干前屈，用肩胸下压对方左腿内侧，将对方摔倒（图 6-35）。

图 6-35　接腿下压

【易犯错误及纠正方法】

摔不倒对方。纠正时，应注意撤步转身、肩胸下压及右手上掀协调配合，充分破坏对方的重心，使对方后倒。

5. 接腿挂腿

【动作方法】

双方由实战姿势开始。当对方用右腿进攻肋部时，练习者立即以左腿抢先进步，用左手外抄抱其右小腿，右腿抬起前伸，以小腿由前向后搂挂其支撑腿。同时右手用力向前、向下推压其右肩，将其摔倒（图 6-36）。

图 6-36　接腿挂腿

【易犯错误及纠正方法】

（1）抱腿不紧。纠正时，要求接抱腿时抄抱对方腿的膝关节以上部位，并贴近自己肋部，使其不能逃脱。

（2）摔不倒对方。纠正时，应注意搂挂腿、右手推压和抱腿上掀的动作用力一致。

第三节　跆拳道

学习目标

1. 了解跆拳道运动的起源与发展历史。
2. 了解跆拳道运动的竞赛规则。
3. 掌握跆拳道基本技术的动作方法、技术要领和实战运用。
4. 掌握跆拳道品势太极一章的套路动作。

人文体育

被体育改变的人生

"我小时候是一个没有理想的人，最大的愿望是像妈妈一样当一名工人。但从事体育后，我的价值观有了很大的变化，那就是一定要拼搏、努力。"这是在经历了艰苦的运动生涯后，中国跆拳道奥运冠军第一人——陈中对体育的感悟。

1995 年，在业余体校打篮球的陈中被恩师陈立人选中，进入北京体育大学竞技体校练习跆拳道。没有专业教练、没有专用场地设施，陈中就这样随中国跆拳道一起，从零开始，白手起家。为了在最短时间内缩短与高水平国家的差距，陈中与队友经历了魔鬼般的训练。每天从早上 8 点练到晚上六七点，光踢腿就要做 1000 多次。为了训练隔挡能力，她的整个手臂被踢成了黑紫色。性格倔强的陈中凭借身体素质好与反应快的优势，迅速在这个项目上找到了感觉，在之后的一系列国际比赛中均取得了不俗的战绩。2000 年悉尼奥运会，不满 18 岁的陈中一战成名，在决赛中以 8 比 3 的绝对优势击败了俄罗斯名将伊万诺娃，为中国夺得了首枚奥运会跆拳道项目的金牌。悉尼奥运会后，陈中遭遇严重伤病——膝关节后交叉韧带断裂。在教练的鼓励下，陈中带伤坚持训练。因为右腿受伤，陈中的训练主要集中在左腿和手部，这反而弥补了她的弱点。2004 年的雅典，技术全面的陈中一路奏凯，轻松卫冕，登上了职业生涯的顶峰。2007 年，陈中又在世界锦标赛女子 72 公斤以上级决赛中以微弱优势击败了顽强的韩国运动员韩珍善，夺得了运动生涯第一枚世界锦标赛金牌，实现了奥运会、世锦赛和世界杯的大满贯。

【人文体育】

跆拳道比赛的
无线计分系统

一、基本技术

根据动作的功能可将跆拳道技术大致分为进攻技术、防守技术和反击技术三大类。进攻技术有横踢、劈腿、前横踢、双飞踢和拳的进攻等；防守技术主要通过手臂的格挡、脚步的移动来表现；反击技术有后踢、后旋踢和拳的反击等。这种分类只是相对的，在跆拳道比赛中，许多运动员在防守或反击时也使用横踢、劈腿等技术，或是在进攻中也会使用后踢、后旋踢等反击动作。

（一）跆拳道的基本术语和动作要求

1.拳法

拳法在竞赛跆拳道中主要有正拳（也称平冲拳或直拳），在品势中则有正拳、勾拳、锤拳等（图6-37）。

正拳　　　　勾拳　　　　锤拳　　　　平拳　　　　中突拳

图6-37　跆拳道基本拳法

（1）正拳（也称平冲拳或直拳）：将手的四指并拢并握紧，拳面要平，然后拇指压贴于食指和中指部分击打。

（2）勾拳：握法同正拳。使用时用食指和中指关节根部的突出部分击打。

（3）锤拳：握法同正拳。使用时用小指和手腕间的肌肉部分击打。

（4）平拳：向前平伸拳，然后把手指的第二指节弯曲，指尖贴紧手掌，拇指弯曲紧贴食指尖，用第二指尖击打。

（5）中突拳：中指或食指从正拳的握法中突出，主要是击打太阳穴和两肋部。

2.掌法

掌法在跆拳道品势练习、实战格斗以及防身自卫中，具有非同寻常的攻击效果。跆拳道的基本掌法如图6-38所示。

（1）手刀：四指伸直，拇指弯曲靠近食指，用小指侧的掌外沿攻击对方。只局限于在品势中使用。

（2）背刀：此掌法与手刀相对，用食指侧攻击对方。只局限于在品势中使用。

（3）贯手：手形与手刀基本相同，要求微屈中指，主要用四指指尖戳击对方的要害部位，如戳击对方的眼睛、喉部等。只局限于在品势中使用。

手刀　　　　　　背刀　　　　　　四指贯手　　　　　二指贯手

图 6-38　跆拳道基本掌法

3. 臂部

跆拳道的一个特点就是重要关节武器化，如腕部、肘部、手臂等身体部位，都可以作为武器来使用。

（1）腕部：腕关节的四周部位。主要用于防守格挡。

（2）肘部：用肘的鹰突关节攻击（图 6-39），只局限于在品势中使用。

图 8-39　肘部攻击部位

（3）前臂和上臂：主要用外侧进行格挡防守，其中前臂的格挡在竞赛跆拳道比赛中经常被运动员所使用。

4. 脚部和膝部

跆拳道比赛中，运动员主要以腿攻为主，所采用的部位是脚面、足刀、脚尖和脚跟等（图 6-40）。

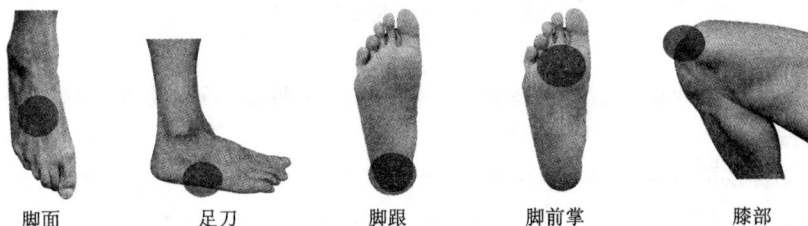

脚面　　　　　　足刀　　　　　　脚跟　　　　脚前掌　　　　　膝部

图 6-40　脚部和膝部攻击部位

（1）脚面：用脚的正面部分攻击对方，主要用来踢击对方髋关节以上、锁骨以下被护具包围的部位和头部的侧前剖面。

（2）足刀：用脚外沿侧蹬对方，多用于侧踢、推踢。

（3）脚尖：主要用脚趾前端的部位攻击对方。

（4）脚跟：主要用脚跟后踢和推踢对方。

（5）脚前掌：主要用前脚掌攻击对方，多用于劈腿。

（6）膝部：用膝盖顶击对方，只局限于在品势中使用。

5. 基本步型

步型是指在跆拳道的练习和实战过程中，站立的姿势以及脚步形状。基本步型有多种，每一种站法都与随后的步法动作有着直接的联系，练习者一定要按规格要求练习每一种步型（图 6-41）。

（1）准备势：两脚开立与肩同宽，身体自然直立，两脚尖略外展，两手握拳置于腹前。

（2）开立步：两脚开立与肩同宽，身体自然直立，两膝微屈，两脚尖正对前方，两手握拳

准备势　　开立步　　　马步　　　弓步　　　三七步

前行步　　　虎步　　　并步　　　鹤立步

图 6-41　跆拳道基本步型

置于体侧。

（3）马步：两脚开立，较肩宽，两脚尖平行或略内扣，挺胸直背，两腿屈膝半蹲，重心落在两脚之间。

（4）弓步：又称前屈立。前后脚分立，两脚相距一步半，前腿屈膝，后腿伸直，前腿膝关节与脚尖垂直，重心大部分落在前脚上，左脚在前称"左弓步"，右脚在前则称"右弓步"。

（5）三七步：又称后屈立。前后脚分立，两脚相距约一步，后脚尖外展 90 度，后腿屈膝如同骑马状，前腿膝关节略屈，重心大部分落在后脚上。左脚在前称"右后弓步"，右脚在前称"左后弓步"。

（6）前行步：又称高前屈立。两脚之间距离小于弓步，上体略前倾，前腿膝关节略屈，重心大部分落在前脚上。左脚在前称"左前探步"，右脚在前称"右前探步"。

（7）虎步：后脚尖与前方形成 30°，重心在后脚，前脚跟离地，双腿膝关节弯曲，前后脚距两脚长距离。

（8）并步：两腿直立，两脚跟并拢，脚内侧相靠，两臂握拳自然垂于体侧。

（9）鹤立步：提起一条腿并将脚置于另一腿的膝关节处，只用一条腿站立。

（二）准备姿势和步法

1. 实战姿势

准备姿势也称实战姿势或预备姿势，是竞赛跆拳道比赛中双方开始时的基本站立姿势。

【动作方法】　如图 6-42 所示。

（1）两脚开立与肩同宽，两臂垂于体侧。

图 6-42　跆拳道准备姿势

（2）左脚或右脚向另一脚的前方迈出，两脚相距一步距离前后站立，使身体侧对对方，同时两手半握拳，沉肩，两臂屈肘自然垂放。

（3）重心落在两脚之间，膝部略弯曲，眼睛平视对方面部，下腭微收。

【动作要领】　准备姿势应便于进攻和防守反击以及步法的移动。

（1）两臂所放位置不是固定的，也可以一臂垂下或两臂都垂下。

（2）两脚之间的距离和重心的高低可根据具体情况进行调整，原则上是在移动时能最快调整好身体重心。

（3）若重心下降，大小腿之间的夹角几乎等于90度时，则为低位准备姿势。

2.基本步法

在跆拳道技术体系中，步法是非常重要的一环，尤其在运动员刚开始接触跆拳道这项运动时，要用较多的时间来进行专门的步法练习。由于竞赛跆拳道规则的限制，在比赛中运动员主要是用腿攻击和防守反击，因此运动员的步法是否灵活，在一定程度上决定了他的进攻、防守或反击是否能够达到目的，这也使得步法训练在跆拳道训练中占据着重要地位。

1.上步

【动作方法】　右架准备姿势（以下简称"右架"）站立，右脚向前上一步，成为左架准备姿势（以下简称"左架"）（图6-43）。

【动作要领】　上步时通过向左拧腰转髋完成，两臂在体侧自然上下移动，重心不要上下起伏过大。

【实战运用】　上步常用于逼迫对方后撤，或引诱对方进攻；而当对手使用上步时，自己可立即使用进攻技术攻击对方。

图6-43　上步

2.后撤步

【动作方法】　右架站立，左脚向后撤一步，成左架（图6-44）。

【动作要领】　后撤步时，保持重心平稳的移动，通过向左拧腰转髋完成，两臂在体侧自然上下移动。

【实战运用】　后撤步常用在对方使用前横踢时。当对方准备继续进攻时，可用前腿的侧踢、鞭踢或劈腿阻击对方。

图6-44　后撤步

3.前跃步

【动作方法】　右架站立，两脚同时向前跃进一步，保持右架（图6-45）。

【动作要领】　向前跃步时，重心不宜起伏过大，尽量使重心平衡移动，两脚稍离地即可。

【实战运用】　前跃步常用在快速接近对方以使用横踢或劈腿等进攻动作。当对方前跃步时，可用前腿的劈腿或后踢或后旋踢迎击对方，有时也可使用前跃步引诱对手反击，然后利用其调整重心的时机进攻得点。

4. 后跃步

【动作方法】　右架站立，两脚同时向后回撤一步，保持右架(图6-46)。

【动作要领】　向后回撤时，重心不宜起伏过大，尽量使重心平衡移动，两脚稍离地即可。

【实战运用】　后跃步常用在对方进攻，自己需要快速与对方拉开距离时。此时由于自己有一个向后撤的惯性，再用进攻的动作就有一定的难度，一般是使用迎击动作如后踢或后旋踢等。因此，如果在对方后跃步时使用组合动作，要注意防止对方的阻击动作，一般使用侧踢、推踢或外摆劈腿等动作。

图6-45　前跃步　　　　　　　　　　　　图6-46　后跃步

5. 原地换步

【动作方法】　右架站立，两脚原地前后交换，由右架换成左架(图6-47)。

【动作要领】　重心不宜起伏过大，尽量使重心平稳移动，两脚稍离地即可。

【实战运用】　原地换步常用在对方与自己是闭式站位，自己为了与对方形成开式站位用以更有利于击打对方胸腹部时，或是为了不让对方的优势腿发挥威力，使对方感到别扭。而当对方原地换步时，可利用此时机抢攻得点。

图6-47　原地换步

6. 侧移步

【动作方法】　第一种步法是以前脚为轴，后脚向左(右)侧方向移动，用以改变与对手的站位方向；第二种步法是右架站立，右脚先向右(或向左)侧移动一步，随之左脚也迅速向右(或向左)侧移动一步(图6-48)。

图6-48　侧移步

【动作要领】 一般是将身体重心移向前脚，以利于后腿攻击。

【实战运用】 主动进攻时，如果对方反应速度快，则使用侧移步向一侧移动，诱使对方来不及调整身体重心而不能很好地反击；防守反击时，可以使用侧移步贴近对方使用进攻动作。

7. 垫步

【动作方法】 右架站立，右脚向左脚内侧上步，同时左腿迅速抬起以便进攻和防守(图6-49)。

【动作要领】 右脚垫步时，左脚要迅速提起，重心落在右腿上，右膝微屈。

【实战运用】 使用垫步，主要是为了在主动进攻时用前腿攻击对方。

图6-49 垫步

(三)基本腿法

1. 前踢

前踢是学习横踢的基础，在品势中常被使用。

【动作方法】 如图6-50所示。

图6-50 前踢

(1)右架站立，重心移至左腿。

(2)提起右大腿同时髋部略向左转，膝盖朝前，脚面稍绷直，双手握拳自然垂放在身体两侧。

(3)继续将髋关节前送，右大腿向前抬提，当大腿抬至水平或稍高时，向前弹出小腿，用脚面击打目标。

(4)直接向右转髋，右小腿折叠快收回原位，然后后撤右腿，还原为右架。

【动作要领】 使用前踢主要是攻击对方的面部、下腭，须注意以下几点。

(1)提起右腿时，两大腿内侧之间的距离应尽量小，即右腿尽量直线出腿。

(2)为保持重心，躯干可稍向后倾，尽量将髋部向前送出，若是高前踢，髋部则要尽量向上、向前送。

(3)击打时脚面绷直。

(4)小腿弹出后，在弹直的一刹那，要有一个制动的过程，使脚产生鞭打的效果。

(5)脚尖的方向向前上方。

【易犯错误及纠正方法】

(1)髋部没有向前送。

(2)击打时脚面没有绷直。

(3)提膝时没有直线出腿。

(4)支撑腿没有积极配合髋部的转动。

(5)小腿弹出后,在弹直的一刹那,没有一个制动的过程,即没有"快打快收"的折叠小腿的过程。

2.横踢

横踢是跆拳道比赛中最为常用的动作之一,也是运动员得分的主要技术。

【动作方法】　如图6-51所示。

图 6-51　横踢

(1)右架站立,重心移至左腿。

(2)提起右大腿同时髋部略向左转,膝盖朝前,大、小腿折叠,脚面绷直。

(3)继续将右大腿向前提高,左脚向外侧转动,右腿快速鞭打踢出小腿,膝盖朝向左侧。

(4)用脚面击打对方胸腹部、面部及两肋部(或是所有被护具包围的部位)。

(5)击打后,右脚自然落下成左架,然后后撤右脚,还原成右架。

(6)反击使用横踢时,支撑腿随身体重心的移动轨迹向后右向斜后方移动,当对方进攻时,自己则迅速向后移动重心,使用反击横踢得点。

【动作要领】　使用横踢主要是攻击对方胸腹部和面部及两肋部,须注意以下几点。

(1)横踢与前踢类似,区别在于横踢腿的膝盖方向在击打的一刹那,是瞬时转髋朝向对方的腹部,而前踢腿的膝盖方向是向前上方。

(2)提起右腿时,两大腿内侧之间的距离应尽量小,即右腿尽量直线出击。

(3)为保持重心,躯干稍向左后倾以配合快速转髋。

(4)击打时脚面稍绷直,但踝关节要放松。

(5)小腿弹出后,在弹直的一刹那,要有一个制动的过程,使脚面产生鞭打的效果。

(6)提膝应尽量随着转髋同时进行,不能完全转髋后再提膝,这样会造成膝盖过早偏向左侧。

(7)左脚应积极配合髋部的转动,转动时可稍微踮起一点。

【易犯错误及纠正方法】

(1)腿上提时没有直线向前上方提膝。

(2)躯干没有稍后倾,上体前压,使腿的长度没有被充分利用。

(3)小腿折叠回收不充分,击打力度不够。

（4）打时脚面没有绷直。

（5）腿弹出后，在弹直的一刹那，没有制动的过程。

（6）转髋再提膝，造成膝盖过早偏向右侧。

（7）脚没有积极配合髋部的转动，左脚太"死"，或是在身体向前移动时，支撑腿没有配合向前移动，在后面"拖"着。

3. 后踢

后踢是跆拳道比赛中最为常用的动作之一，也是运动员反击对方进攻的主要技术。

【动作方法】 如图6-52所示。

图 6-52 后踢

（1）右架站立，重心移至左腿。

（2）以左脚尖为轴，左腿跟外旋，身体向右后方转动，同时提起右大腿，使大、小腿几乎折叠，脚尖勾起，头部稍向右后方转动。

（3）右腿向后平伸后蹬，在蹬直前膝盖稍外翻（向右侧）。

（4）用脚跟部位击打对方腹部和胸部。

（5）击打后，右脚自然落下成左架，然后后撤右脚，还原成右架。

【动作要领】 使用后踢主要是攻击对方的胸腹部、头部和两肋部，须注意以下几点。

（1）身体向右后方向转动的同时快速提起右膝。

（2）身体转到背朝对方时要注意制动，同时右脚后蹬，此时身体不应再有转动，膝盖此时的方向应与左腿膝盖方向一致。动作熟练时，转身与后蹬应是同时进行的。

（3）在提起右腿时，两大腿内侧之间的距离应尽量小，即右腿"擦"着左腿起腿。

（4）头部配合身体转动同向转动。

（5）为保持重心，躯干在向下弯曲的同时可稍挺胸。

（6）最后再练习后踢击头（高后踢）。

（7）左脚应积极配合髋部的转动，调整好身体重心。

（8）由于对方进攻常常是侧向，后踢的方向应在正前方稍偏向右侧。

【易犯错误及纠正方法】

（1）身体转到背朝对方时没有制动，身体继续转动，腿不是直线向后踢出。

（2）在提起右腿时，右腿没有"擦"着左腿起腿。

（3）身体转动时，头部配合同向转动，但肩和上体不应跟着转动，否则容易被对方反击。

（4）转身与后蹬没有同时进行，动作不连贯。

（5）左脚没有积极配合髋部的转动。

4.劈腿

劈腿也称下劈,是比赛中常用的动作之一,也是进攻和反击对方进攻的主要技术。

【动作方法】 如图 6-53 所示。

(1)右架站立,重心先移至左腿。

(2)提起右大腿,同时略转髋向左并向上送髋,使右腿膝盖与胸部尽量贴近,身体重心向上。

图 6-53 劈腿

(3)右腿高举过头,右腿伸直贴紧上体,上体保持正直或稍前俯,重心向上。

(4)右脚脚面稍绷直,右腿快速下压(如刀劈木块一样),用脚掌或脚后跟下砸对方的头部,身体重心前移至右腿上,身体要稍后仰来控制重心。

(5)击打后,右脚自然落下成左架,然后后撤右脚,还原成右架。

【动作要领】 使用劈腿主要是攻击对方面部,须注意以下几点。

(1)劈腿与中国武术中的正踢腿相似,区别在于劈腿稍有一点转髋,并且提腿向上时,要向上积极送髋,大、小腿之间也可有一定的弯曲度。

(2)在下劈时,身体重心向前移。

(3)上提右腿时,右脚脚面不需要绷直,应自然放松,而下劈腿时要稍绷直。

(4)也可直接用前腿(左腿)使用劈腿,右脚进行跟步(即随着身体重心向前移动而向前跳动)。

(5)左脚应积极配合身体向前移动,调整好身体重心。

(6)在练习时,应多采用如武术中的外摆腿和里合腿的劈腿方法,只是在下落时是向前方劈下。

(7)在实际比赛中使用劈腿,对方往往会头部向后移动来躲避,此时有经验的运动员常常会在下劈且距离对方面部很近时,有一个向前的蹬踏动作,就好像腿又长了一截似的,使对方躲闪不及而被击中面部,这要求使用者有较好的柔韧性和控制腿的力量。

【易犯错误及纠正方法】

(1)起腿高度不够。

(2)支撑腿没有积极配合身体向上和向前移动,"拖"在了后面。

(3)下劈时,没有控制好身体重心而使重心前压过多。

(4)上体过于后仰,使得下劈力量不足。

5.后旋踢

简称后旋,是比赛中常用的动作之一,也是反击对方进攻的主要技术。

【动作方法】 如图 6-54 所示。

(1)右架站立,以左脚尖为轴,左脚跟外旋,重心移至左腿。

(2)身体向右后方转动,同时提起右大腿向斜后方 40 度左右蹬伸,头部向后方转动。

(3)身体继续旋转,右腿借旋转的力,向后画一个半圆形的水平弧线,快速屈膝用脚掌击打对方头部。

图 6-54　后旋踢

(4)击打后,身体重心依然在左腿上,右脚自然落下,还原成右架准备姿势。

【动作要领】　使用后旋踢主要是攻击对方的面部,须注意以下几点。

(1)右腿并不是抡圆了去画弧,在开始时有一个向斜后方向蹬伸的动作。

(2)身体向右后方向转动的同时要快速提起右腿。

(3)身体转动时,头部配合同向转动。

(4)小腿在开始时要自然放松,在接触对方头部前再瞬时绷紧脚面,用脚掌呈水平弧线鞭打。

(5)动作熟练时,转身与后蹬接摆动应是同时进行的。

(6)左脚应积极配合髋部的转动,在完成整个动作之前,重心一直落在左脚掌前半部分。

【易犯错误及纠正方法】

(1)右腿抡圆了去画弧,在开始时没有一个向斜后方向蹬伸的动作。

(2)身体向右后方向转动时,右腿提起速度过慢。

(3)身体转动时,头部没有配合同向转动。

(4)小腿在开始时没有放松而是完全绷紧。

(5)左脚没有积极配合髋部的转动,左脚太"死"。

(6)右脚鞭打对方头部后,身体没有继续旋转,右腿直接斜下方向落地,不能用脚掌呈水平弧线鞭打,造成过早翻转身体而使重心过于偏后。

6.侧踢

侧踢主要是用来阻挡对方进攻,不是主要的得分动作。

【动作方法】　如图 6-55 所示。

图 6-55　侧踢

(1)右架站立,将重心移至左腿,同时以左脚前掌为轴脚跟内旋。

(2)直线提起右大腿,弯曲小腿同时向左转髋,身体右侧侧对对方。

（3）膝盖方向朝内，勾脚面，展髋，走直线平蹬出右腿，用脚掌外侧攻击对方。

（4）右腿自然落下，并撤回原位。

【动作要领】　侧踢同散打中的侧踹，使用侧踢主要是攻击对方两肋部、胸腹部，须注意以下几点。

（1）侧踢视情况可用前腿（左腿）直接先踢对方。

（2）左脚一定要配合积极向前移动。

【易犯错误及纠正方法】

（1）击打对方时，髋部没有展开，致使击打力度不够。

（2）大小腿折叠不够，或是蹬出的速度不快。

7. 双飞踢

双飞踢是跆拳道比赛中较为常用的动作之一，也是运动员得分的主要技术。

【动作方法】　如图 6-56 所示。

图 6-56　双飞踢

（1）右架站立，重心移至左腿。

（2）提起右大腿使用横踢，然后在右脚未落下时，立即提起左腿使用横踢，也就是连续使用两个横踢。

（3）击打后，两脚自然落下，还原成右架。

【动作要领】　使用双飞踢主要是攻击对方的胸腹部、两肋部和面部，须注意以下几点。

（1）一般来说在中远距离时是使用双飞踢的较好时机，双飞踢中的第一个横踢常常是为了找到合适的距离或破坏对方的进攻，以利于第二个横踢。

（2）第一个横踢时，身体可稍后倾，以利于第二个横踢。

（3）两腿交换之间，髋部要快速扭转。

（4）小腿弹出后，在弹直的一刹那，要有一个制动的过程，使脚产生鞭打的效果。

【易犯错误及纠正方法】

（1）第一个横踢的动作完全没有做出来，只是前踢了一下。

（2）两腿交换之间，髋部扭转过慢。

（3）身体过于后仰。

二、跆拳道品势

跆拳道品势（又称型），是指练习者以技击为主要内容，通过攻守进退的动作进行编排，形成一定数量动作的固定套路，它与中国武术中所说的套路相似。跆拳道的品势有许多种，最基本的是太极。太极是派生万物的本源。太极品势是根据太极生生不息和太极阴阳之理论而创编的。因此，它的运动路线与方法遵循具有宇宙基本规律的阴阳八卦图。

太极品势共有八章，是初学者入门和升品、升段的基本套路。本节只给大家介绍太极一章。太极一章全套共 18 个动作，以高前屈立势和前屈立势为主要的姿势，结合中、下段的攻防等动作组成。

太极一章在八卦图中代表"乾"，因此它的演武路线完全是按照"乾"的符号来走的（图 8-21）。

准备姿势：站于 A 方向位置（见"太极一章演武图"，以下文中字母，均参见图中的演武路线），两脚与肩同宽，自然站立，两手握拳屈臂于腹前，拳心向内，眼睛平视前方。

（1）左转身体，左脚向 B 方向（简称 B，以下同）成左前探步，左臂下截（防左下段），右拳回收腰侧。

（2）右脚向 B 迈进一步成右前探步，右拳前冲拳（攻击中段），左拳收回腰侧。

（3）身体右转 180 度，右脚向 H 迈进一步成右前探步，右臂下截（防右下段）。

（4）左脚向 H 迈进一步成左前探步，左拳前冲拳（攻击中段）。

（5）身体左传 90 度，左脚向 E 迈进成左弓步，左拳屈肘下截（防左下段），右拳后收腰侧。

（6）两脚不动，右拳前冲拳（攻中段），左拳后收腰侧。

（7）左脚不动，右脚向 G 移步成右前探步，身体右转，左臂外格（防左中段），拳心向上，右拳后收腰侧。

（8）左脚向 G 迈进一步成左前探步，右拳前冲拳（攻中段），左拳后收腰侧。

（9）身体向 C 转 180 度，左脚向 C 迈进一步成左前探步，右臂屈肘向里格挡，左拳前冲拳（防中段）。

（10）右脚向 C 迈进成左弓步，左拳前冲拳（攻中段），右拳回收腰侧。

（11）以左脚为轴，身体右转，左脚向 E 移步成右弓步，右臂屈肘上抬至左肩，然后向下截拳（防右下段），左拳回收腰侧。

（12）两脚不动，左拳前冲拳（攻中段），右拳回收腰侧。

（13）身体左转，左脚向 D 移步成左前探步，左臂屈肘上架（防左上段），置于额前，拳心朝外。

（14）上提重心，左脚跟稍提，右脚前踢，两臂下截，置于体侧；右腿下落成右前探步，右拳前冲拳（攻中段），左拳回收腰侧。

（15）以左脚为轴，身体右后转，右脚向 F 移步成右前探步，右臂屈肘上架（防右上段），置于额前，拳心朝外。

（16）上提重心，右脚跟稍提，左脚前踢，两臂下截，置于体侧。左腿下落成左前探步，左拳前冲拳（防中段），右拳回收腰侧。

（17）以右脚为轴，身体右转，左脚向 A 移步成左弓步，左臂屈肘上抬至右肩，然后向下截拳（防左下段），右拳回收腰侧。

（18）右脚向 A 迈进一步成右弓步，右拳前冲拳（攻中段）并发声，左拳回收腰侧。（收势）以右脚为轴，身体左后转 180 度，左脚向后撤与右脚平行，两手握拳屈臂于腹前成准备姿势。

二、跆拳道品势

跆拳道品势(又称型),是指练习者以技击为主要内容,通过攻守进退的动作进行编排,形成一定数量动作的固定套路,它与中国武术中所说的套路相似。跆拳道的品势有许多种,最基本的是太极。太极是派生万物的本源。太极品势是根据太极生生不息和太极阴阳之理论而创编的。因此,它的运动路线与方法遵循具有宇宙基本规律的阴阳八卦图。

太极品势共有八章,是初学者入门和升品、升段的基本套路。本节只给大家介绍太极一章。太极一章全套共18个动作,以高前屈立势和前屈立势为主要的姿势,结合中、下段的攻防等动作组成。

太极一章在八卦图中代表"乾",因此它的演武路线完全是按照"乾"的符号来走的(图6-57)。

准备姿势:站于A方向位置(见"太极一章演武图",以下文中字母,均参见图中的演武路线),两脚与肩同宽,自然站立,两手握拳屈臂于腹前,拳心向内,眼睛平视前方。

(1)左转身体,左脚向B方向(简称B,以下同)成左前探步,左臂下截(防左下段),右拳回收腰侧。

(2)右脚向B迈进一步成右前探步,右拳前冲拳(攻击中段),左拳收回腰侧。

(3)身体右转180度,右脚向H迈进一步成右前探步,右臂下截(防右下段)。

(4)左脚向H迈进一步成左前探步,左拳前冲拳(攻击中段)。

(5)身体左传90度,左脚向E迈进成左弓步,左拳屈肘下截(防左下段),右拳后收腰侧。

(6)两脚不动,右拳前冲拳(攻中段),左拳后收腰侧。

(7)左脚不动,右脚向G移步成右前探步,身体右转,左臂外格(防左中段),拳心向上,右拳后收腰侧。

(8)左脚向G迈进一步成左前探步,右拳前冲拳(攻中段),左拳后收腰侧。

(9)身体向C转180度,左脚向C迈进一步成左前探步,右臂屈肘向里格挡,左拳前冲拳(防中段)。

(10)右脚向C迈进成左弓步,左拳前冲拳(攻中段),右拳回收腰侧。

(11)以左脚为轴,身体右转,左脚向E移步成右弓步,右臂屈肘上抬至左肩,然后向下截拳(防右下段),左拳回收腰侧。

(12)两脚不动,左拳前冲拳(攻中段),右拳回收腰侧。

(13)身体左转,左脚向D移步成左前探步,左臂屈肘上架(防左上段),置于额前,拳心朝外。

(14)上提重心,左脚跟稍提,右脚前踢,两臂下截,置于体侧;右腿下落成右前探步,右拳前冲拳(攻中段),左拳回收腰侧。

(15)以左脚为轴,身体右后转,右脚向F移步成右前探步,右臂屈肘上架(防右上段),置于额前,拳心朝外。

(16)上提重心,右脚跟稍提,左脚前踢,两臂下截,置于体侧。左腿下落成左前探步,左拳前冲拳(防中段),右拳回收腰侧。

(17)以右脚为轴,身体右转,左脚向A移步成左弓步,左臂屈肘上抬至右肩,然后向下截拳(防左下段),右拳回收腰侧。

(18)右脚向A迈进一步成右弓步,右拳前冲拳(攻中段)并发声,左拳回收腰侧。(收势)以右脚为轴,身体左后转180度,左脚向后撤与右脚平行,两手握拳屈臂于腹前成准备姿势。

C　　　　　　4　　　　　　3　　　　　准备姿势　　　　1　　　　　　2　　　　　　B
A

5　　　　　18

D　　　　　8　　　　　　7　　　　　　6　　　　　　9　　　　　　10　　　　　E

11　　　　　17

G　　16　　　　　15　　　　　12　　　　　13　　　　　14　　　　　F
H

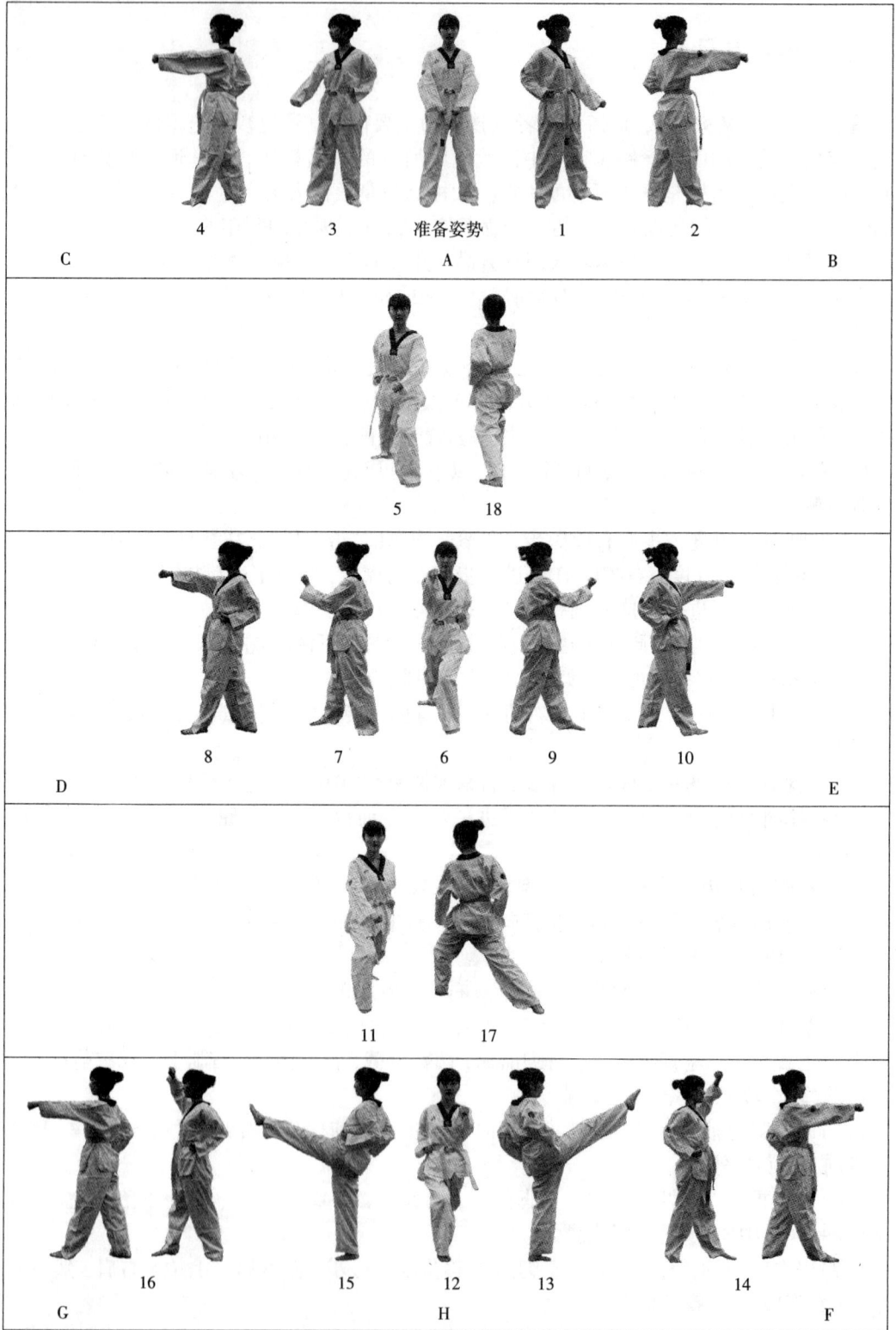

图 6-57　太极一章演武图

第七章

民族传统运动

第一节 舞 龙

【微课学堂】

学习目标

1. 了解舞龙的起源与发展历史。
2. 掌握8字舞龙技术的动作方法和技术要领。
3. 掌握游龙技术的动作方法和技术要领。
4. 掌握穿腾技术的动作方法和技术要领。
5. 掌握翻滚技术的动作方法和技术要领。
6. 掌握造型技术的动作方法和技术要领。

人文体育

舞龙的传说

  舞龙，又称龙舞。龙，是古代传说中的神异动物。中华民族的祖先以丰富的想象力，把"龙"描绘得活灵活现：蛇身、鹿角、鹰爪、马脸、浑身金灿灿，两须宛若飘带。龙是"龙麟凤龟"四灵之首，是"龙龟象鹤"四寿之头，被膜拜为神兽之冠。它被想象为入水能游，陆地能行，腾空能飞的三栖动物。在民间传说中，它是消灾降福的"龙王"；雕刻在宫殿上是帝王政权的象征；在工艺图案中，则是种美丽的装饰。从古至今，龙是中国劳动人民美好愿望的寄托，人们在生活上和"龙"结有良好缘分。单单以舞龙来说，凡有喜庆佳节或神圣庆典，均以舞龙为最热闹的助兴节目。舞龙普遍流行于中国各地，其起源传说纷纭，其一说：有一天龙王生了病，变成一个老翁到人间求医，被一名医发现他的脉相与常人不同，老翁只得承认自己是龙王，说腰间很不舒服。名医提出只有当老翁恢复原形才能诊断。龙体岂能让凡人轻易看到，但为了治病，龙王想了个办法，他回到海边，藏身在水中，露出半截龙身让医生检查。名医在龙王腰间一片龙鳞下发现了一条蜈蚣，原来这就是病根。龙王的病治好了，很感谢名医，告诉他回家后可按龙王原形的样子扎个龙形，每年挥舞，便能风调雨顺，从此人间有了舞龙。只是因为当时龙尾藏在水中，医生无法看到，人们只好凭想象把龙尾扎成鱼尾或泥鳅尾的样子。所以在传统舞龙中，龙头、龙身基本上是一样的，龙尾却各有不同。

【人文体育】

舞龙人的坚持

一、8字舞龙技术

1.原地快速8字舞龙

舞龙者开步持把站在原地，在龙珠带领下使龙体在身体两侧做8字环绕舞龙。

【动作方法】舞龙头者面对龙体站立，所有队员站成一直线；龙珠引龙体向身体左下舞，至膝高时拧把向上，经头顶后向身体右下舞，至右膝高时拧把向上，经头顶后向身体左下舞，然后重复前面动作；2号把位队员等龙身完全撑开后，向下舞，其他把位队员顺势而动，依次舞龙(图7-1)。

【动作要领】

(1)队员前后距离保持适中。

(2)龙体摆动幅度大，做到高、轻、飘。

(3)龙体运行轨迹流畅，饱满圆顺，无明显塌肚，无明显棱角，不碰地。

图7-1　原地快速8字舞龙

2.单跪舞龙

舞龙者单膝跪地，在龙珠带领下使龙体在身体两侧做8字环绕舞龙。

【动作方法】舞龙头者面对龙体做8字舞龙；听到口令"单跪"，2~9号把队员依次单膝跪地(左腿前迈，大腿与地面平行，右膝着地，上身挺直)，做8字舞龙动作(图7-2)。

【动作要领】

(1)队员之间要保持合适距离，避免相互碰撞。

(2)龙体左右摆动幅度要大，舞龙头队员要在直立舞龙与单跪舞龙过程中适时调整重心高度。

(3)龙体运行轨迹流畅，饱满圆顺，动作转换无明显停顿，无明显塌肚，无明显棱角，不碰地。

图 7-2　单跪舞龙

3. 靠背舞龙

双数号把队员与单数号把队员背靠背成"∧"形斜靠状，龙体在身体两侧做 8 字环绕舞龙（图 7-3）。

图 7-3　靠背舞龙

【**动作方法**】舞龙头者面对龙体做8字舞龙动作；听到口令"靠背"，3、5、7、9号把队员依次转身，分别与2、4、6、8号把队员背靠背成"∧"形斜靠状，做8字舞龙动作。

【**动作要领**】

(1)转身前后，队员之间的距离均要保持一致。

(2)靠背时身体斜靠挺直，不软不塌。

(3)龙体运行轨迹流畅，饱满圆顺，动作转换无明显停顿。

4.绕身舞龙

单数号把队员环绕双数号把队员跑动，同时做8字舞龙动作，双数号把队员原地做8字舞龙动作(图7-4)。

图7-4　绕身舞龙

【**动作方法**】舞龙头者面对龙体做8字舞龙动作；听到口令"靠背"，3、5、7、9号把队员依次绕身，分别从2、4、6、8号把队员身边绕过，做8字舞龙动作。

【**动作要领**】

(1)转身前后，队员之间的距离均要保持一致。

(2)绕身时尽量不要碰到，不软不塌。

(3)龙体运行轨迹流畅，饱满圆顺，动作转换无明显停顿。

5.靠背蹬腿

【**动作方法**】3、5、7、9号把队员分别站在双数队员的大腿上，做8字舞龙4次(图7-5)。

图7-5　站腿舞龙

【动作要领】

(1)站腿上的队员要稳,站地上的队员要保持好相应距离,龙体不可碰撞。

(2)龙形轨迹流畅,速度要快。

(3)要求龙体圆顺,人体姿态优美。

二、游龙技术

1. 起伏行进

【动作方法】龙珠引龙体逆时针方向走大圆场。行进中,通过"直立高擎龙""矮步端龙"的不断变化,龙体做波浪状起伏行进(图7-6)。

图7-6　起伏行进

【动作要领】

(1)行进过程中,人体重心高度随龙体起伏一致,目视龙节。

(2)起伏明显、连贯。

(3)龙体饱满圆顺,前后队员速度一致。

2. 单侧起伏小圆场

【动作方法】龙珠引龙体逆时针方向走小圆场,同时龙体在队员右侧快速大幅度上下起伏(图7-7)。

图7-7　单侧起伏小圆场

【动作要领】

(1)圆场要圆,队员之间圆场路线保持一致,不能有明显的凸出或凹陷。

(2)舞龙者左手持把最下端,右手滑把表现高低起伏。

(3)龙体运行轨迹流畅,不碰地。

3.快速矮步圆场越障碍

【动作方法】龙珠引龙体逆时针方向快速矮步端龙跑圆场,同时龙体做小幅度起伏。跑圆场一周后,龙珠右侧平端,退步,珠杆做反方向运动,龙头带领各把位跳跃龙珠障碍(图7-8)。

图 7-8 快速矮步圆场越障碍

【动作要领】

(1)圆场要圆,队员之间圆场路线保持一致,不能有明显的凸出或凹陷。

(2)矮步要明显,姿态要优美,人的重心高度尽量保持一致。

(3)跳跃障碍要轻松、协调。

4.快速跑斜圆

【动作方法】龙珠引龙体沿逆时针方向快速跑圆场,同时龙体保持前低后高的斜圆盘状旋转(图7-9)。

【动作要领】

(1)龙体运行斜圆流畅,饱满。

(2)舞龙者要随龙体不断调整身体姿态和持杆动作,目视龙节。

图 7-9　快速跑斜圆

三、穿腾技术

1.穿龙尾

【动作方法】龙珠引龙体逆(顺)时针方向走圆场一周后，8、9 号把队员高举龙尾，龙珠带领龙体依次穿越第八节龙身。8 号把队员穿越龙身后，9 号把队员迅速解开龙结，顺龙体轨迹行进(图 7-10)。

图 7-10　穿龙尾

【动作要领】
(1)舞龙者拖龙穿尾，穿过后龙体逐渐升起。
(2)穿龙时，龙身不碰地。
(3)9 号把队员解龙要迅速。

2. 穿尾越龙身

【动作方法】龙珠引龙体绕小圆场起伏一周，穿第八节龙身折回后行进，矮步端龙。3、5、7、9号把队员依次腾越龙珠、龙头杆。要求龙形饱满，轨迹顺畅(图7-11)。

图7-11　穿尾越龙身

【动作要领】
(1)穿越和腾越时，龙形保持饱满，速度均匀，运动轨迹流畅。
(2)穿腾动作轻松利索，不碰踩龙体，不拖地，不停顿。

3. 首尾穿肚

【动作方法】龙珠引龙体绕场一周后，所有队员提右膝擎龙，高举急停。龙珠引龙头带领2、3、4号把队员从第五节龙身下依次穿过，同时，9号把队员带领8、7、6号把队员从第六节龙身下依次穿过，最后5号把队员顺势跳过龙身迅速解开龙结，随龙体行进(图7-12)。

【动作要领】
(1)擎龙动作协调一致。
(2)龙体不碰地，5号队员跳跃时注意不要碰踩龙体。

图7-12　首尾穿肚

4.快速连续穿越行进

【动作方法】龙珠引龙体举龙行进，左转穿越第四节龙身；龙头和 2、3、4 号把队员紧随着龙珠穿越第五、六、七、八节龙身行进；6、7、8、9 号把队员分别依次腾越第一、二、三、四节龙身(图 7-13)。

图 7-13　快速连续穿越行进

【动作要领】

(1)穿越时，龙形保持饱满，速度均匀，运动轨迹流畅。

(2)腾跃时，动作轻松利索，不碰踩龙体，不停顿。

(3)整个过程，龙体必须环环相扣，保持一个半环状。

四、翻滚技术

1.大立圆螺旋行进

【动作方法】龙珠先引龙体起伏行进到右前方，再向左后方逆时针做大立圆螺旋行进 3 次(图 7-14)。

图 7-14　大立圆螺旋行进

【动作要领】

(1)保持龙形饱满,螺旋立圆大小一致。

(2)队员腾越龙身要轻巧利索,不碰踩龙身,龙体不拖地。

(3)龙体运行轨迹要圆顺、流畅。

2.快速螺旋跳龙

【动作方法】队员保持龙体成立圆状快速旋转,连续跳龙5次(图7-15)。

图7-15 快速螺旋跳龙

【动作要领】

(1)保持龙形饱满,运动轨迹要圆顺、流畅,速度要均匀,幅度要统一。

(2)连续跳龙时,动作要轻巧、敏捷,不可碰踩龙体,龙体不可触地。

3.跳龙转位

【动作方法】队员保持龙体斜盘状旋转,跳龙3次,同时转位180度(图7-16)。

图7-16 斜盘跳龙磨转

【动作要领】

(1)腾越时,龙形保持饱满,运动轨迹流畅。

(2)腾越动作轻松利索,不碰踩龙体,不拖地,不停顿。

(3)磨转时,动作连贯协调,速度均匀。

4.快速逆向跳龙行进

【动作方法】使龙体逆时针翻滚前行,队员反身跳龙2次至台中(图7-17)。

图7-17　快速逆向跳龙行进

【动作要领】

(1)要求龙体保持大幅度螺旋状行进,运动轨迹流畅,龙体圆顺。

(2)腾越时,龙形保持饱满,速度均匀,运动轨迹流畅。

(3)腾越动作要轻松利索,不碰踩龙体、不拖地、不停顿。

五、造型技术

1.曲线造型

【动作方法】龙珠引龙体8字舞龙过程中,突然静止成曲线。龙珠和龙头马步平端,2号把队员成右弓步持把外撑,3号把队员左弓步持把外撑,比2号把稍高,5号把队员站立右持把外撑,7号把队员站立左持把高举外撑,龙尾直立擎龙,成前低后高曲线造型(图7-18)。

【动作要领】

(1)静止造型变化干净利索。

(2)曲线造型前低后高,层次分明。

(3)龙体绷直,龙形饱满。

图7-18　曲线造型

289

2.龙出宫造型

【动作方法】舞龙者在龙头带领下逆时针快速跑斜圆,当龙头经过最低点时,顺势向左转到圆心静止,龙体基本成斜圆状,龙头高昂于圆心,龙尾高翘(图7-19)。

【动作要领】

(1)5、6号把队员迅速定位,分别成左、右弓步平端龙把。

(2)龙头及2、9号把队员成一条直线站立。

(3)5号与6号、4号与7号、3号与8号把队员左右对称。

(4)龙体圆顺,龙形饱满。

图7-19 龙出宫造型

3.蝴蝶花造型

【动作方法】龙珠引龙体绕场一周后,5号把队员迅速定位,龙珠、龙头左弓步平端把,龙尾右弓步平端把向外拉开;2、8号把队员分别成左、右弓步相对持满把,与5号把队员的龙身碰在一起;3号把队员右高弓步平持把外撑,7号把队员左高弓步平持把外撑;4、6号把队员开步直立擎龙,成蝴蝶花造型(图7-20)。

【动作要领】

(1)龙头与龙尾、2号与8号、3号与7号、4号与6号把队员左右对称。

(2)造型成型迅速,解脱自然流畅。

(3)蝴蝶造型逼真,层次分明。

(4)龙体绷直,龙形饱满。

图7-20 蝴蝶花造型

4.龙舟造型

【动作方法】所有队员高举龙把成U形站立,龙头、龙尾重合高举;2号把与8号把重合横架,与肩齐高;4号把与6号把重合横架,与肩同高,将龙体拉直;3号把队员骑在7号把队员肩上,两手分别拿3号、7号把,把杆斜交叉朝上,手持把端做划船状;龙珠队员站在前面,高举龙珠(图7-21)。

【动作要领】

(1)造型成型迅速,解脱自然流畅。

(2)龙舟造型形象逼真。

(3)龙体绷直,龙形饱满。

图7-21 龙舟造型

第二节 舞 狮

【微课学堂】

学习目标

1. 了解舞狮的起源与发展历史。
2. 掌握狮头、狮尾的握法。
3. 掌握狮头基本手法和舞狮基本步法。
4. 掌握引狮员基本技术的动作方法和技术要领。
5. 掌握形态动作、造型动作的动作方法和技术要领

人文体育

年兽食青

　　相传我国在远古年代经常发生瘟疫，死人无数，但幸而每次瘟疫发生不久，便有一只神兽出现。这只神兽叫作"年"，它行动如雷鸣电闪，一出现，瘟疫便很快消失了。由于对神兽"年"的崇拜，人们在农闲时节，便用竹篾和彩布扎成"年"兽的样子，配合雄壮的鼓乐，到各家门前舞动，借以镇邪驱妖，讨个吉利。因"年"兽喜食蔬菜，于是家家户户均在门前放置蔬菜一盘，以备"年"兽采食。年长日久，人们发现扎制的"年"兽的形状很像狮子，便将这种祥瑞之物改称"瑞狮"，而将它采食蔬菜的过程称为"采青"。这之后，舞狮辟邪慢慢形成一种风俗，狮子采青演变成舞狮中的一个表演情节，有些人家为避免狮队看不见"青"而遗漏不采，还将青菜用竹竿高挂门前，并附红包一封，以酬谢狮队舞狮的辛劳。

【人文体育】

南狮梦

一、基本技术

（一）北狮表演场地、器械

1.场地

北狮的表演场地是边长为 20 米的正方形（图 7-22），要求地面平整、清洁。边线周围至少有 1 米宽的无障碍区，场地上方至少有 8 米的无障碍空间。

2.器械

（1）方桌：规格 1.5 员米×1.5 米×0.8 米（图 7-23）。
（2）绣球：球体直径不少于 0.3 米（依园郾园圆米），颜色、图案不限。
（3）服饰：狮头、狮衣、狮被。

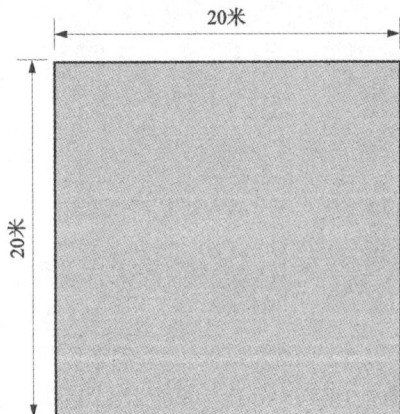

图 7-22 中国舞狮比赛场地

图 7-23　方桌

（二）狮头、狮尾的握法

1.狮头握法

两手紧握头圈嘴巴下摆的关节处，以便于控制嘴巴张合（图 7-24）。

图 7-24　狮头握法

2. 狮尾握法

（1）双手扶位：狮尾队员双手虎口朝上，大拇指插入狮头队员腰带，四指并拢扶拉狮头队员腰带（图7-25）。

（2）单手扶位：狮尾队员单手扶拉狮头队员腰带，另一手扶拉狮被（图7-26）。

（3）脱手扶位：狮尾队员双手松开狮头队员腰带，扶拉狮被两侧下摆（图7-27）。

图7-25　双手扶位　　　　　图7-26　单手扶位　　　　　图7-27　脱手扶位

（三）狮头基本手法

1. 摇

【动作方法】双手扶头圈，交替做上下回旋动作。手的运动路线成立圆（图7-28）。

2. 点

【动作方法】双手扶头圈，身体向左侧回旋，狮头与地面的倾角成45度，左右手的运动路线为上下交替运动，右侧动作与左侧动作相同，方向相反（图7-29）。

图7-28　摇　　　　　　　　　　图7-29　点

3.摆

【**动作方法**】双手扶头圈，上左步时狮头摆至左侧，重心放置左腿；行走时右侧动作与左侧动作相同，方向相反（图7-30）。

图7-30　摆

4.错

【**动作方法**】双手扶头圈，然后狮头向右侧做预摆动作，右手与右腰侧同时发力，狮头摆至身体左侧，呈半马步，重心放置右腿。右侧动作与左侧动作相同，方向相反（图7-31）。

图7-31　错

5.叼

【**动作方法**】一手扶头圈，另一手用小臂托头圈，手伸至狮嘴中央处拿绣球（图7-32）。

图7-32　叼

(四)舞狮基本步法

1.行步

【动作方法】狮头、狮尾队员重心微蹲,狮头队员先迈左脚,狮尾队员同时迈右脚,节奏一致(图7-33)。

图7-33 行步

2.跑步

【动作方法】与行步相同,但是节奏更快。

3.盖步

右盖步,左脚经右脚前先向右跳步,同时右脚向右跳半步亮相,狮尾队员与狮头队员动作相同;左盖步,动作与右盖步相同,方向相反(图7-34)。

图7-34 盖步

4.错步

【动作方法】狮头、狮尾队员同时向身后45度斜后方向退步(先左脚,后右脚)(图7-35)。

5.碎步

【动作方法】狮头、狮尾队员同时向左(或右)小步平移,节奏快速一致(图7-36)。

6. 颠步

【动作方法】狮头、狮尾队员按逆时针方向跳步行进,狮头队员迈左脚时,狮尾队员迈右脚。两人步法保持协调一致(图 7-37)。

图 7-35　错步

图 7-36　碎步

图 7-37　颠步

二、引狮员基本动作

1. 弓步抱球

【动作方法】并步上举引狮球,右脚向右迈出一步,右腿屈膝,大腿接近水平,左脚挺膝伸直,脚尖稍内扣,上体稍向左转,双手(或单手)托住引狮球于身体右侧,稍高于头。目视前方(图 7-38)。

【动作要领】

(1)上体要求挺胸、立腰。

(2)抱球、转头同时完成。

图 7-38　弓步抱球

3.马步探球

【**动作方法**】并步上举引狮球，左脚向左前方迈出成半马步，右手拿引狮球向右、向下、向左抢臂至右侧，手腕做小绕环动作，左手做相应的配合动作，目视引狮球(图7-39)。

【**动作要领**】

(1)上体挺胸、立腰，不弓背。

(2)探球手腕要灵活自如。

3.仆步戏球

【**动作方法**】并步上举引狮球，右脚向右侧迈出成右仆步，右手拿引狮球向下、向右画弧至右侧，手腕做小绕环动作，左手做相应的配合动作，目视引狮球(图7-40)。

图 7-39　马步探球　　　　　　　　　　　　图 7-40　仆步戏球

【**动作要领**】

(1)上体要求挺胸、立腰，髋下沉。

(2)戏球手腕灵活自如。

4.高虚步亮球

【**动作方法**】并步上举引狮球，身体稍右转，右脚向右后侧撒一小步站直挺膝，同时左脚脚尖前点，右手拿引狮球上举于身体右侧，左手按于左胯处，上体保持正直，目视狮子(图7-41)。

【**要求与要点**】

(1)上体挺胸、立腰，不前倾。

(2)亮球与转头动作一气呵成。

图 7-41　高虚步亮球

5.提膝亮球

【动作方法】并步上举引狮球，身体稍右转，右脚向右后侧撤一小步站直挺膝，同时提左膝至胸前，双手抱引狮球于右侧，上体保持正直，目视前方(图7-42)。

【要求与要点】

(1)上体挺胸、立腰，不前倾。

(2)亮球与转头动作一气呵成。

6.圆场步

【动作方法】双腿略屈，迅速连续向侧前方行步。步幅略比肩宽，走弧形路线。目视前方(图7-43)。

图7-42 提膝亮球

图7-43 圆场步

【要求与要点】

(1)挺胸、踏腰，保持半蹲姿势，身体重心要平稳，不要有起伏现象。

(2)落地时，由脚跟迅速过渡到全脚掌，并注意转腰。

7.鱼跃

动作说明：助跑开始，以单跳双落蹬地向前上方跃起，展体腾空后，撑地屈体前滚至背着地时，顺势屈膝抱腿蹲立(图7-44)。

图7-44 鱼跃

【要求与要点】

（1）跃起时，两臂须经前摆后向侧上方制动，并经展胸上抬，紧腰两腿后摆。

（2）下潜时，两臂积极向前下伸并控紧腰腿。

（3）撑地后屈臂缓冲，顺势向前滚翻。

三、形态动作

1.亮相

【动作方法】狮头队员朝右前方马步站立，使狮头由右下向上、向左下摆头；同时狮尾队员做左仆步配合（图7-45）。

图7-45　亮相

【要求与要点】

狮头队员摆头与狮尾队员仆步配合要同时到位，动作整齐一致。

【易犯错误及纠正方法】

狮囊打折使头尾动作不一致。要求狮尾队员仆步配合时两臂要伸直使狮囊无折。

2.卧势

【动作方法】狮头队员两腿开放夹角呈90度坐势，大小腿夹角呈130度。吸气时，狮头队员使狮头由左下向右上、向前摆转；狮尾队员左手肘关节随吸气动作慢慢向上抬起，使狮肚呈球状；呼气时狮头队员使狮头由右上向下、向左摆转；同时狮尾队员左手肘关节慢慢放下（图7-46）。

【要求与要点】

呼气与吸气时，狮头队员与狮尾队员动作要缓慢一致。

【易犯错误及纠正方法】

头尾动作不一致。狮尾队员要根据狮头队员摆转狮头时腰部的转动来抬放手肘，形成吸气时狮肚鼓起，呼气时狮肚凹下的形态。

图7-46　卧势

3.高举

【动作方法】狮头队员原地震脚给信号，上跳，头稍向后领，躯干与下肢在空中呈"灾"字形，两脚面崩平；狮尾队员在狮头队员原地上跳时借力上举，两臂伸直。下落时，狮尾队员后撤步使狮头队员垂直下落。狮头队员落地后向左或向右摆头亮相(图7-47)。

图 7-47 高举

【要求与要点】
头尾发力配合协调，动作舒展。
【易犯错误及纠正方法】
狮头下栽。要求狮头队员上跳时头向后领要明显。

4.侧滚翻

【动作方法】狮头队员原地震脚给信号，狮头和狮尾队员同时向左(或向右)滚翻，狮头队员要先转狮头再滚翻，狮尾队员滚翻时单手抓囊(图7-48)。

图 7-48 侧滚翻

【要求与要点】
狮头队员原地震脚时，震左脚则向左翻，震右脚则向右翻，头尾滚翻配合协调、整齐。
【易犯错误及纠正方法】
折囊。翻滚时，狮头队员要向侧前方45度方向翻滚。

5. 金狮直立

【动作方法】狮头队员原地上跳、提膝，脚尖外展，同时狮尾队员借力上提，使狮头队员脚尖外侧顺狮尾队员两肋下滑至其大腿上。狮尾队员成马步支撑狮头队员(图7-49)。

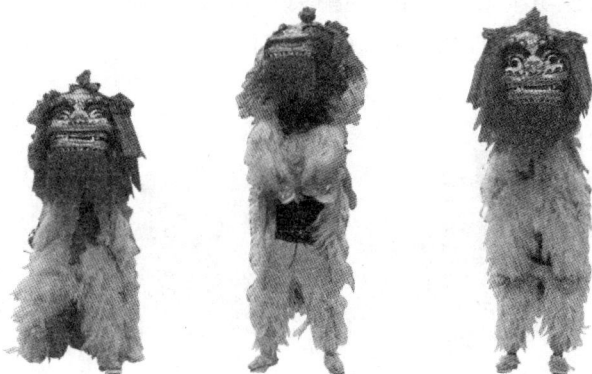

图 7-49　金狮直立

【要求与要点】

起跳、上提要协调一致，马步支撑要稳定。

【易犯错误及纠正方法】

下滑掉地。狮头队员上跳要提膝，脚尖外展两肋下滑；狮尾队员马步要快速到位。

6. 金狮独立转体 180 度

【动作方法】金狮直立动作后，狮头队员在狮尾队员腿上做单腿提膝动作，同时狮头左右上下晃动。狮头队员动作保持不变，狮尾队员以支撑腿脚跟为轴，带动狮头队员原地转体180度(图7-50)。

图 7-50　金狮独立转体 180 度

【要求与要点】

(1)狮头队员动作要稳定，提膝脚面要平。

(2)狮尾队员马步支撑要稳定，旋转要平稳，单腿支撑要稳固。

【易犯错误及纠正方法】

(1)提膝速度慢。狮头队员提膝时，狮尾队员要拉转狮头队员腰带，使狮头队员重心快速移至支撑腿。

（2）旋转中下滑掉地。狮头队员支撑腿要蹬直，狮尾队员旋转要平稳。

7.舔

【动作方法】狮头队员半马步亮相，使狮头张嘴，向肋部、大腿、小腿三处自上而下分3次舔出；狮尾队员配合节奏左右晃动尾部（图7-51）。

图7-51　舔

【要求与要点】

每次舔出时，要使狮头先低头向里，再向下、向前弧形舔出。

【易犯错误及纠正方法】

重心前后晃动。狮头队员半马步舔时，前腿蹬地使重心留在后腿。

8.啃

【动作方法】狮头队员半马步亮相，做完舔的动作后，把狮头自前腿甩至后腿方向，重心前移呈仆步，然后顺后腿脚面向上经大腿、肋部左右抖动6~8次上拉；狮尾队员同时也变仆步配合节奏左右晃动尾部（图7-52）。

图7-52　啃

【要求与要点】

狮头队员做啃时，向上抖动幅度要小，节奏要快。

【易犯错误及纠正方法】

做啃时头尾折腰。狮尾队员要与狮头队员同时重心前移呈仆步。

9.挠

【动作方法】狮头队员做完舔尾动作后，拧腰转头使狮头后脑向斜下方，等狮尾队员抬起一只脚放在脑后时，同时摇头晃脚4~6次（图7-53）。

图7-53 挠

【要求与要点】

头尾要协调一致。

【易犯错误及纠正方法】

摇头晃脚不一致。狮尾队员要根据狮头队员转头拧腰时腰部的转动做晃脚动作。

10.甩尾

【动作方法】狮头队员右后回摆狮头，然后向左后甩头，接右里合腿扣至左腿外侧，落地后转腰拧胯带动狮尾队员左腿上步，起跳腾空落至狮头队员身后，亮相(图7-54)。

图7-54 甩尾

【要求与要点】

头尾用力衔接要协调一致。

四、神态动作

楞相、美相、惊相、怕相、急相。

1.楞相

【动作方法】双手扶于头圈，拉狮头面向身体左侧做轻微预摆，然后由斜上源缘度方向摆至身体左侧，动作幅度要小(图7-55)。

2.美相

【动作方法】双手扶于头圈，使狮头做上下回旋，身体要协调配合(图7-56)。

303

图 7-55　楞相

图 7-56

3. 惊相

【**动作方法**】双手扶于头圈，右手先拉狮头于右肩侧，然后顺势向左下摆头亮相。

4. 怕相

【**动作方法**】双手扶于头圈，两手腕内收，提至狮嘴下，向下做轻微回旋动作，然后右下至上将狮头慢慢抬起(图 7-57)。

图 7-57　怕相

5. 急相

【**动作方法**】双手扶于头圈，做前后交替回拉动作，随之双脚与狮尾队员同时做急速振脚动作，振脚动作要低、快(图 7-58)。

图 7-58　急相

第八章

户外拓展运动

第一节 定向运动

【微课学堂】

学习目标

1. 了解定向运动的起源与发展历史。
2. 掌握地图和指北针的使用方法。
3. 掌握基本的定向技术。

人文体育　　定向运动之父

十九世纪末，欧洲北部斯堪的纳维亚半岛广阔而崎岖不平的土地上覆盖着一望无际的森林，散布着无数的湖泊，城镇，村庄稀疏散落。当时，人们的交通主要是依靠那些隐匿在林中湖畔弯弯曲曲的小路。在这样的地理环境中生活，理所当然地要比别的地方更需要地图和指北针，否则，要想穿越那莽莽林海是十分困难的。正因为如此，那些经常在斯堪的纳维亚半岛山林中行动的人们——军队，便成了开展定向运动的先驱。他们深知，如果不具备在山林中辨别方向、选择道路和越野行进的能力，就不能完成保卫国家的重任。

1918 年，瑞典一位名叫吉兰特的童子军领袖组织了一次叫做"寻宝游戏"的活动，给定向运动赋予了游戏的特性，引起了人们的极大兴趣，这便是定向运动的雏形。从此，该项活动在北欧广泛开展起来。1919 年 3 月 25 日，一次影响深远的定向比赛在斯德哥尔摩南部的丛林中举行，参赛人数达 217 人，它的组织模式与规格标志着定向运动作为一项独立的体育项目的诞生。时任瑞典斯德哥尔摩体育联合会主席的吉兰特也因此被人们视作"定向运动之父"。

【人文体育】

"中距离之王"
蒂埃里·格乔治

一、定向运动中地图和指北针的使用

（一）定向运动地图

定向运动地图是一种地形图，亦简称地图。它是一种按一定比例尺表示地貌、地物平面位置和高程的正射投影的平面图形。专门的定向运动地图上的地貌、地物符号要求更准确精细地表示实际地形中的状况，且用各种颜色和颜色符号表示不同的地貌、地物符号，以及实际地形的可通行状况。定向运动地图一般由地图比例尺、地貌符号、地物符号、磁北方向线、地图颜色、图例注记六大要素组成。

1.地图比例尺

比例尺也称缩尺。它表示图纸上的长度跟其相应的实际长度之比。地图上某两点之间的距离与相应的实地两地之间的水平距离之比，称为地图比例尺。即：地图比例尺＝图上距离/实地距离。地图的长度单位一般为厘米（cm）。如：某幅地图上长 1 cm，若相当于实地距离 10000 cm，则此幅地图比例尺为 1∶10000，或 1/10000。

2.地貌符号

地貌符号是代表地球表面高低起伏的自然状态，在地图上标绘的曲线和记号。地貌符号有：等高曲线、辅助符号、特殊地貌符号、高程注记、各种颜色记号等（图 8-1）。

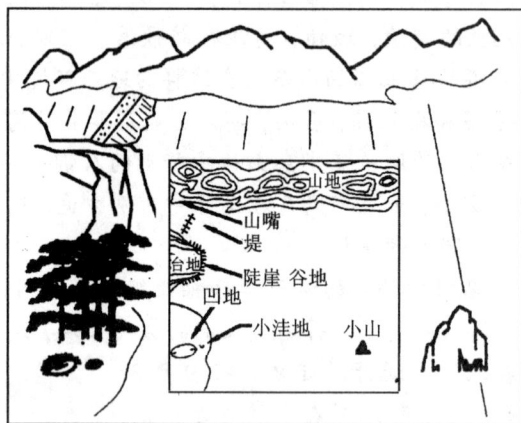

图 8-1　地貌符号

3.地物符号

地物符号即代表地表面上自然形成和人工建造的固定物体在地图上的标志符号。在定向运动竞赛地图上，地物符号是由符号与颜色组成的。地物符号的种类很多，若按其显示地物的形状大小可分为依比例尺表示的地物符号，如城镇、森林、江河、湖塘等；半依比例尺表示的地物符号，如道路、电线、小河沟、人工渠、围墙（围栏）等；不依比例尺表示的地物符号，如塔、独立坟、独立树、独立房等（图 8-2）。

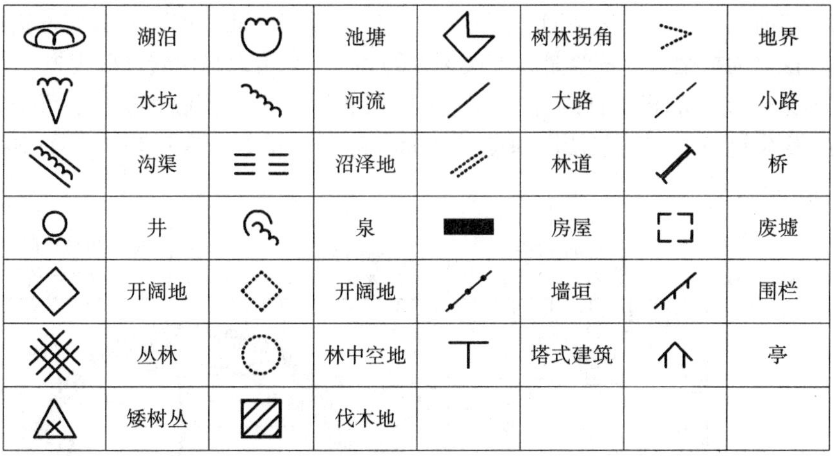

⊗	湖泊	♡	池塘	◁	树林拐角	⟩⟩	地界
▽	水坑	〜	河流	╱	大路	╱╱	小路
╳╳	沟渠	≡ ≡	沼泽地	⁓⁓	林道	╱	桥
♀	井	♫	泉	▬	房屋	⌐¬	废墟
◇	开阔地	◇	开阔地	╱	墙垣	╱	围栏
※	丛林	○	林中空地	⊤	塔式建筑	∧	亭
△	矮树丛	▨	伐木地				

图 8-2　常用地物符号

4. 磁北方向线和地图方位

定向运动地图是以磁北方向线确定与实地之间的方位关系的，所以定向运动地图一般是上为磁北方向，下为磁南方向，左为磁西方向，右为磁东方向。定向运动地图一般都绘制有若干条等距且平行的磁北方向线。定向运动地图一般以实地间距 250 m 或 500 m 绘制一条磁北方向线。磁北方向线北端带有箭头(亦称指北矢标)，指北矢标所指方向为磁北方向，其磁北方向线亦称磁子午线。磁北方向线不仅可以确定地图的方位，而且还可以确定地图与实地的方位关系(即标定地图)。测量磁方位角可以估算站立点到目标点方向的磁方位角。

5. 地图颜色

一般的定向运动训练和小型定向运动竞赛多采用单色地图。所以，了解单色地图的特征具有一定的意义。单色地图是以单色(一般为黑色或褐色)显示地貌和地物。单色地图层次感差，欠清晰，地图的表现力差，给识图和用图方面带来一定困难。

6. 图例注记

地图的图例注记是绘制地图的基本素材符号，它描绘了实地表面地貌的起伏、地物的分布状况、地质状况，以及与某种实际需要有关的地表说明。如定向运动竞赛标准地图，就附有可跑地表面与不可跑地表面的说明。一般的地形图附有地表面的地质状况说明等。所以，图例注记对于识图、用图都有着重要的作用。

(二)指北针

指北针亦称指南针，它是我国古代四大发明之一。指北针的主要作用是确定方向和确定磁方位角。指北针是定向运动的必备工具之一，它也是定向运动竞赛允许携带的重要器具。在定向运动中，掌握和正确使用指北针是非常重要的。

(一)指北针的结构

指北针的基本结构是由磁针和罗盘构成。磁针是针形磁铁，它的红色端指向磁北方向，白色端指向磁南方向。磁针红色端指向磁南方向，白色端指向磁北方向的罗盘亦称指南针——我国通常称这种仪器为指南针。罗盘是有方位刻度的圆盘，它可以自由转动确定方位角度。

现代定向运动使用的指北针多为透明式多用指北针。指北针底板透明，可透视地图；磁针灵敏度高，稳定性好，提高了读图速度。指北针的种类很多，下面以 ZPJ-1 型指北针为例给予介绍(图 8-3)。

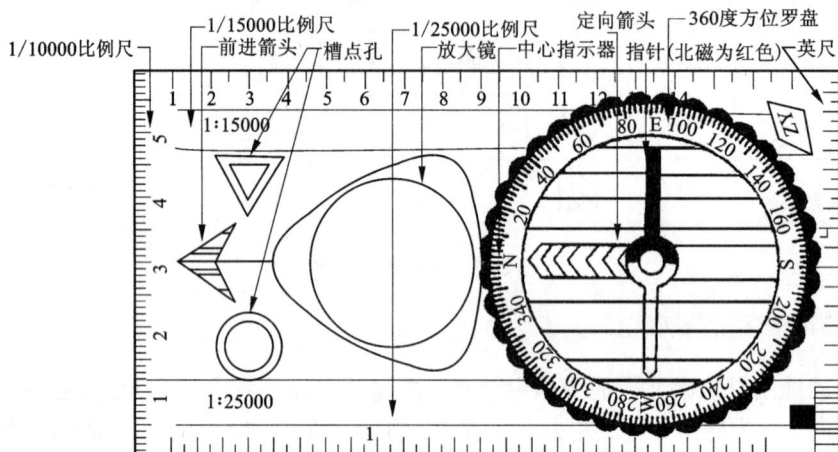

图 8-3　ZPJ-1 型指北针

磁针：磁针红色端指向磁北方向，白色端指向磁南方向。

罗盘：N 表示磁北方向，S 表示磁南方向，W 表示磁西方向，E 表示磁东方向，罗盘箭头为定向箭头。罗盘可转动。

底板：底板箭头为目标方向箭头，圆角三角镜为放大镜，空小圆圈、空小三角为绘制点标图样，底板短边箭头端刻度为厘米尺(1：10000 比例尺地图采用厘米尺测量，每一数字格为实地水平距离 100 m)，底板短边罗盘端外边刻度为英寸比例尺(用于英寸比例尺地图)，底板空小三角侧长边外边刻度为 1：15000 比例尺(1：15000 地图采用此比例尺测量，每一数字格为实地水平距离 100 m)，底板空小圆圈边长边刻度为 1：25000 比例尺(1：25000 地图采用此比例尺测量，每一数字格为实地水平距离 1000 m)。

2. 磁方位角及其测量方法

从实地某点上的磁北方向线起，按顺时针方向到目标方向线之间的水平夹角称为磁方位角。在定向运动中，参加者可利用磁方位角确定目标点方向和运动方向。

在实地站立点平置指北针，并使指北针底板上的目标方向箭头指向实地目标点方向。然后，转动罗盘，使罗盘上的定向箭头与磁针北端重合一致。此时，指北针底板上的目标方向箭头的中心指示线所对的罗盘刻度即为实地上某点到目标点的磁方位角的角度(图 8-4)。

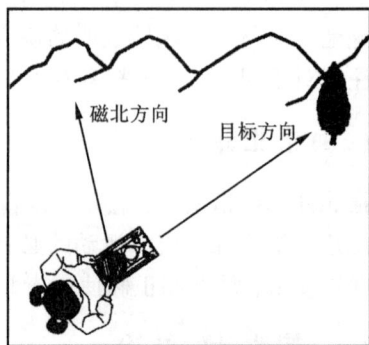

图 8-4　测量磁方位角

（三）确定运动点、运动方向和运动路线

1.确定运动点

运动点是指定向运动中的起点、检查点、终点，以及运动中的站立点和目标点等。确定运动点概括起来可分为两类：确定站立点和确定目标点。在定向运动中，起点（即出发点）可作为站立点来确定，终点可作为目标点来确定。

在定向运动中确定站立点，主要是确定实地站立点在地图上的位置。确定实地站立点在地图上的准确位置，也必须知道实地站立点在地图上的大概范围。确定站立点的方法很多，在定向运动中，参加者应根据图地对照和判断地形的能力，以及实地的地形情况选择适当的方法作出快速、准确的判断。

在定向运动中，确定目标点分为确定地图目标点和确定实地目标点。确定地图目标点，主要是确定实地目标点在地图上的方位，即明确地图站立点到地图目标点的方向，明确地图站立点与地图目标点之间的距离。在定向运动中，确定实地目标点的目的是为了确定运动方向和运动路线打下良好的基础。特别是有利于定向运动的组织者确定实地目标点，有利于了解所设计的运动路线的方向变化、路线距离以及路线的起伏、爬高量等，从而根据参赛的组别、定向运动的水平，以及竞赛或训练要求等判断运动路线设计的合理性。

2.确定运动方向和运动路线

在定向运动中，确定运动方向和确定运动路线是确定同一事物的两个紧密联系的过程。也就是说，标定地图是基础，确定运动方向是前提，确定运动路线是目的。

实地的地形千差万别，有些地域山地陡峭难行，有些地域覆被厚实、荆棘丛生不可通行，有些地域穴深崖陡属危险区域，这些都给确定运动路线带来了一定的困难。在定向运动中，若运动路线选择错误，不但浪费时间和体力，有时还会发生不良的后果。所以，运动方向确定以后，还应根据实地的地形变化确定正确的运动路线。

在定向运动中，确定运动方向和运动路线主要是指以地图确定运动方向和运动路线。以实地确定运动方向和运动路线，也必须与分析地图、判定地形确定运动方向和运动路线相结合。在具体的应用中，两者是相辅相成、相互联系、相互补充的。确定运动路线时，要把两者结合起来，综合分析，灵活应用，确定最佳的运动方向和运动路线。确定运动方向和运动路线要把握三条原则：可跑地域，直接越野；利用道路，穿越险地；险阻地段，提前绕行。

二、定向技术

一名好的定向越野选手的技能可以概括为四个方面：在野外能够迅速地辨别方向；能熟练地使用地图和指北针；善于进行长距离的越野跑；既果断又细心，能够迅速选择最佳的行进路线。但是，在任何情况下，运动员辨别方向和使用地图的能力始终都是最基本的。这里根据定向运动的各个环节，简单地介绍基本的定向技术。

(一)运动途中的基本技术

1. 地图正置及拇指辅行法

先将地图正置,把拇指放在地图上自己的位置。这样你要前进的方向便在地图前面,你能清楚观察四周的环境及地理特征。当前进时,拇指随着移动,当改变前进方向时,地图也要随着转移,即保持地图指向正北方。这样你在任何时候都能立即指出自己在图中的位置,节省出不少时间和精力。具体的操作如图8-5所示。

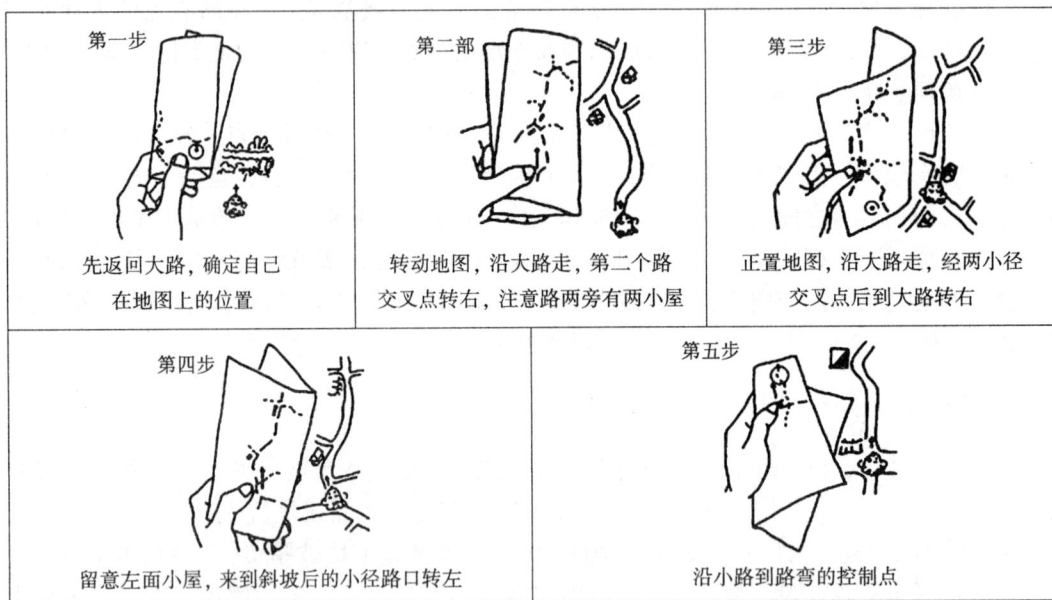

第一步	第二部	第三步
先返回大路,确定自己在地图上的位置	转动地图,沿大路走,第二个路交叉点转右,注意路两旁有两小屋	正置地图,沿大路走,经两小径交叉点后到大路转右

第四步	第五步
留意左面小屋,来到斜坡后的小径路口转左	沿小路到路弯的控制点

图8-5 地图正置及拇指辅行法

2. 指北针法

指北针法以指北针确定运动方向,运动路线以目标方向引导。在实际应用中,始终把握好运动方向,同时也应以奔跑速度和所用时间估量奔跑距离,确保准确抵达实地目标点。

指北针法在定向运动中的具体运用是以指北针定向确定运动方向和运动路线——用指北针上的前进方向箭头引导。如图8-6所示,站立点与目标点(东北面山脚一独立房)之间有树林相隔,独立房为实地不可见目标点,但树林间可通行,则可用指北针法,直接穿越树林抵达独立房。

图8-6 指北针法确定运动方向和路线

3. 依点运动法

依点运动法可选择明显的山头、鞍部、山嘴、谷口、独立房、独立树、水塔、亭、烟囱等，以其突出部或中心点作为参照点。依点运动法就是以这些参照点作为目标点，引导运动方向和运动路线，顺利地抵达实地目标点的。

在运动途中可根据实际地形情况采用"直接越野""利用道路""提前绕行"等方法。依点运动法的特点是：参照物是图地都要有的明显地貌或地物，且在实地运动中是可见的，以这些实地可见的参照物引导定向运动。以图8-7为例：以目标点—独立房为参照点引导

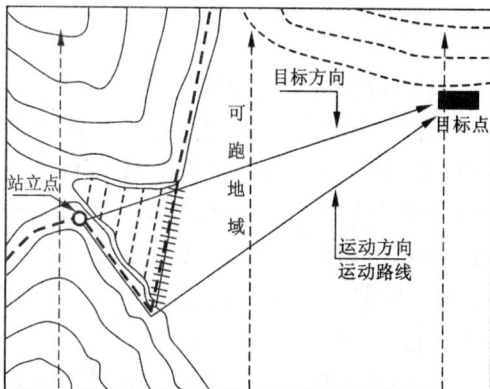

图8-7 依点运动法示例

运动，从站立点向东南沿道路抵达水库东南角坝头，从此穿越可跑地域直达目标点(独立房)。

4. 磁方位角法

磁方位角法就是在实地站立点，测出实地上两个明显的参照物的磁方位角，然后，在地图上找到这两个参照物的符号，分别以各参照物符号为中心，绘出其相应的磁方位角，各个磁方位角终边的延长线在地图上的交点，即为实地站立点在地图上的位置。这种方法多在实地站立点所处位置的视野不好，且有可攀高远眺周围地形的情况下使用。

图8-8 磁方位角法示例

如图8-8中，实地站立点处于周围视野不好的森林中。运动员爬上大树，从高处向外眺望，就可以在可见的方向，选择两个明显地貌或地物作为参照物，并在高处分别测出两个参照物的磁方位角。该例中运动员选择了远处西北面一山地头上的砖塔和西面一山脚下一村庄作为参照物。运动员在树上用指北针分别测量出站立点到砖塔、站立点到村庄的磁方位角。然后回到地面上，在地图上找到相对应的砖塔符号和村庄符号，并分别以砖塔符号为中心、以村庄为中心，在地图上作出各自相应的磁方位角。最后以各个磁方位角的终边的展开方向延长各个磁方位角终边的延长线，那么，这两个磁方位角终边的延长线在地图上的交点，即为实地站立点在地图上的位置。

5. 数步测距

先在地图上量度两点间的距离，然后利用我们的步幅准确地测量要走的路程。方法：先量度100 m我们所需步行的步数，设120步，当我们在地图上知道由A点到B点的距离是150 m便可估算出应走180步。为了减少数步的数目，我们利用"双步数"，只数右脚落地的一步，便可把步数减半。上面的例子双步数为90步。

（二）检查点的基本技术

1.定点攻击法

定点攻击法就是以明显的参照点为目标的"依点运动"捕捉目标点的方法。当检查点设置在这些较明显、高大的地貌或地物上时，可以这些较明显、高大的地貌或地物作为目标点，直接逼近抵达目标点。若检查点设置在其附近时，则先以定点攻击法抵达这些明显、高大的地貌或地物后，再根据它们之间的相对方位、距离寻找检查点。

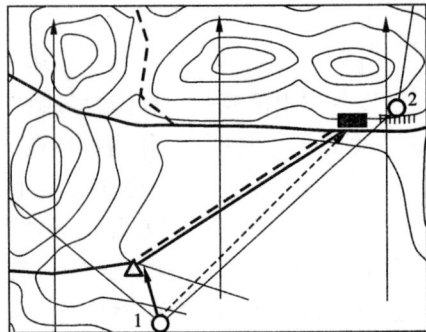

图8-9　定点攻击法示例

如图8-9中，第二个检查点设置于东北面山脚下一独立房东侧附近的一陡崖上。抵达第一检查点后，则以可见的独立房为参照点沿道路先抵达独立房。抵达独立房后，再根据独立房与设有第二个检查点的陡崖之间的方位关系，捕捉第二个检查点。

2.有意偏离法

根据地图上检查点标志位置处的地形情况，以及检查点说明表的符号说明，确认检查点设置在线状的地貌或地物上或其附近时，可采用有意偏离法，寻找地面检查点。当检查点设置在线状的地貌或地物上时，根据现时站立点与线状物之间的地形分析，选择最佳的运动路线，有意向左或向右偏离目标检查点，抵达线状物上。然后，向右或向左沿线状物搜索检查点。也可根据抵达线状物的地图位置与地图检查点符号之间的距离，以数步测距的方法或奔跑时间估算实际距离，寻找地面检查点。若检查点设置在线状物附近时，则先以上面方法抵达线状物上距检查点最近处后，再根据它们之间的相对方位、距离，寻找地面检查点。

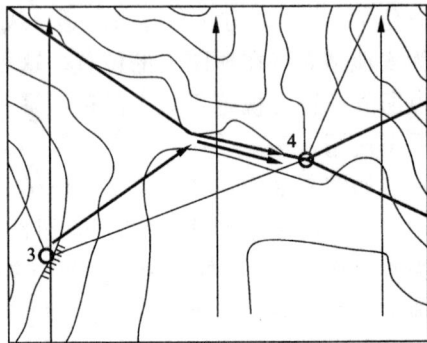

图8-10　有意偏离法示例

如图8-10中，需要寻找的第四个检查点在第三个检查点东北面山地的道路上。从第三个检查点出发，不直接捕捉第四个检查点，而是有意向第四个检查点一侧（向西）偏行，抵达道路后，再沿道路向东搜索第四个检查点。这种方法比直接捕捉检查点容易把握。直接捕捉稍有差错时，若在道路上来回搜索，反而增加运动员的心理压力。

第二节 拓展训练

【微课学堂】

学习目标

1. 了解拓展训练的起源与发展历史。
2. 了解拓展训练的五大过程。
3. 了解团队拓展训练的常见项目。

人文体育 拓展训练的起源

拓展训练在西方被称为"体验式培训",在国外已有七八十年的发展历史。它起源于第二次世界大战时,当时,一些心理学家和军事专家通过研究得出结论:当灾难来临的时候,决定你能否生存最关键的因素不是你的体能,而是你的心理素质及意志。于是军方建立了一些水上训练学校,除了训练海军的体能外,主要通过一些情景模拟的科目对海军的生存能力、作战意志及团队合作能力进行训练。这所学校对战争的兵员保障起到了非常积极的作用,在战争中挽救了无数士兵的生命。二战结束后,这所学校的功能也随之退化,后来一些组织行为专家从这所学校的培训模式里得到启发。德国人库尔特·汉恩和英国人劳伦斯·沃特首先将这种训练运用到战争以外的培训中,并提出"outward bound"概念。他们创立的"outward bound"概念就是体验式培训的前身。

1962年,美国人乔什·曼纳在美国成立科罗拉多OB学校,成为真正将拓展训练推广开来的人。1974年,拓展训练实践教学大纲在美国出台,并被"全美教育普及网络(NDN)"评选为优秀教学大纲。1979年美国的拓展训练专门机构为了普及拓展训练开设了专门的讲习班,培养学校的拓展训练专职人员和骨干。从此拓展训练在美国得到普及,拓展训练机构如雨后春笋般发展起来。1995年拓展训练在清华大学MBA课程中被引入,成为拓展训练在我国教育领域的开端。2002年在教育部的倡导下,北京大学率先将拓展训练纳入大学体育课程。目前,我国已有上百所大中专院校开设了拓展训练课。

【人文体育】

团队的力量

一、拓展训练的五大过程

(一) 体验

体验是拓展训练关键的第一步。在国外拓展训练被称为"体验式培训"。任何一个拓展训练项目的开始都是学员在指导老师的指导下去经历一种场景，去完成一项任务，并以观察、表达等行动的形式进行，这种初始的体验是整个过程的基础。拓展训练中所进行的各种活动都是体验型的实践活动，它可以与各种不同理论背景的指导方法结合起来。

(二) 感受

学员在拓展训练中置身模拟的场景时，容易得到最真切的感受。这种感受是生动的、全方位的、印象深刻的。每一位学员由于自身认识问题的角度或切入点不一致，在活动的体验中会产生各种各样的看法。在这些不同看法的影响下，活动的结果有可能是成功，也有可能是失败。训练中要引导学员不必在意结果成功与否，而是要学会从失败逐渐走向成功，通过"成功"活动的体验，亲身的感受，获得第一手资料。这一过程不仅仅是认识的初级阶段，也是拓展训练活动的魅力所在，更是拓展训练能适应多种实用性问题和现实需要的主要原因。这一阶段中，受训学员可以充分表现，指导老师只须根据事先规定好的规则，把握和控制活动进行的时间和节奏。

(三) 分享

这一过程主要采用回顾的方式进行信息的交流，让受训学员把自己的看法、感受与同伴分享。通过分享与交流使众人掌握较为全面的信息，从而对事物的认识有一个较清晰的轮廓。学员在拓展训练中多动脑、勤思考，就会获得亲身的体验与感受。在一个团队中，每个人都把自己的感受说出来与同伴分享，那么每个人都会从他人的回顾中得到数倍的经验。在这个过程中，指导老师会鼓励学员积极地发言，灵活运用提问等技巧引导大家的思维在原有观点的基础上更进一步，通过集体的智慧使众人的观点向着正确的方向前进。

(四) 总结

通过分享，学员们对拓展训练的体会有了初步的认识。指导老师要根据大家讨论的结果，结合相关的理论知识进行归纳总结，把学员的认识从感性认识提高到理性认识。此时，指导老师应重新突出自己的主导地位，按拓展训练预定的培训目的进行讲解和点评。

(五) 应用

点评结束并不是活动的终结。要启发受训学员将训练中所获得的经历体验和理论认识应用到实践中去，这才是训练的初衷与目的，也是拓展训练的延伸。这个过程是完成"认识从实践中来，最终用来指导实践"的循环上升的过程，是在培训之后的生活和工作中由学员自己实现的。这也是拓展训练的意义所在。

二、团队拓展训练项目

(一)破冰模块

1. 直呼其名

这个游戏主要用来帮助大家记住彼此的
名字(图 8-11)。

时间：10~15 分钟。

人数：将队员划分成若干个由 15~20 个
人组成的小组。

道具：每个小组三个网球，或是三个比较
软的小球。

图 8-11　直呼其名

目的：这个游戏主要用来帮助大家记住彼此的名字。

步骤：

(1)选一块宽阔平整的游戏场地。

(2)队员们以小组为单位站成一圈，每人相距约一臂长。

(3)告诉小组其他队员游戏将从你手里开始。你大喊出自己的名字，然后将手中的球传
给自己左边的队友。接到传球的队友也要如法炮制，喊出自己的名字，然后把球传给自己左
边的人。这样一直继续下去，直到球又重新回到你的手中。

(4)你重新拿到球后，告诉大家现在我们要改变游戏规则了。现在接到球的队员必须要
喊出另一个队员的名字，然后把球扔给该队员。

(5)几分钟后，队员们就会记住大多数队友的名字，这时再加一只球进来，可以向右边
或继续向左传递，游戏规则不变。目的是提高队员参与游戏的频率。

(6)在游戏接近尾声的时候，再把第三只球加进来，其主要目的是让游戏更加热闹有趣。

(7)游戏结束后，在解散小组之前，邀请一个志愿者，让他在小组内走一圈，报出每个人
的名字。

2. 缩小包围圈

这是一个不可能完成的任务，但是它会给游戏
者带来无尽欢笑(图 8-12)。

时间：5 分钟。

人数：不超过 40 人。

目的：它能使小组充满活力；创造融洽的气氛，
为后续培训活动的开展奠定良好基础；让队员们能
够自然地进行身体接触和配合，消除害羞和忸怩。

步骤：

(1)让队员们紧密地围成一圈。

图 8-12　缩小包围圈

（2）让每个队员把自己的胳膊搭在相邻同伴的肩膀上。

（3）告诉大家我们将要面临一项非常艰巨的任务，大家要一起向着圆心迈三大步，同时保持大家已经围好的圆圈不被破坏。

（4）等大家都搞清楚了游戏要求之后，让大家一起开始迈第一步。迈完第一步后，给大家一些鼓励和表扬。

（5）接着开始迈第二步。第二步迈完之后，大家对自己的处境可能已经忍俊不禁了。这时马上发出迈第三步的游戏指令。

（6）第三步后，其结果可能是圆圈断开，很多队员摔倒在地。这时可以适当调动现场气氛，以增加大家相互交流的机会。

（二）信任模块

1.蒙眼障碍

这个游戏既可以室内进行也可以室外进行。它有助于建立小组成员间的相互信任，促进沟通与交流（图8-13）。

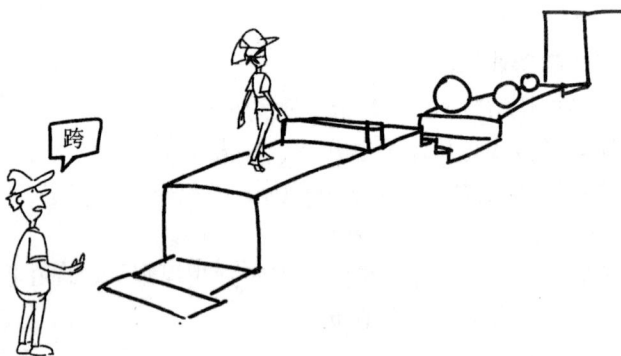

图8-13　蒙眼障碍

时间：15~30分钟。

人数：至少12人，越多越好。

道具：障碍桥，每对参赛者一块蒙眼布。

目的：促进沟通与交流；建立小组成员间的相互信任，使小组充满活力。

步骤：

（1）让队员两两组队。给每支队伍发一块蒙眼布，每对队员中有一个人要被蒙上眼睛。

（3）安排没有进行游戏的人做监护员。

（4）被蒙上了眼睛的队员在同伴的牵引下，走上障碍桥，挨着起点站好。蒙眼队员的同伴后退到各自队友的身后，以简单明确的口令帮助队友选择合适的路径和方法穿越障碍桥。

2.信任背摔

这是拓展训练的经典游戏。它表面上看起来很吓人，但是如果队员动作规范，实际上是相当安全的（图8-14）。

时间：1个小时以上，取决于参加人数的多少。

人数：12~20人。

道具：背摔台或一个1.5~1.8m高的平台。

目的：建立小组成员间的相互信任；使队员挑战自我；发扬团队精神，互相帮助。

步骤：

(1)游戏开始之前，让所有队员摘下手表、戒指以及带扣的腰带等尖锐物件，衣服口袋内尽量不要放置物品。

(2)选两个志愿者，一个由高处跌落，另一个作为监护员，负责管理整个游戏进程。让他俩都站到背摔台上。

图8-14　信任背摔

(3)让其余队员在背摔台前面排成两列，队列和平台形成一个合适角度。这些人将负责承接跌落者。队员们肩并肩从低到高排成两列，相对而立。要求这些队员向前伸直胳膊，交替排列，掌心向上，形成一个安全的承接区。他们不能和对面的队友拉手或者攥住对方的胳膊或手腕，因为这样承接跌落者时，很有可能相互撞到头部。

(4)监护员的职责是保证跌落者正确倒下，能直接倒在两列队员之间的承接区上。跌落者倒下前，监护员应确认跌落者两腿夹紧，两臂夹紧身体，两手紧贴大腿两侧。并且，注意提醒其下落时要始终挺直身体，不能弯曲。如果弯腰，后背将会戳伤某些承接员。跌落到承接队伍中时，跌落者的头部应向后倾斜，身体挺直，直到他们倒下后被传送至队尾为止。

(5)跌落者只有在听到监护员喊"倒"的口令之后，才能向后倒。

(6)队首的承接员接住跌落者以后，将其向队尾传递，队尾的两名承接员要始终抬着跌落者的身体，直到他双脚落地。

(7)刚才的跌落者此时变成了队尾的承接员，靠近平台的承接员变成了台上的跌落者。循环下去，让每个队员都轮流登场。监护员也可以与队友交换角色，充当承接员和跌落者。

(8)需要注意的是，如果有人不愿意参加跌落，不要逼迫或者戏弄他们。尽量要求所有队员都参与跌落，但若确实有一两个人不愿意参加，可以只让他们在背摔台上，面对承接队伍站一会儿，或许他会改变主意，愿意跌落到承接队伍中。

(三)沟通模块

1.我们是谁

这个游戏鼓励团队从培训之初就要团结起来(图8-15)。

时间：20~30分钟。

人数：不限，人数较多时，需要将队员划分成若干个由8~12个人组成的小组。

目的：使各个小组拥有自己的名字；鼓励团队成员之间互相沟通；把小组成员团结在一起。

图8-15　我们是谁

步骤：

(1)将队员划分成若干个由8~12个人组成的小组。

(2)各组在10分钟内给自己的团队取一个名字，名字可以有实际意义,也可用符号代替。

(3)各组进行自我介绍,介绍他们的队名以及为什么选用这个名字。

(4)游戏过程中,小组间可以互相提问,要称呼他们的队名。

2.独中三元

这个游戏说明了指令明确在协同工作中的作用(图8-16)。

人数:不限。

道具:每个小组配1个大垃圾桶(用来接球)和10个网球。

目的:展示良好的沟通对于提升成绩的作用。

图8-16 独中三元

步骤:

(1)每组选出一个选手,让他面向某一个方向站好,目视前方,不可以左顾右盼,更不能回头。然后,把装有10个网球的袋子交给他。

(2)把垃圾桶放在选手的身后,垃圾桶与选手间的距离约为5 m。注意不要把垃圾桶放在选手的正后方,要让它略微向旁边偏出一些。

(3)告诉选手他的任务是向身后的垃圾桶里扔球,要至少扔进3个球才算成功。选手在任务完成前不能回头看自己的球进了没有、落在了哪里。

(4)小组的其他队员指挥选手,告诉他如何调整投掷的力量和方向才能进球。

(5)等选手扔进了3个球后,交换下一名队员,直到小组所有队员都完成任务。

(6)任务完成后,可以组织队员们讨论"是什么帮助自己实现了目标",并引导队员就如何在工作中加强沟通展开讨论。

(四)合作模块

1.穿越蜘蛛网

这是一个广为人知的著名的户外游戏,通常被用来创建团队、培养团队合作精神、学习冲突处理技巧、培养领导才能、锻炼沟通能力(图8-17)。

时间:1小时。

道具:尼龙绳或其他类似的绳子,用来编

图8-17 穿越蜘蛛网

织蜘蛛网;8个螺栓或者几节电线,用来把蜘蛛网固定在树上;蒙眼布若干块,如果有人被蜘蛛咬着了,他的眼睛就会被蒙起来;小铃铛2~3个,用来做警报器。

目的:培养团队合作精神;增进沟通;体现协同工作在解决问题中的作用;学会克服看似难以解决的问题。

步骤:

(1)将游戏者分成若干个由8~12个人组成的小组,指导他们编制蜘蛛网。注意网洞的大小要适量,以便游戏时队员们能够从中钻过去。特别是最接近的地面的网洞要足够大,因为第一个穿越的队员是得不到队友太多帮助的。小铃铛放置在蜘蛛网边缘，充当警报器。

（2）主持人致游戏开场白，告知游戏规则，宣布游戏开始。

开场白：你们小组陷入在一片原始森林之中。走出森林的唯一出路被一个巨大的蜘蛛网封锁了，你们必须从蜘蛛网中钻过去（不能绕过去，也不能从网的上面或下面过去）。值得庆幸的是，蜘蛛目前正在睡觉。但是非常不幸，蜘蛛很容易被惊醒。在穿越蜘蛛网的过程中，任何人一旦碰到蜘蛛网，不论轻重，蜘蛛都会立刻被惊醒，并扑过来咬人，其结果是造成正在穿越的队员和已经过去的正在协助穿越的队友立刻双目失明。另外，每个网洞只能用一次，即不同的人必须从不同的网洞穿越过去。

（3）在多个小组参加游戏的情况下，让先做完游戏的小组做监护员，观察其他小组的游戏情况。

（4）等所有小组都做完游戏之后，引导队员们就团队合作、沟通、冲突和领导等问题展开讨论。

2. 毕业墙

毕业墙又叫做逃生墙、胜利墙，是拓展训练中一个比较经典的项目，主要用于培训团队协作、提升团队内部的凝聚力以及使团队学会资源的合理配置（图8-18）。

时间：80分钟。

人数：将队员划分成若干个由15～20个人组成的小组。

道具：毕业墙，海绵垫（2 m长、1.5 m宽、0.2 m厚）。

目的：培养学员密切合作，团结一致的团队凝聚力和整体意识；培养学员顽强拼搏和努力奋斗的不屈不挠的精神；体会在巨大的困难面前，只有团结起来才能获得成功的道理。

步骤：

（1）准备及检查训练场地是否平坦；毕业墙是否结实；海绵垫是否需要更换。

（2）带领学员做热身活动，让学员充分热身，以免受伤。

图8-18　毕业墙

（3）任务布置：全队成员在不借助外力物品、脚不黏墙的情况下，全部攀登上毕业墙墙。整个项目流程是首先由两个人先搭建人梯，将一名身强力壮的队员送上胜利墙，接下来，由其他队员配合相续搭建起人梯，将其余队员以"下顶""上拉"的形式，依次送上胜利墙。最后一名队员是通过上面的一名队友以整个身体作为连接锁将其带上去。

（4）申明强调项目的安全注意事项以及正确的动作，以避免学员发生安全事故。上面的队员拉下面的队员时，必须互握手腕；下面的队员相互扛时，要注意马步下蹲，肩部展开；下面的队员踩时，要注意先踩大腿的根部，然后踩肩膀；毕业墙顶端最多可以停留6人，完成任务的学员要按顺序从高墙后的楼梯返回地面为其余学员做保护工作。

（5）当所有学员翻越毕业墙后，组织学员们回顾游戏过程，分享感受。

附录 《国家学生体质健康标准》测试成绩评分表（2014 年修订）

【微课学堂】

一、单项指标评分表

表1 体重指数（BMI）单项评分表（单位：kg/m²）

等级	单项得分	大学	
		男生	女生
正常	100	17.9~23.9	17.2~23.9
低体重	80	≤17.8	≤17.1
超重		24.0~27.9	24.0~27.9
肥胖	60	≥28.0	≥28.0

表2 男生单项评分表

等级	单项得分	肺活量（mL）		50 m（秒）		坐位体前屈（cm）		立定跳远（cm）		引体向上（次）		耐力跑（分·秒）	
		大一大二	大三大四	大一大二	大三大四	大一大二	大三大四	大一大二	大三大四	大一大二	大三大四	大一大二	大三大四
优秀	100	5040	5140	6.7	6.6	24.9	25.1	273	275	19	20	3′17″	3′15″
	95	4920	5020	6.8	6.7	23.1	23.3	268	270	18	19	3′22″	3′20″
	90	4800	4900	6.9	6.8	21.3	21.5	263	265	17	18	3′27″	3′25″
良好	85	4550	4650	7.0	6.9	19.5	19.9	256	258	16	17	3′34″	3′32″
	80	4300	4400	7.1	7.0	17.7	18.2	248	250	15	16	3′42″	3′40″
及格	78	4180	4280	7.3	7.2	16.3	16.8	244	246			3′47″	3′45″
	76	4060	4160	7.5	7.4	14.9	15.4	240	242	14	15	3′52″	3′50″
	74	3940	4040	7.7	7.6	13.5	14.0	236	238			3′57″	3′55″
	72	3820	3920	7.9	7.8	12.1	12.6	232	234	13	14	4′02″	4′00″
	70	3700	3800	8.1	8.0	10.7	11.2	228	230			4′07″	4′05″
	68	3580	3680	8.3	8.2	9.3	9.8	224	226	12	13	4′12″	4′10″
	66	3460	3560	8.5	8.4	7.9	8.4	220	222			4′17″	4′15″
	64	3340	3440	8.7	8.6	6.5	7.0	216	218	11	12	4′22″	4′20″
	62	3220	3320	8.9	8.8	5.1	5.6	212	214			4′27″	4′25″
	60	3100	3200	9.1	9.0	3.7	4.2	208	210	10	11	4′32″	4′30″

续表2

		肺活量 (mL)		50 m (秒)		坐位体前屈 (cm)		立定跳远 (cm)		引体向上 (次)		耐力跑 (分·秒)	
不及格	50	2940	3030	9.3	9.2	2.7	3.2	203	205	9	10	4′52″	4′50″
	40	2780	2860	9.5	9.4	1.7	2.2	198	200	8	9	5′12″	5′10″
	30	2620	2690	9.7	9.6	0.7	1.2	193	195	7	8	5′32″	5′30″
	20	2460	2520	9.9	9.8	−0.3	0.2	188	190	6	7	5′52″	5′50″
	10	2300	2350	10.1	10.0	−1.3	−0.8	183	185	5	6	6′12″	6′10″

表3 女生单项评分表

等级	单项得分	肺活量 (mL)		50 m (秒)		坐位体前屈 (cm)		立定跳远 (cm)		仰卧起坐 (次)		耐力跑 (分·秒)	
		大一大二	大三大四	大一大二	大三大四	大一大二	大三大四	大一大二	大三大四	大一大二	大三大四	大一大二	大三大四
优秀	100	3400	3450	7.5	7.4	25.8	26.3	207	208	56	57	3′18″	3′16″
	95	3350	3400	7.6	7.5	24.0	24.4	201	202	54	55	3′24″	3′22″
	90	3300	3350	7.7	7.6	22.2	22.4	195	196	52	53	3′30″	3′28″
良好	85	3150	3200	8.0	7.9	20.6	21.0	188	189	49	50	3′37″	3′35″
	80	3000	3050	8.3	8.2	19.0	19.5	181	182	46	47	3′44″	3′42″
及格	78	2900	2950	8.5	8.4	17.7	18.2	178	179	44	45	3′49″	3′47″
	76	2800	2850	8.7	8.6	16.4	16.9	175	176	42	43	3′54″	3′52″
	74	2700	2750	8.9	8.8	15.1	15.6	172	173	40	41	3′59″	3′57″
	72	2600	2650	9.1	9.0	13.8	14.3	169	170	38	39	4′04″	4′02″
	70	2500	2550	9.3	9.2	12.5	13.0	166	167	36	37	4′09″	4′07″
	68	2400	2450	9.5	9.4	11.2	11.7	163	164	34	35	4′14″	4′12″
	66	2300	2350	9.7	9.6	9.9	10.4	160	161	32	33	4′19″	4′17″
	64	2200	2250	9.9	9.8	8.6	9.1	157	158	30	31	4′24″	4′22″
	62	2100	2150	10.1	10.0	7.3	7.8	154	155	28	29	4′29″	4′27″
	60	2000	2050	10.3	10.2	6.0	6.5	151	152	26	27	4′34″	4′32″
不及格	50	1960	2010	10.5	10.4	5.2	5.7	146	147	24	25	4′44″	4′42″
	40	1920	1970	10.7	10.6	4.4	4.9	141	142	22	23	4′54″	4′52″
	30	1880	1930	10.9	10.8	3.6	4.1	136	137	20	21	5′04″	5′02″
	20	1840	1890	11.1	11.0	2.8	3.3	131	132	18	19	5′14″	5′12″
	10	1800	1850	11.3	11.2	2.0	2.5	126	127	16	17	5′24″	5′22″

二、加分指标评分表

表4 男生加分项目评分表

加分	引体向上（次）		1000 m 跑（秒）	
	大一大二	大三大四	大一大二	大三大四
10	10	10	−35″	−35″
9	9	9	−32″	−32″
8	8	8	−29″	−29″
7	7	7	−26″	−26″
6	6	6	−23″	−23″
5	5	5	−20″	−20″
4	4	4	−16″	−16″
3	3	3	−12″	−12″
2	2	2	−8″	−8″
1	1	1	−4″	−4″

注：1. 引体向上为高优指标，学生成绩超过单项评分100分后，以超过的次数所对应的分数进行加分。

2. 1000 m 跑为低优指标，学生成绩低于单项评分100分后，以减少的秒数所对应的分数进行加分。

表5 女生加分项目评分表（单位：次）

加分	引体向上（次）		800 m 跑（秒）	
	大一大二	大三大四	大一大二	大三大四
10	13	13	−50″	−50″
9	12	12	−45″	−45″
8	11	11	−40″	−40″
7	10	10	−35″	−35″
6	9	9	−30″	−30″
5	8	8	−25″	−25″
4	7	7	−20″	−20″
3	6	6	−15″	−15″
2	4	4	−10″	−10″
1	2	2	−5″	−5″

注：1. 一分钟仰卧起坐均为高优指标，学生成绩超过单项评分100分后，以超过的次数所对应的分数进行加分

2. 800 m 跑均为低优指标，学生成绩低于单项评分100分后，以减少的秒数所对应的分数进行加分

参考文献

[1] 中国田径协会.中国田径教学训练大纲[M].成都：成都科技大学出版社，1999.

[2] 田麦久.运动训练学[M]. 北京：人民体育出版社，2000.

[3] 体育院、系教材编审委员会《乒乓球》编写组. 乒乓球[M].北京：人民体育出版社，2001.

[4] 彭美丽，侯正庆.羽毛球[M].北京：北京体育大学出版社，2003.

[5] 秦华.乒乓球战术意识的培养[J].渭南师范学院学报，2004，19（2）：63-64.

[6] 彭美丽.羽毛球技巧图解[M].北京：北京体育大学出版社，2004.

[7] 陈智勇.现代大学体育教程[M].北京：北京体育大学出版社，2004.

[8] 唐煜章.现代篮球训练方法新探[M]. 北京：人民体育出版社，2005.

[9] 张秀华，刘玉林.篮球系统战术[M]. 北京：人民体育出版社，2005.

[10] 黄益苏，汪强，姚小敏.大学现代体育[M].北京：高等教育出版社，2005.

[11] 乒乓球竞赛规则[M].北京：人民体育出版社，2006.

[12] 刘玉林.现代篮球运动研究[M]. 北京：人民体育出版社，2006.

[13] 胡剑宏，徐海兴，屈建华.球类运动[M].北京：高等教育出版社，2007.

[14] 国际武术联合会.国际武术套路竞赛规则[M].北京：人民体育出版社，2007.

[15] 李义君，鲁梅，易国忠.大学体育人文素质教程[M]. 北京：高等教育出版社，2007.

[16] 黄宽柔.健美操[M].北京：高等教育出版社，2008.

[17] 蔡仲林，周之华.武术[M].北京：高等教育出版社，2009.

[18] 李艳翎，汤长发.大学体育[M].北京：高等教育出版社，2009.

[19] 叶伟，崔建功,曹云清.散打运动入门[M].北京：人民体育出版社，2009.

[20] 中华人民共和国羽毛球协会.羽毛球竞赛规则[M].北京：北京体育大学出版社，2010.

[21] 刘铭良,陈青,孙林峰. [M].北京：中国书籍出版社，2010.

[22] （英）卡曼·M·康萨瓦罗.户外培训游戏金典[M].北京：企业管理出版社，2011.

[23] 张瑞林，邹静，宋强.体育舞蹈[M].北京：高等教育出版社，2011.

[24] 王然科，张吾龙.中外跳绳运动发展研究[J].体育文化导刊，2011(9)：41-45.

[25] 彭远志.炫酷运动·花样跳绳[M].重庆：西南师范大学出版社，2012.

[26] 喻跃龙.大学体育教程·上[M].长沙：中南大学出版社，2012.

[27] 周建社，李先雄.健美操修炼[M].长沙：湖南师范大学出版社，2012.

[28] 刘树军.花样跳绳[M].北京：高等教育出版社，2013.

[29] 李萍.时尚健身操[M].北京：北京体育大学出版社，2014.

[30] 荆光辉.大学生体育与健康教程[M].长沙：中南大学出版社，2014.